中国学前教育研究会教师发展专业委员会高中专分委会

Zhongguo Xueqian Jiaoyu Yanjiuhui Jiaoshi Fazhan Zhuanye Weiyuanhui Gaozhongzhuan Fenweihui

推荐教材

YOUER
SHUXUE HUODONG ZHIDAO

幼儿数学活动指导

主　编　关业刚　王栋材
主　审　张　莉

北京师范大学出版集团
BEIJING NORMAL UNIVERSITY PUBLISHING GROUP
北京师范大学出版社

图书在版编目（CIP）数据

幼儿数学活动指导／关业刚，王栋材主编．—北京：北京师范大学出版社，2013.6（2021·1重印）

（中国学前教育研究会教师发展专业委员会高中专分委会推荐教材）

ISBN 978-7-303-16232-1

Ⅰ.①幼… Ⅱ.①关… ②王… Ⅲ.①学前教育—数学教学—教学法—中等专业学校—教材 Ⅳ.①G613.4

中国版本图书馆CIP数据核字（2013）第093075号

营销中心电话　010-58802755 58800035
北师大出版社职业教育分社网　http://zjfs.bnup.com
电子信箱　zhijiao@bnupg.com

出版发行：北京师范大学出版社 www.bnupg.com
北京市西城区新街口外大街12-3号
邮政编码：100088
印　　刷：北京溢漾印刷有限公司
经　　销：全国新华书店
开　　本：787mm×1092mm　1/16
印　　张：12
字　　数：270千字
版　　次：2013年6月第1版
印　　次：2021年1月第10次印刷
定　　价：23.80元

策划编辑：姚贵平　　责任编辑：姚贵平　周　阳
美术编辑：高　霞　　装帧设计：锋尚设计
责任校对：李　菡　　责任印制：陈　涛

中国学前教育研究会教师发展专业委员会高中专分委会推荐教材

编 委 会

指导委员会

主　任： 庞丽娟

副主任： 郭亦勤　刘占兰

编写委员会

总　编： 彭世华

副总编： 李怀星　张根健　贺永琴　林敬华　周宗清

委　员： 骆绍华　曾淑琴　李显仁　林　波　吴川梅

李永华　刘余良　王栋材　汤少武　肖胜阳

杨　旭　刘吉祥　唐　敏　罗　峰

本书编写者名单

主　编　关业刚　王栋材

副主编　吕育玲　罗　浩

编　委　杜素珍　付　艳　韩元香　李晓渊
刘东峰　刘学民　余宝霞

序 言

学前教育是基础教育的奠基阶段，是国民教育体系的重要组成部分，它不仅对个体身心全面健康发展，而且对义务教育质量、国民素质整体提高和社会发展均具有极其重要的奠基性作用。近两年，在党中央、国务院的高度重视下，在《国家中长期教育改革和发展规划纲要(2010—2020年)》(以下简称《教育规划纲要》)、《国务院关于当前发展学前教育的若干意见》(以下简称“国十条”)和各地学前教育三年行动计划等政策的有力推动下，各省(区、市)政府纷纷把学前教育作为本地教育工作和改善民生的重要方面，大力发展学前教育，有力地促进了各地学前教育事业的发展。2010年，是近年我国学前教育发展最快的一年，全国学前三年毛入园率增至56.6%，比2009年(2009年为50.9%)提高了5.7个百分点。

同时，我们需要客观、冷静地看到，由于长期受经济、社会、文化、传统和教育等多方面因素的制约，目前我国学前教育在不少地区是低水平的普及，学前教师队伍整体素质不高，特别是城乡学前教师专业素质水平差距大，不少农村幼儿园教师缺乏基本的专业教育，教育质量较低。

《教育规划纲要》和“国十条”明确指出了我国未来中长期学前教育发展的战略方向是“基本普及学前教育”，到2020年全国要实现基本普及学前教育。这在我国学前教育发展史上是具有里程碑、突破性意义的。但当前，如何更好地全面贯彻落实《教育规划纲要》和“国十条”精神，保障我国学前教育既大普及大发展，同时又是有质量的发展，因而我们的普及是有意义的普及，给我们的孩子提供的教育是真正令人向往的、有价值的教育，这一问题仍然非常艰巨、突出！

我国政府、社会、家长等各方面都对此表示了极大的关注，专家、学者们为此进行着努力的思考、研究和探索。

无疑，要确保学前教育质量，必须要有高水平的学前教师作为基础和保障。政策和实践研究均表明，世界发达国家都十分重视学前教育阶段教师队伍的建设，在严格实施幼儿园教师资格制度和教师专业标准的同时，努力建构促进幼儿园教师专业发展的有效培养和支持体系，实现幼儿园教师培养的专业化和优质化。比如，美国、日本等国不仅基本实现了幼儿园教师培养的学士化，更值得关注的是，它们都非常注重幼儿园教师培养与培训教学资源的研发与优化，重视通过通识教育提高学生的人文和科学素养，注重通过深化专业课程设置、及时吸纳教育科学研究成果等培养学生对儿童的观察、理解与分析能力，教育教学实践能力及与儿童的有效互动和引导发展能力。

在我国，随着经济社会的快速发展，广大人民群众对学前教育规模和质量的要求越来越高，直接推动着我国学前教师教育的迅速发展。进入21世纪以来，包括幼儿师范学校和中职幼师班在内的中专层次的学前教师教育规模不断扩大，专科层次的初中起点五年制和高中起点三年制学前教师教育也迅速发展起来。迄今，全国已有独立设置的幼儿师范专科学校15所，今后几年数量还会急剧增长。然而，与此形势发展及其需求很不相适应的是，我国学前教师教育的教材建设却相对滞后，与学前教师教育规模、层次的发展速度与趋势很不相称。例如，初中起点五年制高专和高中起点三年制高专的教材还没有形成完善的体系，甚至可以说还是空白，教学中大量借用中专和本科教材；而三年制中专学前教师教育教材体系由于是在20世纪末期形成的，其时代性、先进性和适用性都急需加强；当前幼儿园教师在职培训、转岗培训、提升培训等的速度和规模迅速扩大，国家级培训已经覆盖全国，但其课程与教材建设却非常滞后，已经严重制约和影响培训的质量和效果。可见，要保障学前师资培养与培训的质量，必须要对学前教师教育的课程与教材体系进行新的系统建设。更为重要的是，去年国家教育部先后颁发了《教师教育课程标准(试行)》、《幼儿园教师专业标准(试行)》，对幼儿园教师的专业素养与能力以及学前教师教育的课程与教学等提出了明确的新要求，而这些新要求也急需通过建立一套新的、更加完善的课程和教材才能更好地得到贯彻和落实。

适应事业发展形势的迫切需要，为了更好地贯彻落实《教育规划纲要》和“国十条”精神，促进学前教育大普及大发展的同时有质量地发展，有效推动我国学前教育事业的健康、可持续发展，在中国学前教育研究会的有力支持和领导下，教师发展专业委员会高职高专中职中专分委会从成立伊始，即将促进当前教育改革发展背景下我国学前教师教育和教师队伍的质量提升作为自身义不容辞的历史使命和责任，着手策划和研发这套“全国高中专学前教师教育教材”。就当前我国学前教育特别是学前教师教育和教师队伍建设中的关键矛盾、主要问题进行了多次深入研讨；组织多次研讨会对各地各校已有课程改革探索与教材创新进行深度的交流与研讨，并分享进一步改革的思考与建议。在策划和研发过程中，我参与了若干次当前现状与需求、编审理念与重点、系列及其册本的设计、各册本主审专家的遴选等工作，深感这是我国学前教育事业发展和教师队伍建设中的一件大事，责任重大，任务艰巨。现经过全国上下学前各领域多方面专家学者、历时三年的努力工作后，这套教材终于要出版了，值得祝贺！

就总体而言，这套教材及其编写过程具有如下三个主要特点：

一是设计全面，体系比较完整。即其分别对五年制高专、三年制高专、三年制中专和培训四个系列(除政治科目以外)的所有科目教材进行了全面系统的成套建设。在编写各科目册本的具体内容之前，系统研制了各系列人才培养方案和各门课程的教学大纲，以此作为纲领，使各系列在人才培养目标与课程设置、课时安排、教学内容选取、教学考核要求等方面形成一个比较完整的体系。

二是内容、体例力求创新。从《教师教育课程标准(试行)》和《幼儿园教师专业标准(试行)》等文件征求意见稿开始，全体编写人员即对这些政策文件进行了多轮的认真研读，努力使教材编写体现新文件对幼儿园教师应秉持的基本理念、应具有的专业理念与师德、专业知识和专业能力等提出的新要求。同时，所编各科教材都力图反映本学科领域的最新研究与实践改革成果。特别是本套教材不局限于传统的“三学六法”，在此基础上新增了幼儿学习与发展、幼儿发展观察与评价、幼儿园教育环境创设等深化、创新和拓展性的教材。在体例上，这套教材也有诸多的创新之处，如各科目以章节为单元，在学习目标与要求、理论学习与实践以及课后阅读、思考与练习等方面进行完整设计，使学生的学习既具有阶段递进性又具有相对完整性。此外，还安排了大量的案例以增强课程和教学的实践取向和学生的实践性体验。

三是组织过程比较严谨规范。在编写程序上，从研制人才培养方案和各学科册本的计划，到各册本确定编写大纲、体例和样章，再到形成初稿、进行统稿和最后审稿等，每一个步骤均经过了起草、征求意见、论证修改等多个环节的不断反复。编、审队伍的遴选组织坚持了高标准严要求，编写者均是全国高中专学前教师教育骨干院校中有水平、有影响、有经验的教师，审稿专家均为全国有影响的本科院校和国家研究院所中本领域的知名专家教授。此外，所选择的出版单位也是全国有影响力、专业性强的出版社。这些严格的要求与复杂的操作过程，均为了实现一个目标——共同建设一套适应我国新时期学前教育发展需要的、具有较高质量的学前教师教育课程和教学资源体系。

总之，这套教材的编写与出版恰逢其时，相信将有利于促进我国学前教师教育工作的开展和质量的提高，并将有力促进我国学前教育事业高质量地、健康地、可持续地发展。同时，也希望通过这套教材的广泛使用进一步集结和吸纳更多高校一线教师的智慧与经验，使这套教材得到不断的发展和完善，从而不断推动我国学前教师教育教材的建设发展，并且积极服务和促进我国学前教育事业的发展。

庞丽娟

于北京师范大学新主楼

前言

根据2010年中国学前教育专业委员会确定的幼儿师范学校人才培养目标，以及当前幼儿师范学校学生实际发展水平，中国学前教育专业委员会中、大专分委会组织编写了本教材。旨在将全国幼儿师范教育统一到同一个目标上来，规范本学科的教育思想、教学内容，为高质量、高效率地培养幼儿教师提供操作性强的培养方式。

本教材分三个模块：基础理论模块(第一～三章)、实践操作模块(第四～八章)、教育评价模块(第九章)。基础理论部分用通俗的语言、简洁的表述、明确的观点、贴切的事例，陈述了幼儿数学教育的意义、原则、内容、途径和方法，有利于学生学习理解。实践操作部分阐述了各年龄段幼儿数学学习的内容和要求，并就不同内容分析了幼儿认知特点，提供了常见的数学活动组织方式，最后通过不同活动内容的规范案例及案例分析来帮助学生掌握案例设计的意图和方法。教育评价部分主要介绍了教育评价的意义、内容、对象、依据及常用的教育评价方法，并通过具体案例帮助学生理解评价的操作方法，目的在于帮助学生更好地领会和掌握幼儿数学教育的设计与实施等问题，提高幼儿数学活动的有效性。

本教材编写具有以下显著特点：

1. 科学性

数学本身就是一门逻辑性强、系统性强的科学。本教材采用演绎的方法，呈现了幼儿数学活动指导。对数学知识、思想方法表述准确，兼顾了数学体系的严谨性和幼儿认知特点。幼儿数学在内容和形式上，主要表现为幼儿身边常见的具体事实，但我们在引导幼儿观察现象、思考现象背后的数学规律、挖掘日常现象中的数学教育价值时，注意到了数学知识的科学性和逻辑性，考虑到了幼儿认知发展的阶段性特点。因此，在教材编写过程中，我们始终注重知识的科学性、内容的适宜性和方法的合理性。

2. 时代性

注重教材的时代性、突出与时俱进是本教材编写的方向。在编写过程中，我们以《3～6岁儿童学习与发展指南》为依据，充分利用新时期幼儿数学教育研究成果，尊重幼儿自身发展规律，把活动目标的重点放在培养幼儿对所学内容的情感和态度上，体现时代赋予幼儿教育的理念。选择活动的内容具有时代性，内容贴近幼儿生活实际，活动方法符合幼儿发展水平。本教材中的幼儿统计部分，就是考虑到幼儿生活实际的需要、幼儿认知发展的需要和将来学习的需要而增设的。

3. 实用性

本教材从幼儿对数学的认知特点出发，针对每一个数学活动内容，分析了不同年龄段幼儿的认知水平，并据此提出了适合幼儿最近发展区的教学内容，列举了部分有代表性的、即学即用的幼儿数学活动的参考形式和案例，非常适合幼儿教师使用。幼儿可以在这样的活动中，获得最大程度的发展；而从事幼儿教育工作的老师，也能从中把握幼儿发展的规律，科学、有效地开展数学活动。

4. 操作性

教材编写时，力求避免从理论到理论，从概念到概念的论述。努力做到理论与实际紧密结合、观点与实例结合。通过对具体问题的分析来阐述理论知识、通过对实例的剖析来阐明观点、通过对具体案例的理解来指导实践、通过对具体案例的设计思想的评析来引导设计，帮助学生学习本教材，掌握从事幼儿数学教育工作的基本技能。

5. 通俗性

为了使学生对幼儿数学活动的理念更加明了、对数学活动的操作方法更加容易掌握，我们力求做到语言简明、通俗易懂。用具体事实诠释重要的理论，用直观形象的操作来解释基本的方法，用浅显的语言来阐述活动的设计思路，对活动评价力求避免泛泛而谈，提高针对性和指导性。

本书由关业刚主持编写；罗浩编写第一章；李晓渊编写第二章；付艳、余宝霞编写第三章；刘东峰编写第四章；付艳、余宝霞、韩元香编写第五章；吕育玲编写第六章；刘学民编写第七章；关业刚编写第八章；杜素珍编写第九章；关业刚、韩元香对全书进行了统稿。

本书在编写过程中，得到了全国兄弟学校的大力支持和帮助，参考或引用了国内外学前教育学、学前心理学、学前数学教育及活动指导等有关内容，也借鉴了互联网上的有关资料，在此一并向相关作者表示感谢。

由于时间仓促，加之我们的研究基础还较薄弱，书中一定还存在不少欠缺之处，敬请批评指正，以便不断修正完善。

编者

2013 年 4 月 11 日

目录

第一章　幼儿数学活动概述

学习目标

- 了解幼儿数学活动对幼儿发展的意义；
- 理解幼儿参与数学活动的心理特点；
- 掌握组织幼儿数学活动应遵循的基本原则；
- 运用幼儿数学活动的基本原则来指导幼儿数学活动。

关键问题

- 为什么要组织幼儿开展数学活动？
- 幼儿学习数学有哪些特点？
- 组织幼儿数学活动应遵循哪些原则？

第一节　幼儿数学活动对幼儿发展的意义

恩格斯说："数学是研究现实世界中空间形式和数量关系的科学。"这种"空间形式"和"数量关系"，既是从现实世界中抽象出来的，又是区别于事物的具体形式的。这就表明数学具有高度的抽象性、严密的逻辑性和广泛的应用性。

幼儿数学活动包括幼儿园的数学活动和幼儿园以外的数学活动。本书主要以幼儿园数学活动为例进行介绍。

一、幼儿数学活动

幼儿数学活动是指幼儿与周围环境互动时感知数量关系和空间关系的过程，它包括幼儿自主的活动和在教师指导下的活动。在这里，幼儿数学活动主要指后者，即教师根据培养目标和幼儿身心特点开展的一系列数学教育活动，目的是让幼儿感知身边事物的数量关系、增加对数学的情感、体验数学的重要和有趣。

幼儿数学活动的组织要紧密联系幼儿的生活实际和认知能力，要从幼儿的生活经验和已有的知识出发。教师要创设生动、有趣的情境，引导幼儿开展观察、操作、猜想、推理、交流等活动，使他们通过数学活动，掌握基本的数学知识和简单的技能，初步学会从数学的角度去观察事物、思考问题，激发幼儿对数学学习的兴趣以及学好数学的愿望。

二、数学活动对幼儿发展的意义

幼儿处于逻辑思维萌芽及发展的初期，也是数学概念初步形成的时期。这一时期的幼儿还不能完全理解抽象的数学概念，但是并不是说他们就不可能学习数学。正相反，开展幼儿数学活动，对幼儿的发展具有非常重要的意义。

(一)有助于幼儿学会数学的思维方式，体验数学在生活中的应用

数学具有抽象性、逻辑性以及广泛的应用性。数学思维方式的特点就是将具体的问题归结为模式化的数学问题，并用数学的方法寻求解决。根据幼儿的思维特点和学习数学的心理特点，指导幼儿在游戏和操作活动中体验数学，获得初步的数学知识，这将有助于幼儿更好地认识客观世界和学习数学的思维方式。实践证明，数学活动能够培养幼儿对数学问题的敏感性，即有意用数学的思维方法解决生活中所遇到的具体问题。

幼儿逻辑思维的发展还处于较低层次，他们即使掌握了一些数学知识，但往往受到直接感知的限制，不能自觉地依据逻辑进行合理的判断。比如，在感知物体数量时，容易受物体所占空间的大小或摆放方式的影响。因此，幼儿数学活动，应当让“数学”在幼儿的周围生活之中，将数学知识与他们的实际生活相联系，从而促进幼儿自觉地、有意识地运用数学的相关概念思考和解决实际生活中的问题。

(二)有助于培养幼儿的抽象思维能力，促进其逻辑思维的发展

幼儿参与数学活动，需要一定的抽象能力和逻辑上的准备；反过来，数学又可以促进其抽象逻辑思维的发展。具体形象思维是幼儿期的主要思维方式，幼儿可以借助具体的事物和直观的操作活动，获取一些粗浅的数学经验。在此过程中，经过分析与综合、抽象与概括、判断与推理，上升到理性认识。在学习数学的过程中，幼儿的抽象逻辑思维也能得到发展。因此，开展幼儿数学活动，不仅能使幼儿获得基本的数学知识，更能发展幼儿的思维能力。

(三)有助于幼儿良好的学习习惯和学习品质的形成

幼儿数学活动是一项比较正式的操作活动，能培养幼儿的任务意识。幼儿在操作的过程中，起初并没有明确的任务意识，通过数学活动，在教师的要求下，幼儿能逐渐形成初步的任务意识。任务意识对幼儿学习习惯的养成，特别是适应小学阶段的学习是很有意义的。

幼儿对规则的遵从，也是在数学学习活动中逐步形成的。比如，“按大小排序”的活动，就要求幼儿给一组物体按照从小到大或从大到小的标准排序，而不能随意乱排，否则幼儿就不可能理解其中所蕴含的逻辑关系。通过数学活动，幼儿会逐渐理解规则的意义，并按照规则操作。

幼儿数学活动还能培养幼儿学习数学的主动性、积极性，激发其学习动机。因为幼儿的数学活动往往是通过游戏和操作的方式进行，符合幼儿的心理特点，为幼儿提供了主动参与活动的机会。比如，“幼儿园里有多少棵树”的活动，能激发幼儿开动脑筋，走出教室，到处寻找，用给树贴数卡计数、逐一点数、分类计数等多种方法，积极主动地去完成任务。

幼儿对数学的兴趣往往开始于对材料的兴趣。教师若提供色彩鲜艳、形象逼真、生动可爱的操作材料，不仅能吸引幼儿操作的兴趣，而且可将幼儿兴趣转移到操作的内容上。有时通过操作完成一个小小的作品或作业，还能增强幼儿对数学活动的成就感。当幼儿在操作活动中真正体验到数学内在的魅力时，就会使这种对数学操作活动的外在兴趣转变成对数学本身的内在的兴趣，这是一种对理智活动和思维活动的兴趣。如果幼儿真正体会到数学的乐趣，幼儿园的数学学习必将成为其学校生涯的良好开端。如果幼儿真正获得一种全面的学习准备，特别是学习品质上的准备，他们将终身受益。

第二节　幼儿数学活动的特点

幼儿的数学概念从萌发到初步形成，要经历一个复杂而漫长的过程。而这一切都源于幼儿数学知识本身的特殊性。

一、数学知识的特点

(一)抽象性

数学反映的是客观事物的本质规律，是对现象的高度抽象和概括，它是对事物之间关系的一种抽象。即使是幼儿阶段所学习的 10 以内数概念，也具有抽象的意义。比如“5”，它可以表示 5 个人、5 条狗、5 辆汽车、5 个气球等任何数量是“5”的事物。它与这些事物的形状、大小、颜色无关，也和它们的排列形式无关，它是对这些事物数量特征的抽象。幼儿数概念就是对等价集合共性的抽象。

(二)逻辑性

数学揭示了客观世界的逻辑联系，同时数学知识本身的体系也具有严密的逻辑性。以数概念为例，其中既有对应关系、又有序列关系和包含关系。例如在点数时手的动作和口中读数要相对应，这就是一一对应的逻辑观念；还要有序的协调，他口中数的数及点物的动作应该是有序的，且不能遗漏和重复；最后还需要将所有的动作合在一起，得到总数，这就是整体与部分的包含关系。

任何数学知识都具有逻辑上的必然联系。以数数为例，幼儿必须先有唱数的基础(机械记忆的结果)，然后学习按物点数，说出总数，再到按数取物，直到理解数的守恒。整个过程环环相扣、逻辑严谨，不能省略任何一步。

幼儿数学知识的学习，体现了由简单到比较复杂、由直观形象到比较抽象的过程。

幼儿要理解数学知识的抽象性，必须具备一定抽象的逻辑思维能力，要能摆脱具体事物的干扰，对其中的数学关系进行思考。例如，幼儿通过亲自动手操作直观材料，在摆弄物体的过程中进行探索，从而获取经验、知识和技能，发展能力。幼儿需要通过对物体的反复操作才能抽象出物体之间的关系，从而在头脑中慢慢建构数学概念。一般来说，操作性学习方式是培养幼儿数学逻辑智能的最有效、最合适的方法。

(三)广泛的应用性

数学知识具有广泛的应用性。人造卫星、建筑设计、科技产品等都离不开数学。幼儿的生活中到处都有数学，幼儿每天接触的各种事物也都和数、量、形有关。比如，说自己几岁了；和别人比身高；搭积木时，看到不同的形状等。幼儿在生活中还会遇到许多要运用数学来解决的问题，如家里有几口人？吃饭的时候，每个人都需要一个碗、一双筷子，要取多少碗和筷子？小朋友拍球比赛，谁拍得多？每个需要解决的问题，都是幼儿学习数学的机会。

二、幼儿参加数学活动的心理特征

幼儿数学知识本身的特点，决定了幼儿在学习数学、运用数学时，有其自身的规律和特点。数学概念对于幼儿来说还没有成为头脑中的一个抽象的逻辑体系，必须借助于具体的事物和形象。同时，幼儿在数学活动中，也在不断努力摆脱具体事物的影响，使那些和具体事物相联系的知识能够内化于头脑，成为具有一定概括意义的数学知识。一般来说，幼儿数学活动的心理特征可以概括为以下几点：

(一)借助对具体事物的操作

幼儿在学习数学时，最初是通过动作进行的。特别是小班的幼儿，在完成某些任务时，经常伴随着外显的动作。例如，在“对应排列相关联的物体”活动中，幼儿在放卡片时，总要先和上面一排相对应的卡片碰一下，然后才把它放在下面。这实际上就是一个对应的动作。随着幼儿动作的逐渐内化，他们逐渐能够在头脑中进行这样的对应。幼儿在最初学习数数的时候，也要借助于手的点数动作才能正确地计数。直到他们的计数能力比较熟练，才改变为心中默数。

幼儿表现出的这些外部动作，实际上是其协调事物之间关系的过程。这对于他们理解数学中的关系是不可缺少的。在幼儿学习某一数学知识的初级阶段，特别需要这种外部的动作。而对于那些表现出抽象思维有困难的幼儿，也需要给与他们充分摆弄物体的机会。例如，在学习加减运算时，最能帮助幼儿理解加减运算含义的方法，就是让幼儿进行合并和拿取的操作。让幼儿在实际的动作中理解两个部分如何合为一个整体，整体中拿走一个部分还剩下另外一个部分。而那些不能摆脱实物进行抽象的数运算的幼儿，正需要动作水平上的操作。在这时给予他们摆弄实物的练习，既符合他们的心理特点，也有助于他们的学习。

(二)离不开幼儿的生活实际

组织幼儿开展数学活动时，教师通过让幼儿观看实物或图片，讲解数学概念，试图让幼儿在头脑中“印下”数的表象。实践证明，这样的方法并不符合幼儿学习数学的心理。不过，如果能让幼儿联系生活实际，在操作的基础上，同时引导幼儿观察实物或图片及其变化，并鼓励他们将其转化为头脑中的具体表象，不仅能帮助幼儿在头脑中重建事物之间的逻辑关系，而且对于幼儿抽象思维能力的发展也有好处。

(三)从具体到抽象、从个别到一般

幼儿在数学概念形成的过程中，所依赖的具体经验越丰富，他们对数学概念的理解就越具有概括性。幼儿在学习数学知识时，要经过具体到抽象、个别到一般的过程。

如在认识数“3”时，教师可以先让幼儿说出各种各样能够用“3”来表示的物体，然后，让他们知道，凡是数量是 3 的物体，无论它们怎样排列，都是 3。这样，幼儿就可以对数 3 的抽象意义有所了解。再如，大班幼儿在学习数的分合时，教师首先让幼儿分各种不同的东西：2 个苹果、2 个玩具、2 粒蚕豆……并用分合式记录下来。这时，幼儿对分合式意义的理解还停留于它所代表的那一件事。当教师问这些式子一样还是不一样时，大多数幼儿都回答不一样，因为它们表示的是不同的事情。在教师的引导下，幼儿逐渐认识到这些式子的共同之处，以及它们之所以相同是因为它们表示的都是分数量为 2 的物体，因此可以用一个式子来代表。这样，幼儿也逐渐认识到了“数的分合”这一抽象的知识，而不再停留于具体的“分物品”上。

第三节　幼儿数学活动的基本原则

一、发展性原则

“数学是思维的体操”，幼儿数学活动必须坚持发展幼儿认知能力和思维能力的原则。以“按长短排序”为例，有的教师直接把排序的“正确”方法教给幼儿：先找出最长的一根木棒，排在最前面，然后再从剩下的木棒中找出最长的一根排在上一根后面……幼儿按照教师教的方法，似乎都能正确地完成排序任务。但实际上，他们并没有获得序列的逻辑观念，其思维能力并没有得到发展。而幼儿真正需要的并不是排序的技能，而是充分的操作和尝试，并从中得到领悟的机会。只有这样，他们才能从中获得一些逻辑经验，并逐渐建立起一种序列的逻辑观念。而一旦具备了必要的逻辑观念，幼儿掌握相应的数学知识就不再是什么困难的事情了。

二、操作性原则

幼儿数学活动要坚持操作性原则。心理学研究表明：幼儿早期的直觉行动思维特

点告诉我们，对幼儿进行数学教育时，应让幼儿进行操作，并通过操作进一步探索，通过自己的活动获取数学经验。如果教师只注重结果的传授，代替幼儿思考，而“教”给幼儿很多，实际上就剥夺了他们自己获得发展的机会。事实上，幼儿的发展，必须依赖他们自己和环境的相互作用。

教师在指导幼儿开展数学活动时，应以操作活动为主要的形式，而不是让幼儿观看教师的演示或直观的图示，或者听教师的讲解。因为操作活动能够给予幼儿在具体动作水平上协调和理解事物之间关系的机会，是适合幼儿特点的学习方法。以小班幼儿认识数量为例，教幼儿口头数数能够让他们了解数的顺序，却不能让他们理解数量的意义。很多小班幼儿数数能数到很多，但是这并不代表他们对数的顺序、数序中的数量关系已经真正理解了。而通过操作活动，幼儿不仅在学数数，还能协调口头数数和点数的动作，从而理解数的实际意义。

此外，操作性原则还要求教师把学数学变成幼儿自己主动探索的过程，让幼儿自己探索、发现数学关系，自己获取数学经验。教师“教”的作用，不在于给幼儿一个知识上的结果，而在于为他们提供学习的环境：和材料相互作用的环境、和人相互作用的环境。当然，教师自己也是环境的一部分，也可以和幼儿交往，但必须是在幼儿的水平上和他们进行平等的相互作用。只有在这样的相互作用中，幼儿才能获得主动的发展。

三、生活化原则

现实生活是幼儿数学知识的源泉。幼儿的数学知识和他们的现实生活有着密切的联系，可以说幼儿的生活中到处都有数学，幼儿每天接触的各种事物都会和数、量、空间有关。例如，家里吃饭时要摆几个碗，怎样平分蛋糕，电视机在你的什么方位，等等。幼儿生活中的很多问题，都可以归结为数学问题，可以成为幼儿学习数学的机会。

把抽象的数学生活化，有助于幼儿更好地理解数学。现实生活为幼儿提供了通向抽象数学知识的桥梁。例如，有些幼儿不能理解加减运算的意义，而实际上他们可能在生活中经常会用加减运算解决问题，只不过没有把这种“生活中的数学”和“幼儿园里的数学”联系起来。如果教师不是“从概念到概念”地教幼儿，而是联系他们的生活实际，借助他们已有的生活经验，就能够使这些抽象的数学概念建立在幼儿熟悉的生活经验的基础上了。

四、科学性原则

第一，要注重数学知识的正确性。数学就是一门科学。数学的概念、定理、公式、法则等都源于客观世界，是客观世界在数与形等方面规律的正确反映。数学结论经历了千锤百炼，被证明是经受了人类长期实践检验的客观真理。幼儿处于数学概念形成初期，这个时期是智力发展的关键期，他们对未知世界充满了好奇，教师教给幼儿的数学知识必须是正确的。

第二，要注重数学内容的逻辑性。数学是一门逻辑性很强的学科，没有逻辑，数学的大厦就无法建造。因此，在组织幼儿开展数学活动时，既要注重数学内容间的逻辑顺序，又要注重思维形式的逻辑关系。

第三，要尊重幼儿认知的规律性。开展数学活动的目标之一是发展幼儿的思维，如果所组织的活动脱离了幼儿的最近发展区，违背了幼儿认知规律，不仅幼儿得不到发展，而且还会影响活动的有效进行。

第四，注重活动方法的合理性。科学合理的活动方法与方式，可以让枯燥的数学变得趣味横生，抽象的知识变得形象生动、贴近生活。好的活动方法，可以让数学活动达到事半功倍的效果。

五、循序渐进的原则

在数学活动中，幼儿对每一内容的学习与探索并非一蹴而就，而需要持续一段时间。教师要根据情况，有效地帮助幼儿从多角度、多层次进行感知和探究，使教学重点、难点不攻自破，教学质量有效提升。幼儿数学教育不应只是具体的数学知识和技能的堆积，而应考虑幼儿的理解能力和接受能力，遵循循序渐进的原则。具体体现在两个方面：

(一)活动内容应由易到难、由浅入深

数学活动内容的安排，要把握“最近发展区”原则，应考虑各年龄段幼儿发展的适宜性和内容间的连贯性，围绕某个主题或核心内容，以螺旋上升的方式安排一系列持续性操作探索活动，帮助幼儿逐步建构数学概念。

(二)活动形式应由简单到复杂、由具体到抽象

在幼儿的数学活动中，应力求通过简单明了的形式，一步一步过渡到较复杂的形式；由具体、形象、直观的形式过渡到比较抽象的活动形式。只有这样，幼儿才能从中感受到数学带来的无穷乐趣，不知不觉中学习一些数学知识和数学技能。

六、注重个别差异的原则

幼儿的发展并不是完全相同的，每个幼儿都具有与生俱来的独特性，幼儿学习数学时也表现出不同的个性差异。比如，思维发展水平上的差异，发展速度上的差异，还有学习风格上的差异。即使同样是学习有困难的幼儿，他们的困难也不尽相同，有的幼儿缺乏概括抽象的能力，有的缺乏学习经验。

作为教育者，应该考虑不同幼儿的个别差异，让每个幼儿在自己的水平上得到发展，而不是千篇一律、统一要求。在为幼儿提供操作活动时，可以设计不同层次、不同难度的活动，这样幼儿可以自由选择适合自己水平和能力的活动。

另外，对于学习有困难的幼儿，教师应具体分析，区别对待：对于缺乏概括抽象能力的幼儿，教师可以引导其总结概括，并适当加以点拨和启发；而对于经验不足的幼儿，教师则可以单独提供一些操作练习的机会，丰富其学习经验。

本章小结

本章阐述了数学活动对幼儿发展的意义，简单介绍了数学知识的一般特点及幼儿学习数学知识的特点，还重点阐述了幼儿数学活动应遵循的基本原则。

1. 数学具有高度的抽象性、严密的逻辑性、广泛的应用性等基本特性；数学知识是一种具有高度抽象性的逻辑知识。

2. 幼儿数学活动是指幼儿与周围环境互动时感知数量关系和空间关系的过程，在这里主要指教师根据培养目标和幼儿身心特点开展的一系列数学教育活动，目的是让幼儿感知身边事物的数量关系，体验数学的重要和有趣。

3. 幼儿数学活动，对幼儿的发展具有非常重要的意义。幼儿数学活动能使幼儿在活动中体验数学，初步获得数学知识；能训练幼儿的思维能力，促进其逻辑思维的发展；能培养幼儿良好的学习习惯和学习品质。

4. 幼儿数学活动的心理特征：

(1)借助对具体事物的操作；

(2)离不开幼儿的生活实际；

(3)从具体到抽象、从个别到一般。

5. 组织开展幼儿数学活动，必须遵循以下基本原则：

(1)发展性原则；

(2)操作性原则；

(3)生活化原则；

(4)科学性原则；

(5)循序渐进的原则；

(6)注重个别差异的原则。

练习与实践

1. 幼儿数学活动对幼儿的发展有何意义？

2. 幼儿数学知识有哪些特点？

3. 幼儿在数学活动中，有哪些心理特征？

4. 开展幼儿数学活动时，应该遵循哪些原则？请根据自己的理解，联系实际，加以说明。

第二章　幼儿数学教育的目标和内容

学习目标

- 了解制定幼儿数学教育目标的意义和依据；
- 理解幼儿数学教育目标的内涵及其层次结构；
- 掌握幼儿数学活动的内容。

关键问题

- 什么是幼儿数学教育目标？制定幼儿数学教育目标有何依据和意义？
- 幼儿数学教育总目标、各年龄阶段教育目标、数学活动目标的内涵是什么？
- 幼儿数学教育的主要内容是什么？各年龄段幼儿数学教育的内容有哪些？

第一节　幼儿数学教育目标概述

幼儿数学教育目标规定了教育者在组织幼儿开展数学活动之前对教育结果的一种期望，也就是说数学教育的目标是一种对数学教育结果的规定。

一、制定幼儿数学活动目标的意义

幼儿数学教育目标是教育者根据社会对幼儿发展的需要，结合幼儿身心特点和发展水平，确定的幼儿在数学领域的发展目标。它规定了向幼儿实施数学教育的方向和准则。因此，制定幼儿数学教育目标具有重要现实意义。

(一)规范数学教育观念与教学行为

幼儿数学教育目标规范了教师的教育观念和教学行为，规定了数学活动方向，指导和支配整个教学过程，也确定了数学活动的内容，并影响教学方法和教学手段的选择。教育部 2001 年颁发的《幼儿园教育指导纲要(试行)》(以下简称《纲要》)中明确指出，幼儿数学教育的目标是："使幼儿能从生活和游戏中感受事物的数量关系，体验到数学的重要和有趣。"因此，作为教育活动方向的把握者、教育活动过程的组织者的教师，必须具有正确的目标意识，应该把握幼儿"全面发展"的观念，创设有利于幼儿发展的数学学习环境，选择适合幼儿年龄特点、有价值的数学教育内容，采用灵活的教学方法和手段，开展富有趣味的、能发展幼儿探究意识的系列活动，引导幼儿解决生活和游戏中的“数学问题”，帮助幼儿积累相关的数学经验，发展幼儿的思维能力和解决问题的能力。

(二)指导并控制教育过程

幼儿数学教育目标可指导和控制幼儿数学活动的整个过程。幼儿数学活动过程是教师、幼儿、活动材料等因素相互作用的过程。在幼儿数学活动中，要充分考虑教师的主导作用、幼儿的主体地位和材料的辅助作用。根据教育目标，教师能有效控制活动过程，把握活动节奏，及时调整内容和进程，让幼儿与材料的互动、幼儿之间的互动、幼儿与教师的互动充分发挥作用。

(三)提供教育评价的依据

数学教育目标从情感态度、认知、能力三个维度表述了活动的预期目标，规定了幼儿数学活动内容的范围、幼儿发展的要求。实际上，幼儿数学教育目标还明示了幼儿数学活动评价的标准。依据幼儿数学教育目标的达成情况，人们可以考查、评价在数学活动过程中教师的行为表现、幼儿的发展状况，也可依据幼儿数学教育目标，考查、评价幼儿数学活动的计划、手段、方法及环境创设等。因此，数学教育目标为评价幼儿的发展提供了尺度，也为评价教育的成效提供了标准。

二、制定幼儿数学教育目标的依据

(一)以幼儿的整体发展为依据

当代幼儿教育的研究表明，幼儿认知能力的发展与其兴趣、情感、态度、个性等方面是密切联系的。幼儿如果对事物具有浓厚的兴趣，对自己的能力充满信心，在学习过程中就会积极地进行探索，主动地发现问题，并寻找解决问题的办法。此时，幼儿的整个心理状态是积极的、主动的。同样，在这种状态下，他的认知能力、情感、态度和意志力都会得到较好的发展。因此，在制定幼儿数学教育目标时，要以幼儿整体发展为依据，提出包括认知、情感、态度、个性及社会性发展等方面的教育目标。

(二)以社会的要求为依据

数学教育目标要反映社会的要求和愿望。不同时代、不同社会对人才培养的要求有所不同，所提出的教育目标也会有所区别。2001 年教育部颁发的《纲要》，把幼儿数学教育纳入科学教育领域，从不同角度促进幼儿情感、态度、能力、知识、技能等方面的协调发展。《纲要》中明确了“幼儿能从生活和游戏中感受事物的数量关系，并体验到数学的重要和有趣”这一数学教育的目标，说明社会对幼儿数学教育价值的重视。因此，幼儿数学教育目标的制定应以社会的要求为依据。

社会的发展和需要影响着教育目标的制定。同时也使我们明确，在幼儿数学活动中应建立情感、社会性、智力等全面协调发展的教育目标体系。

(三)以学科的特点为依据

数学学科的特点，对幼儿数学教育目标的制定有着重要的影响。数学学科的知识结构体系的严谨性，以及它的逻辑性和抽象性，对幼儿的发展有着特殊的价值，而且对幼儿良好思维品质的形成有着重要的作用。因此，幼儿数学教育目标的制定必须考虑到数学学科的结构和学科的教育价值。

综上所述，幼儿的发展、社会的要求和学科的特点是幼儿数学教育目标制定的依据。当然，还必须正确处理可能性和适宜性的关系，即应该考虑所提出的教育目标对幼儿的发展是否适宜。

第二节　幼儿数学教育目标的层次结构

幼儿数学教育目标体系是按一定的结构和层次组织起来的一个有机的整体。从横向来看，它具有一定的分类结构，通常分为情感与态度目标、认知目标、操作技能目标三类；从纵向来看，它具有一定的层次结构，通常分为幼儿数学教育总目标(一级目标)、各年龄阶段教育目标(二级目标)、数学活动目标(三级目标)三个层次。一般来说，目标层次越高，其抽象概括性也越高，可操作性则越低；而目标层次越低，其抽象概括性也越低，可操作性则越高。

一、《纲要》中的数学教育总目标解读

在《纲要》中，幼儿园数学教育是包含在科学领域之中的，而科学领域的目标是：

(1)对周围的事物、现象感兴趣，有好奇心和求知欲；

(2)能运用各种感官，动手动脑，探究问题；

(3)能用适当的方式表达、交流探索的过程和结果；

(4)能从生活和游戏中感受事物的数量关系，并体验到数学的重要和有趣；

(5)爱护动植物，关心周围环境，亲近大自然，珍惜自然资源，有初步的环保意识。

《纲要》中目标部分主要阐述的是本领域重点追求的目标及其主要的价值取向。根据《纲要》中科学领域的目标精神，幼儿数学教育总目标应包含以下具体内容：

(1)对周围环境中事物的数量、形状、时间和空间等感兴趣，喜欢参加数学活动和游戏；

(2)能从生活和游戏中感受事物的数量关系，获得有关数、量、形、时间和空间等感性经验，体验到数学的重要和有趣；

(3)学习用简单的数学方法，解决生活和游戏中某些简单的问题，能用适当的方式表达、交流操作和解决问题的过程和结果；

(4)会正确操作数学活动材料，能按规则进行活动，有良好的学习习惯。

幼儿数学教育目标，也指明了幼儿数学教育的基本理念：

(一)注重对幼儿情感、态度的培养

兴趣是幼儿学习数学的内部动力。兴趣是人们对事物的一种积极态度，是带有情感色彩的认识倾向。如果幼儿对事物的数量、形状等产生了兴趣，那将为他们所进行的智力活动提供最佳的情绪背景。也就是说，幼儿对某事物的情感，将对幼儿的活动产生重大影响。因此，《纲要》在阐述幼儿发展的几个方面时，强调培养目标顺序是"情感、态度、能力、知识、技能"。可以看出《纲要》是十分重视培养幼儿的情感、态度的，并认为这是幼儿一生可持续发展的基础。因此，数学教育目标也要强调培养幼儿对环境中事物的数量、空间等的兴趣。在积极探索的活动中，逐渐培养幼儿对数学学习本身及一切学习活动的积极情感，使他们爱学习、会学习。

(二)指出幼儿学习数学的内容和方法

数学教育目标要求幼儿"能从生活和游戏中感受事物的数量关系，获得有关数、量、空间等的感性经验"，这就指明了幼儿应学习哪些数学知识、幼儿获得的数学知识具有什么性质以及幼儿怎样获得数学知识。通过数学活动，要让幼儿感知事物的数量关系，获得数、量、空间的感性经验，并逐步形成一些初级的数学概念。这种概念是幼儿从具体的实际经验中归纳出来的，是经验性的、具体的知识，是建立在表象水平上的概念。教育目标让人们明确幼儿数学教育与其他年龄段的数学教育有根本的不同，他们建构的是初级的数学概念。

幼儿数学教育目标还指出数学知识获取的方法：要在生活和游戏中感受到事物的数量关系，即幼儿在与环境的相互作用中获得有关数、量、空间等方面的感性经验。这种相互作用的过程不仅让幼儿获得经验(建构知识)，而且获得了"做"的能力(即"会做"和"知道怎样做")。

(三)强调幼儿认知能力的发展

发展幼儿认知能力，要特别注意培养幼儿思维能力和解决问题能力。幼儿数概念的获得和逻辑思维的发展既是一致的，也是相互影响的。幼儿的数学学习对他们逻辑思维的发展也具有明显的促进作用，同时，幼儿逻辑思维能力的发展，为他们学习数学知识提供了必要的心理准备。幼儿理解、掌握现有数学教育内容中蕴涵的数量关系，一方面加深了幼儿对有关数学知识的理解，另一方面要求幼儿应具有相应的思维水平，所以数学的学习过程要促进幼儿思维抽象能力和推理能力的发展。因此，教师要引导幼儿在感受事物数量关系的过程中，发展思维能力。

数学教育目标还告诉我们，应引导幼儿学习用简单的数学方法解决生活和游戏中某些简单的问题。在数学活动中，教师不要总是代替幼儿思考、代替幼儿操作，而是多提供机会，让幼儿自己操作，启发幼儿思考，引导幼儿分析问题，发现解决的方法，提高解决问题的能力。

综上所述，幼儿数学教育强调的是重视幼儿思维能力的发展，强调的是幼儿对数学学习的兴趣、情感、态度的培养，是幼儿解决问题能力的获得，而不只是数学知识的掌握。

二、幼儿数学教育的阶段性目标

二级目标是根据一级目标制定的，它是从情感与态度、认知、能力三个方面提出的，根据小、中、大班幼儿发展水平的不同，其数学活动目标表述如表 2-1 所示。

表 2-1

班级	目　标
小班	1. 对数学感兴趣，喜欢参加数学操作活动，在数学活动中能大胆地表达自己的想法。 2. 对生活中常见物体的大小、形状、数量有兴趣，愿意认识它们。 3. 能按物体的一个特征分类，了解有两种可能结果的随机现象。 4. 能认识并区分“1”和“许多”；感知 5 以内物体的数量，手口一致地点数 5 以内物体，并说出总数；按数(5 以内)取物；能用对应的方法比较两组物体数量的多少。 5. 能比较有明显差异的两个量，能按物体大小、长短、数量(在 5 以内)排序；能够发现物体排列的简单模式，并加以模仿。 6. 能认识几何图形：圆、正方形、三角形等，并说出它们的名称。 7. 能以自身为中心区分上下、前后。 8. 认识早晨、晚上、白天、黑夜，并会运用。
中班	1. 能注意和发现周围环境中物体的数量、形状等方面的差异，以及它们的空间位置等。能主动、专心地按规则进行数学操作活动，会按要求取、放材料。 2. 能按物体的两个特征分类；按物体的数量分类。了解有 3～4 种可能结果的随机事件。 3. 能理解 10 以内数及数字的含义、能比较 10 以内物体的数量的多少，理解 10 以内数的守恒，感受 10 以内相邻两数的关系。会点数 20 以内物体。 4. 会比较物体粗细、厚薄、轻重等差异；7 以内物体按量的差异排序；6 组以内物体按数量排序。 5. 能发现和描述物体或图案排列的简单模式，会设定简单模式来排列物体或图案。 6. 能认识长方形、椭圆、梯形等，能拼搭和分解简单的几何图形。能以客体为中心区分前后，能向上、下、前、后等指定方向运动。 7. 学习并运用今天、明天、昨天等时间词语。 8. 学习用绘画或自创的符号(或方式)记录、表达、交流自己操作、探索的过程及结果。
大班	1. 能积极、主动、有规则地进行数学活动，乐于与同伴交流。能用自创的或社会约定的符号记录、表达、交流数学活动的过程和结果。 2. 会有条理地整理活动材料，能按物体两个或两个以上特征分类，学习多角度分类或层级分类，并会设计分类标志。了解有 5～6 种可能结果的随机事件。 3. 学习 10 以内的序数、单双数、相邻数等概念；能顺数、倒数，能按群计数，如 2 个 2 个地数、5 个 5 个地数。 4. 学习 10 以内数的分解与组成、加减运算；理解“＋”“－”“＝”“＞”“＜”等符号。 5. 学会自然测量；能对 10 以内物体按量的差异排序；认识时钟，会看整点、半点、日历，知道一个星期中每天的名称和顺序；认识 10 元以内的人民币。

续表

班级	目　标
大班	6. 能按物体数量的不同排序；会设计排序模式。 7. 认识球、正方体、长方体、圆柱体等；能以自身或客体为中心区分左右，会按指定方向运动；能拼搭和分解简单的几何图形；理解图形的对称；学习等分实物或图形。 8. 能运用分类、统计、加减运算等数学方法解决生活和游戏中简单的数学问题。

在上述各年龄阶段目标中，确定了每一年龄阶段幼儿应获得的经验，并根据三个年龄阶段幼儿发展的特点，提出了在情感、态度、行为习惯和认知能力等方面的发展目标。在幼儿数学教育中，应针对各年龄阶段幼儿不同的实际发展水平和发展需要，分别提出不同的教育目标，将促进幼儿获得更好的发展。

三、数学活动目标

数学活动目标是指某一具体的数学活动的目标，其目标表述具体，操作性较强，所期望的教学成果基本上是可以观察和测量的。在数学教育实践中，数学教育总目标和各年龄阶段目标都必须转化为一个个具体数学活动的目标，即层层分解为具体的、可操作的并可以在一次数学活动中实现的目标。这一级目标(称为三级目标)不仅要与一级目标、二级目标相一致，而且要相互衔接，以促进幼儿的整体发展。

数学活动目标主要包括情感和态度、认知能力、操作技能三个方面，每一个数学活动都需要从上述三个方面确定目标。如以下是某数学活动目标的表述：

(1)感受比高矮活动带来的快乐；

(2)初步理解比高矮的正确方法，并感知物体高矮的相对性；

(3)能正确比较5个以内物体的高矮，并将它们从高到矮或从矮到高进行排序。

作为教师，制定某一具体的数学活动目标时，不仅要考虑到国家颁布的指导幼儿教育的纲领性文件、幼儿阶段发展目标及本班幼儿的实际发展水平和接受能力，还要注意以下五点。

第一，目标的发展性。在制定数学活动目标时，教师首先应当着眼于幼儿的发展，既包括认知方面的发展，也包括情感、学习态度、个性和社会性等方面的发展。只有充分把握幼儿的年龄特点和已有的发展水平，才能在活动设计中体现循序渐进的原则。

第二，目标的全面性。目标的全面性是指教师在制定目标时，应思考在本活动内容和情境条件下“幼儿学得有兴趣吗”(情感目标)、“幼儿学会了什么”(知识目标)、“幼儿能做到什么”(能力目标)。

第三，目标的针对性。由于教育活动的目标可以作为检验活动效果的依据之一，因此目标应当是具体的、可观察的、可操作的、可评价的。也就是说，目标的制定必须有针对性，而不是空泛、笼统的。

如某中班数学活动“家里的数字”的目标设定为：

(1)感受数字与人类生活的关系；

(2)培养幼儿对家的美好情感。

显然，这样的目标是空洞而无针对性的，无法作为评价活动效果的依据。

这一活动的目标可以调整为：

(1)愿意与同伴交流，尝试大胆表述；

(2)寻找和搜集家里带有数字的照片或图片，通过交流与分享活动，感受数字与人们生活的密切关系，理解数字在生活中的应用；

(3)在集体参与的观察和交流活动中进一步萌发对家的美好情感。

这样的三条目标就比较有针对性。

第四，目标的统一性。在一个教学活动目标的各项表述中，主体必须统一。要么以幼儿为主体表述教育活动目标，如幼儿"说出""会用"等；要么以教师对幼儿的教育影响和具体教学行为为主体表述教育活动目标，如"使幼儿……""启发幼儿……""引导幼儿……"等。一般来说，为了把关注点更多地放在幼儿的学习和发展上，我们提倡以幼儿为主体进行表述。这种表述方式可使教师从幼儿行为的变化中观察他们的发展状况。

第五，目标的适宜性。目标的适宜性是指教师在制定活动目标时，必须从两个方面考虑目标是否适宜。首先，判断该活动目标是否与幼儿的发展基础相适应，是否在幼儿的"最近发展区"；其次，判断该活动目标是否与上一层级的目标保持一致，是否已将上一层级目标具体化，从而使总目标、各年龄阶段目标和教学活动目标能在互相联系的基础上充分发挥导向作用。

第三节　幼儿数学教育的内容

对幼儿进行数学教育的内容就是幼儿数学活动的内容。对幼儿来说，数学是他们学习正确认识世界、概括事物数量关系和空间关系、解决来自生活和游戏中问题的有效工具。3～6岁的幼儿可以学习的数学包括哪些主要的内容呢?《纲要》在科学领域中规定："引导幼儿对周围环境中的数、量、形、时间和空间等现象产生兴趣，建构初步的数概念，并学习用简单的数学方法解决生活和游戏中某些简单的问题。"由此可见，幼儿的数学学习内容不仅有数的学习，现实生活中普遍存在的量、形、时间、空间及统计知识等都可以成为幼儿学习数学的内容。

一、幼儿数学教育的主要内容

数学教育的最高境界不是让幼儿学会计算，而是让幼儿能够"数学地思维"、能够发现生活中的数学，认识到数学和生活的联系，发展幼儿的逻辑思维能力。数学学习作为幼儿最早接触到的"学术性"学习活动，能够给他们一些早期的学习习惯和学习品质的训练，使他们将来能更好地适应小学阶段的学习。

(一)对应、分类、排序

对应：如果一个集合 A 里的元素 a 在性质、作用、位置或数量等特性上与另一个

集合 B 里的(一个或几个)元素 b 相关联，我们就说 a 与 b 对应，也说在集合 A 与集合 B 间建立了对应关系。

一一对应：设 A，B 是两个非空集合，如果按照某对应法则 f，使集合 A 中任何元素 a，在集合 B 中都有唯一确定的元素 b 和它对应，且使集合 B 中任何元素 b，在集合 A 中都有唯一确定的元素 a 和它对应，我们就说这个对应是 A 到 B 上的一一对应。

用来表示集合中元素数量多少的数是基数。能够建立一一对应关系的两个集合的基数一定相同。

幼儿数学活动中，常根据两个集合能否建立一一对应关系，来判断这两个集合的基数是否相等。幼儿常用的匹配、重叠、并放、连线等都是建立对应的方法。

分类：是指把具有相同特点的物体归并在一起的操作。如按物体的某一个(或两个)特征进行分类；按物体的不同特征进行多角度分类及层级分类。对于初步认识世界的幼儿来说，分类能帮助幼儿更好地抽象出数或形的概念，巩固并促进幼儿的认知发展。

排序：是根据物体的差异按一定次序或规则进行排列。幼儿学习按物体量的差异排序及按物体的某一特征或规律排序。

(二)数的概念与数的运算(这里指自然数)

数、计数与数的运算是与幼儿生活紧密联系的。用来表示集合中元素多少的数是基数，如盘子里有 4 个苹果，桌上放着 2 个盘子。用来表示元素在序列中的次序的数是序数，如第 1 名、第 2 名，等等。

在学习数、计数与数的运算活动中，幼儿具体要学习基数、序数、基数的守恒、相邻数、数的组成等，另外还要学习 10 以内数的加减运算和应用题等。学习数的运算，可以帮助幼儿更好地了解、认识周围事物中存在的数量关系，并用来解决生活中一些简单的问题。

(三)量的概念与自然测量

量是表示事物所具有的、能区别程度异同的性质，事物的多少、大小、长短、高低、轻重、快慢等属性都称作量。量有连续量和不连续量，如小班有多少小朋友、铅笔盒中有几支铅笔等是不连续量，而长度、面积、温度、时间等是连续量。幼儿能区别和认识的量有：多少、大小、长短、高低、轻重、远近、粗细、厚薄、宽窄等。在比较量的差异时可帮助幼儿初步理解量的相对性，学习量的守恒。

计量就是把一个暂时未知的量同另一个作为标准的约定的已知量作比较，这个比较的过程称作计量。幼儿常利用自然物学习计量。例如用小棍、筷子、小积木或纸条等作为测量工具测量物体的长度、高度等，这种测量方法称作自然测量。幼儿在自然测量中，可体验到把整体分解为部分，以及部分与部分置换的运算关系，逐步建立量的单位体系观念。

时间是物质运动过程中持续性和顺序性的表现。时间还意味着两个时刻间的距离，或指某一时刻。时间是人们看不见也触摸不到的量。

幼儿应能区分白天、黑夜，早晨、晚上，昨天、今天和明天；知道一星期七天的名称及其顺序；认识时钟，会看整点和半点，知道时钟的用途。

(四)空间概念

幼儿的空间概念主要是知道空间位置关系，如上下、前后、左右等，及复合方位关系，如左上、右上等。

几何形体包括简单的平面图形和常见的立体图形。幼儿要认识的几何形体有：圆形、正方形、三角形、长方形、梯形、球体、正方体、长方体、圆柱等。能说出它们的名称和主要特征；能感知平面图形间的相互关系；能区分平面图形和立体图形。幼儿学习、认识几何形体，可帮助他们逐步形成空间观念，并有助于对数的理解和数概念的建立，促进其观察力、想象力和创造力的发展。

(五)统计的经验

统计的思想方法在日常生活中经常用到。幼儿统计的经验是通过操作获得的收集资料、整理数据以及运用数据的经验。能看懂和学习用实物及图示、图表、符号等记录方式的统计。尝试用统计的思想对现实生活中有关的资料信息作出一定的解释，鼓励幼儿尝试对得到的结果作出简单的判断与预测，并获取有关随机现象的经验。

(六)逻辑关系的经验

在幼儿数学活动中，常常包含如下逻辑关系。

1. 包含关系(种属关系)

一般是指集合与集合间的关系。通俗地说，也是整体与部分的关系(“属”包含“种”，如水果包含苹果)。有时也表示个体与整体间的关系。

2. 互补关系

对于全集中的两个子集 A，B 来说，如果 A 与 B 没有公共对象，且 A 与 B 合起来是全集，我们就称 A 与 B 互为补集。要强调的是 A 与 B 互补是相对于全集而言的，不是绝对互补。比如，把 7 分成 3 和 4，我们说 3 和 4 互补是相对于 7 而言的，即 3 补上 4 就得到整体 7，或把 4 补上 3 就得到整体 7。因此，补集关系是相对于整体而言，两个部分之间的关系。

3. 数量关系

主要考查两个事物在数量上的不等或相等，不考虑具体对象是什么，只考虑它们的数量多少。不等关系主要表现有 1 和许多的关系、多与少的关系。相等关系是指两个对象在数量上是相同的，或者说同一对象在变化过程中保持数量不变。如把 5 个苹果分成两堆，不管怎么分，这两堆的总数是相等的，都是5个，这就是我们所说的量的守恒。还有一种等差关系，即差量相等。如序列3，5，7中，相邻两个量的差(后者减去前者)是相等的，即5－3＝7－5。

4. 互逆关系

将某一过程倒过来操作时，可回到原来状态，则这个过程就是可逆的，倒过来的过程与原过程是互逆关系。如3加上2得5，5减去2又得到3；数数也可倒过来数，顺数与倒数是互逆的；排序也可倒过来排，顺排与倒排是互逆的，等等。

5. 相对关系

在描述事物的某种特征时，往往要参照另一事物，我们就说这一特征具有相对性，这两个事物的这一特征间的关系是相对关系。如比较桌子和凳子的高矮时，说“桌子比凳子高”，即相对于凳子来说，桌子是高的；但比较桌子和房子时，桌子又是较矮的，所以桌子的高矮是相对的，不是绝对的。又如3＞2，和2相比(相对于2)，3是大的；而3＜4，相对于4，3又是小的，3究竟是大还是小，具有相对性(不是恒大，也不是恒小)，所以说一个数大或小是相对某数而言的。

6. 对应关系

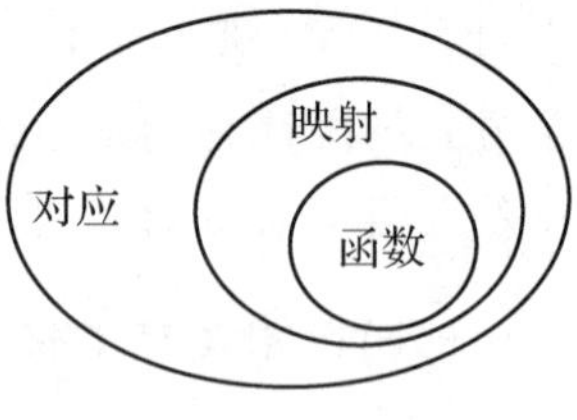

图 2-1

对应关系是指两个集合之间的元素按照某种特性建立的一种关联。函数关系是从一个数集A到另一数集B的一种特殊的对应关系，这种对应要求A中每一个数都对应B中唯一的数。这种特殊的对应实质上是从数集A到数集B的映射。对应、映射、函数三者关系如图2-1所示。在幼儿园，对应的思想和方法是幼儿学习过程中要经常用到的，比如认识教室、座位、书包、动物等各种事物时，把所要认识的事物与它的空间位置、色彩、形状等特征对应；认识数字、姓名等符号时，把它们与各自的读音、写法等特征对应。幼儿还能感知一个量随另一个量的变化而变化的函数关系。如一杯糖水中的糖分量越多，糖水就越甜；等分同一物体时，分的份数越多，每份的量越少，等等。这里面都体现出函数关系。

7. 传递关系

把某种关系从一个传到另一个。不等关系的传递：如由3＞2，2＞1，得3＞1。相等关系也有传递性，如由$a=b$，$b=c$，得$a=c$。这种传递符合三段论式逻辑推理。

8. 等价关系

如果两个命题所描述内容的实质是一样的，就说这两个命题等价。如“3＋2＝5”与“2＋3＝5”等价，都是求2与3的和的正确算式。

9. 对称关系

在甲和乙之间，如果甲对乙有某种关系，而乙对甲也有同样的关系，那么，甲和乙之间的这种关系就是对称关系。例如 3 是 4 的相邻数，4 也是 3 的相邻数。常见的对称关系还有：相似，相同，邻居，对立，兄弟，同学，夫妻，等等。与对称关系相反的是反对称关系，在甲和乙之间，如果甲对乙有某种关系，而乙对甲一定没有同样的关系，那么，甲和乙之间的这种关系就是反对称关系。例如小王比小周大两岁。常见的反对称关系还有：小于，大于，之上，之下，在前，在后，等等。

二、幼儿各年龄段数学活动的内容

国家颁发的《3～6 岁儿童学习与发展指南》中，对幼儿数学活动的内容进行了较详细的规划。据此，我们根据各年龄段幼儿的身心特点及发展需要，将幼儿数学活动内容进行细化，并按小班、中班和大班分述如下。

(一)小班

1. 学习按物体的一个特征进行分类，感知有两种可能结果的随机现象。
2. 学习用对应的方法比较两组物体的数量，感知多、少和一样多。
3. 学习按物体量(大小、长短、高矮等)的差异进行 5 以内物体的排序，指出最大(长)的物体；对三组物体按数量(不超过 4)排序，并指出最多的。能够辨别物体排列的简单模式，并会加以模仿扩展。
4. 区分“1”和“许多”。
5. 学习手口一致地从左到右点数 5 以内的实物，说出总数，按指定的数目取出相应数量的物体，学习一些常用的量词。
6. 初步理解白天、黑夜的含义，了解早上、晚上的含义，学习正确运用这些时间词汇。
7. 认识圆形、正方形、三角形。
8. 学习区分和说出以自身为中心的上下方位；学习判断两个物体之间明显的上下关系，说出什么在什么上面，什么在什么下面。
9. 在教师引导下，能注意周围环境中物体的形状和数量。

(二)中班

1. 学习概括物体(或图形)的两个特征；学习按物体的某一特征和数量进行分类。感知有 3～4 种可能结果的随机现象。
2. 学习按量(粗细、宽窄等)的差异进行 7 以内物体的正逆排序，指出最粗(宽)的；学习对 6 组以内物体按数量排序，指出最多的物体；发现和描述物体和图案的排列模式，学习设计简单的模式来对物体或图案进行排列。学习对熟悉的某个事件或现象排序。

3. 初步理解昨天、今天、明天的含义，知道它们之间的关系，学习正确运用这些时间词语。

4. 认识10以内的数字，理解数字的含义，学习用数字表示物体的数量。

5. 学习目测数群，学习不受物体空间排列形式和物体大小等外部因素的干扰、正确判断10以内的数量，学习10以内序数，感知和体验10以内自然数列中相邻两数的等差关系。

6. 认识长方形、梯形、椭圆形。

7. 学习用各种几何体(积木等)进行拼搭和建造活动。

8. 观察、比较、判断10以内的数量关系，逐步建立等量观念，运用已有的知识经验，解决新问题，促进初步的推理和迁移能力的发展。

9. 学习区分和说出以自身为中心的前后方位；学习区分和说出物体之间的上下、前后位置关系；学习按指定方向运动。

10. 注意和发现周围环境中物体量的差异，物体的形状，以及它们在空间中的位置，等等。

(三)大班

1. 学习按物体两个或两个以上特征进行分类；学习按某一特征的肯定与否定进行分类；学习层级分类和多角度分类。分别统计各类数量，按量的差异排序，指出最多(少)；学习使用表格和标志；感知有5～6种可能结果的随机现象。

2. 学习运用实物、图画或动作设计出某种排序模式。

3. 学习10以内单、双数和相邻数；学习顺着数和倒着数；学习运用多种方法给物体计数，如两个两个地数，五个五个地数。

4. 学习10以内数的分解和组成，体验总数与部分数之间的包含关系，部分数与部分数之间的互补关系和互换关系。

5. 学习10以内数的加减；初步理解加法、减法及符号“＋”“－”“＝”的含义；学习用加减法解答生活中一些简单的问题。

6. 学习自然测量；学习按物体量的差异进行10以内正、逆排序；初步体验序列之间的传递性和可逆关系。

7. 学习辨别平面图形之间的简单关系；认识几种常见的几何体，如球体、正方体、圆柱体、长方体等；学习区分平面图形和立体图形；学习等分实物或图形。

8. 学习以自身为中心和以客体为中心区分左右；会向左、右方向运动。在日常生活中，能注意自己(或物体)在空间中的位置和运动方向。

9. 认识时钟，认读整点、半点；学习看日历，知道一星期中每天的名称和顺序；学习一些表示时间的词语，在日常生活中，感受和注意时间的长短和更替，知道爱惜时间。

10. 学习区分角、元，认识10元以内的人民币，能说出它们的单位名称，知道它们的值是不相同的。

表 2-2　《3～6 岁儿童学习与发展指南》之“数学认知”表

总目标	阶段目标		
	3～4 岁	4～5 岁	5～6 岁
初步感知生活中数学的有用和有趣	1. 感知和发现周围物体的形状是多种多样的，对不同的形状感兴趣。	1. 在指导下，感知和体会有些事物可以用形状来描述。	1. 能发现事物简单的排列规律，并尝试创造新的排列规律。
	2. 体验和发现生活中很多地方都用到数。	2. 在指导下，感知和体会有些事物可以用数来描述，对环境中各种数字的含义有进一步探究的兴趣。	2. 能发现生活中许多问题都可以用数学的方法来解决，体验解决问题的乐趣。
感知和理解数、量及数量关系	1. 能感知和区分物体的大小、多少、高矮、长短等方面的特点，并能用相应的词表达。	1. 能感知和区分物体的粗细、厚薄、轻重等方面的特点，并能用相应的词语描述。	1. 初步理解量的相对性。
	2. 能通过一一对应的方法比较两组物体的多少。	2. 能通过数数比较两组物体的多少。	2. 借助实际情境和操作（如合并或拿取）理解“加”和“减”的实际意义。
	3. 能手口一致地点数 5 以内的物体，并能说出总数。能按数取物。	3. 能通过实际操作理解数与数之间的关系，如 5 比 4 多 1；2 和 3 合起来是 5。	3. 能通过实物操作方法进行 10 以内的加减运算。
	4. 能用数词描述物体或动作，如我有 4 本图书。	4. 会用数词描述事物的排列顺序和位置。	4. 能用简单记录表、统计图等表示简单的数量关系。
感知形状与空间关系	1. 能注意到物体较明显的形状特征，并能用自己的语言描述。	1. 能感知物体的形状结构特征，画出或拼搭出该物体的造型。	1. 能用常见的几何形体创造性地拼搭出和画出物体的造型。
	2. 能感知物体基本的空间位置与方位，理解上下、前后、里外等方位词。	2. 能感知和发现常见的几种图形的基本特征，并能进行分类。	2. 能按语言指示或根据简单示意图正确取放物品。
		3. 能使用上下、前后、里外、中间、旁边等方位词描述物体的位置和运动方向。	3. 能辨别自己的左右。

本章小结

本章由三个部分组成，第一部分是数学教育目标概述，主要介绍了幼儿数学教育目标的含义以及制定幼儿数学教育目标的依据和意义；第二部分是幼儿数学教育目标的层次结构，主要介绍了幼儿园数学教育总目标（一级目标）、各年龄阶段数学教育目标(二级目标)以及数学活动目标(三级目标)的内涵，特别是对幼儿园教师如何制定某一具体的数学活动目标作了较详细的叙述；第三部分是幼儿数学教育的内容，重点介绍了对应、分类、排序，数与数的运算，量与计量，空间概念，统计以及简单的逻辑关系等主要内容以及各年龄阶段的数学教育的具体内容。

练习与实践

1. 幼儿数学教育目标的制定具有哪些意义?
2. 制定幼儿数学教育目标的依据是什么?
3. 幼儿数学教育目标有哪些层次? 各个层次之间有什么关系?
4. 幼儿园数学教育总目标包括哪些方面的内容?
5. 幼儿园教师制定某一具体的数学活动目标时，要注意哪几点?
6. 幼儿园数学要重视幼儿思维能力的发展，为什么?
7. 幼儿园数学的主要内容是什么?
8. 幼儿数学活动中，常常会有哪些逻辑关系?
9. 幼儿园小班、中班和大班的数学教育内容分别是什么?

第三章 幼儿数学活动的途径和方法

学习目标

- 了解幼儿数学活动中的教具和学具及其使用原则；
- 理解幼儿数学活动的基本途径有数学教学活动和其他环节中的数学活动；
- 掌握幼儿数学活动的常用方法；
- 能运用所学知识设计幼儿数学教学活动。

关键问题

- 幼儿数学活动有哪些途径？
- 幼儿数学教学活动的基本环节有哪些？
- 开展幼儿数学活动有哪些常用方法？
- 幼儿数学学具的来源有哪些？学具的使用有哪些原则？

第一节 幼儿数学活动的基本途径

在幼儿园，幼儿数学活动的基本途径有：数学教学活动和渗透在其他活动中的数学活动。

一、幼儿数学教学活动

(一)幼儿数学教学活动的特点

幼儿数学教学活动是指在教师有目的、有计划的组织下，全体幼儿通过自身的参与，初步掌握数概念并获得思维发展的一种专项活动。它不仅能使全体幼儿接受一定的数学教育，而且是幼儿数学教育顺序性和系统性的保证，是向幼儿进行数学教育的主要形式。

幼儿数学教学活动具有如下特点。

1. 幼儿数学教学活动具有目的性、计划性、组织性

幼儿数学教学活动是幼儿学习的主要途径。在开展数学教学活动之前，教师要依

据教育目标，幼儿的发展水平及兴趣、需要，制定本次教学活动的具体目标，选择适宜的教学内容、教学方法和活动的组织形式，设计教学活动方案。教学活动方案实施过程是在教师的组织下进行的。活动过程中，教师有可能会根据幼儿活动的兴趣、进展及目标的达成情况等因素，调整或更改教学方案中的某些细节，这也能体现教师的形成性评价能力。

2. 幼儿数学教学活动具有可控性

教师是幼儿数学活动的主导者。在幼儿数学活动中，教师引导、启发幼儿感知生活中的数学现象，帮助幼儿归纳数学关系，整理、获得零散的数学经验，促进幼儿数学概念的建构和思维能力的发展。同时，教师也组织幼儿开展同伴之间的讨论和交流，促进幼儿的相互学习。整个活动在教师的组织下，有节奏地朝预定的目标发展。

3. 幼儿数学教学活动具有操作性、情境性和游戏性

幼儿是数学活动的主体，而幼儿的思维尚处于以形象思维为主的发展阶段，对高度抽象的数学知识的学习，往往依赖于通过对具体事物的操作而获得的直观感受和体会。因此，幼儿数学活动应具有操作性，让幼儿亲自参与操作，引发幼儿的学习兴趣和愿望。

另外，由于幼儿有意注意持续时间较短，作为教师，要充分调动幼儿的无意注意，因此幼儿数学活动应具有情境性和游戏性。教师通过创设一定的教育情境，巧妙地将数学学习内容融合到具体的生活、游戏情境之中，使由教师提出的学习任务变成幼儿自己的学习要求，将教师要求幼儿做的事变成幼儿自己要做的事，从而提高数学活动的有效性。

(二)幼儿数学教学活动的组织形式

根据各班幼儿特点及教学内容的差异，在组织数学活动时，可以采用不同的形式。其形式大致可分为四种：全班活动形式、分组活动形式、个别活动形式及综合活动形式。

1. 全班活动形式

全班活动形式是指教师直接组织和指导全班幼儿进行数学活动的形式。在幼儿数学教学活动中，根据内容需要，教师向全班幼儿进行讲解、示范，组织全班幼儿观察、讨论，引导全班幼儿整理信息、归纳经验。这种活动可以培养幼儿遵守规则，让幼儿体验到全班活动和游戏的快乐，是目前我国幼儿园中一种不可缺少的组织形式。

2. 分组活动形式

分组活动形式是指教师根据教学进度，将相关的数学内容设计成多个不同的操作活动，分别提供给不同小组的幼儿，幼儿在教师的指导下，根据自己的兴趣和需要选择其中的部分或全部活动内容进行学习的活动形式。这种形式的活动中，幼儿能更多地获得交流表现的机会，使其合作意识与团队精神得到培养。

3. 个别活动形式

个别活动形式是指教师根据活动内容的特点，组织幼儿进行独立的、自主的活动。在个别活动中，教师的先期示范及幼儿操作过程中教师的个别辅导与提示非常重要。个别活动形式给予幼儿的自由度较大，它可以为不同水平的幼儿提供相应的活动内容和材料，使他们在原有的基础上获得较好的发展，有利于培养幼儿的独立性和自主性，使幼儿的主体性得到充分的发展。在幼儿数学活动中，需要培养幼儿独立操作能力的内容，一般可适当进行个别活动。

4. 综合活动形式

综合活动形式是指教师根据活动内容和需要，将上述活动形式中的两种或三种进行有机结合，以达到教学目的的活动。这样做可充分发挥不同活动形式的优势，较好地解决统一的教学要求与不同的个体发展水平之间的矛盾，满足不同幼儿的发展需要，促进他们在各自水平上进步。

综合活动形式一般有以下两种类型。

一种是先全班活动后分组活动或个别活动。全班活动的内容大多为新活动内容或新游戏的介绍，由教师先进行演示讲解，然后再分小组或个别活动，让幼儿进行验证、尝试、探索，从而获取经验。各小组或个人的活动内容可以是相同的，也可以是不同的。当各小组的内容不相同时，幼儿可自己自主选择小组活动，并允许幼儿在这组活动完成后去其他组活动，以获取更多的经验。最后，教师引导幼儿归纳、概括、提升成抽象的数学知识。

另一种是幼儿先开展小组或个别活动，然后再进行全班活动。在分组或个别活动基础上，教师根据活动的情况，组织全班幼儿讨论、梳理已获得的经验，再归纳、概括、提升为抽象的数学知识。在幼儿数学活动中，具有通过操作来探索规律的教学内容一般是选择这种活动形式。

(三)幼儿数学教学活动方案的设计

幼儿数学教学活动的设计，主要是设计一份科学合理、操作性强的教学活动计划。

1. 幼儿数学教学活动的基本流程

了解幼儿——选择教学内容——确立教学目标——选择教学方法——做好教学准备——设计教学计划——组织教学活动——进行教学评价。

2. 数学教学活动计划的基本结构

(1) 基本结构

虽然幼儿数学教学活动计划的结构形式多种多样，但具有一定的相似性。一般来说由以下六部分组成：活动名称、活动目标、活动重难点、活动准备、活动过程、延伸活动。

（2）各部分的表述

①活动名称

活动名称是指数学活动的标题，是对活动的高度概括，它反映了此次活动要探究的问题或要学习的知识，应当用简洁、明了、准确的语言来表述。名称应该是对活动内容的概括，另外，必须在名称后注明该活动适合开展的班级。

幼儿数学活动名称有以下两种常见的表述法。

一种是直接表述数学活动的内容。如“学习5的守恒”“比高矮”等。这种名称虽然直白、准确地表述了活动的内容或要求，但不够幼儿化，缺乏趣味性和生活气息。

另一种名称是按数学内容或活动形式，用有情节的、生活化的语言表述的，如“给数字口袋送礼物”(其目标是让幼儿学习按数字匹配实物)，“小熊分蛋糕”(其目标是学习等分)等。这种名称贴近幼儿的生活，富有生活气息，既具有一定童趣，能激发幼儿探求欲，又符合幼儿心理特点，是一种很受欢迎的形式。

也可表述成以上两种的综合形式，如“送图形宝宝回家”等。

②活动目标

活动目标主要阐明期望此幼儿数学活动要达到的目标，一般包括情感态度、认知、能力三个维度。常见的目标表述方式有如下两种。

一是以教师作为行为主体，用教师所做的事来表述，通常运用词语“使幼儿……”“启发幼儿……”“引导幼儿……”表述。例如“学习5以内的相邻数”的活动目标表述为：

使幼儿体验发现相邻数之间关系的成功与喜悦。（情感和态度）

引导幼儿积极探究并发现相邻数之间“多1”“少1”的关系，理解相邻数。（认知）

启发幼儿根据相邻数的规律，找出5以内各数的相邻数。（能力）

二是以幼儿作为行为主体，用幼儿的行为变化来表述，使用的词语是“体会……”“体验……”“能……”等。例如，活动“学习5以内的相邻数”的活动目标可表述为：

体验发现相邻数之间关系的成功与喜悦。（情感和态度）

积极探究并发现相邻数之间“多1”“少1”的关系，理解相邻数。（认知）

能根据相邻数的规律，找出5以内各数的相邻数。（能力）

这种表述可促使教师从幼儿行为变化的角度去观察他们的发展状况，是值得提倡的。

要注意的是，在同一活动中，表述的方式应该统一，即表述上采用的行为主体要统一。例如，下面的活动目标的表述是不可取的：

使幼儿体验发现相邻数之间关系的成功与喜悦。（兴趣、态度和习惯的学习）

积极探究并发现相邻数之间“多1”“少1”的关系，理解相邻数。（数学知识的学习）

能根据相邻数的规律，找出5以内各数的相邻数。（认知能力的培养）

③活动重难点

活动重难点是指数学教学活动中，哪些内容是应突出的重要内容，需要重点学习；哪些内容是幼儿难以理解或掌握有困难的，这些是难点，需要花精力进行分解突破。有些内容可能既是重点又是难点。

④活动准备

幼儿数学教学活动的准备一般包括幼儿经验的准备和活动材料及环境的准备。

幼儿经验的准备是指为了达到活动目标，幼儿应该在活动之前掌握的知识技能和应具备的数学能力。

活动材料的准备是指在数学教学活动中所需教具、学具和环境创设等方面的准备。

⑤活动过程

活动过程一般分为活动开始部分、活动进行部分和活动结束部分。

活动开始部分：主要目的是引起幼儿对活动的兴趣和愿望。生动、有趣地介绍活动内容和要求，提出本活动要学习或解决的问题，可以采用设置情境、讲故事、猜谜语、思考生活中的问题、出示教具等方式，时间不宜过长。

活动进行部分：这是活动的主要部分，可分组进行不同的操作活动，也可集体进行统一的操作活动。教师应根据活动目标，围绕重点和难点，安排活动的顺序、步骤，设计活动的方法、形式、手段，应做到各环节之间的自然衔接和过渡，循序渐进。

活动结束部分：师生共同分享活动的感受。可请部分幼儿讲述自己活动的过程和结果，并引导幼儿进行讨论、探究，得出问题的结论；也可由教师提出问题，引导幼儿回顾活动过程，积极思考或总结。要注意的是教师要引导幼儿把在活动中对数学经验的感受与体验进行整理、归纳，提升为初步的数学概念。活动结束的形式是多样的，旨在提升经验、获得愉悦的情绪体验、保持继续学习的兴趣。

教师在组织教学活动的过程中应在创设活动情境、激发幼儿的兴趣、鼓励幼儿进行操作和探索、帮助幼儿归纳整理已有的经验这几个问题上多花精力、多下功夫。

⑥延伸活动

延伸活动是为后续活动提出一些拓展的活动与要求。在幼儿数学活动中，活动之间的联系是十分紧密的，必须注意对前期活动进行巩固，为后续活动进行铺垫，才能使幼儿已获得的数学经验在后续的活动中得到巩固和强化，同时前一活动所获得的经验，也将成为进行后一个活动的基础和准备。

表 3-1 为一个数学教学活动的方案设计。

表 3-1　数学教学活动案例

活动名称	数字王国—认识 6（中班）①
活动目标	1. 对点数活动感兴趣。 2. 认识数 6，了解数 6 的含义。 3. 能用正确的数字表示点数的结果。
活动重难点	1. 重点：正确感知 6 以内的数量，巩固对 6 以内数字的认识。 2. 难点：理解数 6 的含义，能准确用数字表示物体的数量。

① 此活动案例来自 wenku. baidu. com/view/d8100e6d58fafab069dc…，有改编.

续表

<table>
<tr><td>活动准备</td><td>1. 幼儿经验的准备
已经认识 5 以内的数，会用数字表示相应物体的数量，已有按物取数、按数取物的经验。
2. 活动材料的准备
教具：投影仪一台，“动物园”幻灯片若干张，背景音乐，数字卡片若干张。
学具：第一组，印有数字的作业纸人手一份，油画棒若干盒；
第二组，数字卡片人手一份，实物印章每人一个；
第三组，实物图片人手一份，油画棒若干盒，数字卡片若干张。
有点卡标记的信箱三个，贴有不同数字的信封人手一个，1～6 小数卡人手 1 份，小玩具若干。
3. 环境布置
幼儿坐在地毯上成半圆形，每人面前放一个小盘子(盘内 1～6 小数卡若干，玩具若干)，幼儿后面搭建“数字王国”，用大型积木搭三个门洞，分别标有数字“1，2，3”。</td></tr>
<tr><td colspan="2">活动过程</td></tr>
<tr><td colspan="2">1. 导入活动：参观动物园。
(1)数字王国国王邀请：教师出示一封数字王国国王的信，以国王的口吻邀请幼儿到数字王国游玩。
(2)开汽车去数字王国：教师放音乐，幼儿做开汽车的动作，到达数字王国，发现数字王国来了很多小动物(教师出示幻灯片)。
2. 数动物：引导幼儿认识数字 6。
(1)复习 5 以内的点数，并说总数：教师出示幻灯片，里面有各种数量的小动物，请幼儿数动物数量(可点数也可目测)，并用相应的数字表示。
(2)教师创设情境：树上有 5 只小鸟，又飞来 1 只小鸟。请幼儿思考：“小鸟一共有几只？可以用数字几表示？”幼儿点数，教师出示数字“6”，集体讨论：“6 像什么？”
(3)请幼儿从盘中找出数字“6”，集体认读数字“6”。
(4)幼儿讨论、讲述“6”还可以表示什么？
3. 游戏“看数取物”：加深对 6 以内各数的实际意义的了解。
(1)教师：这是数字几？(出示数卡)请小朋友从小盘内试着拿出相同数量玩具，边拿边说 1，2，3……几个玩具和数字几做朋友。
(2)教师引导幼儿反复练习。
4. 小组活动：加深幼儿对数含义的理解和掌握。
(1)邀请幼儿进入数字国王的王宫玩游戏，介绍游戏内容及规则。
教师：王宫有三个进口，分别为 1 号门、2 号门、3 号门。每个门内都有一组游戏。
①第一组　看数字做点卡：请幼儿先看清作业纸上的数字是几，再画圆点，边画边说 1，2，3……数字几和几个圆点做朋友。
②第二组　看数字印图形：请幼儿先看数卡上面的数字是几，然后在旁边的格子里印几个实物图形，边印边说 1，2，3……几个图形和数字几做朋友。
③第三组　看实物贴数字：请幼儿先看卡片上有几个物体，再把能表示它的数字贴在上面的格子里，边贴边说几个物体和数字几做朋友。</td></tr>
</table>

续表

活动过程
(2)幼儿自由选择一组游戏，随欢快的音乐声进入作业区。 (3)幼儿操作，教师巡回指导，鼓励幼儿边操作边讲述，检查操作过程及结果。 5. 师生分享活动感受，以寄信游戏结束活动。 (1)展示个别幼儿的操作卡片，集体进行评价，表扬边操作边讲述的幼儿。 (2)教师小结活动情况。 (3)寄信：发给幼儿预先准备的信封，让幼儿粘贴好。教师讲解寄法，请幼儿先试着在信箱上找到信封上数的好朋友，再把信放到相对应的信箱里，边放边说数字几和几个圆点做朋友，这样信就可寄出去了。幼儿逐一寄信，在音乐声中结束活动。 延伸活动： 1. 在区域活动中提供类似“数字王国”的作业，请幼儿自由选择并完成。 2. 请幼儿找找生活中的数字。

二、其他环节中的数学活动

幼儿的数学活动除了数学教学活动外，也可将数学教育渗透在幼儿的日常生活、游戏及其他教育活动中。这些形式的活动，不论是在内容、还是在组织方式上都十分丰富、灵活。

(一)日常生活中的数学活动

1. 日常生活中的数学活动的特点

《纲要》中明确指出：“能从生活和游戏中感受事物的数量关系并体验到数学的重要和有趣。”“教育要回归幼儿真实的生活，回归自然。”因此，数学活动要紧密联系幼儿的生活情境，把数学和幼儿的生活实际联系起来，让数学贴近生活，使幼儿在不知不觉中自然而然地接触数学，初步感受数学与日常生活的密切联系，获得有关数学的经验。生活中的数学往往具有以下特点：①活动的内容广泛，常常是就地取材；②活动大多是在自然状态下，由偶然事件或情境引发的；③活动一般会经常、反复地发生；④活动的随机性较强，不受时间、地点的限制；⑤活动的过程具有不确定性，易受其他因素的影响。幼儿在日常生活中按自己的意愿和兴趣去探索数学现象和数学问题，能充分发挥了幼儿的独立性、自主性和创造性。

2. 日常生活中的数学活动的组织

在幼儿的日常生活中，有许许多多可对幼儿产生数学影响的情境和事例，是幼儿数学教育取之不尽的源泉。这些不仅可以激发幼儿主动建构数学知识的动机，还能为幼儿提供自主、自发的数学学习的条件，感受来自生活中的各种数学信息，进而积累丰富的、感性的数学经验。教师可在日常生活中渗透数学教育，使幼儿在活动中随机地感知到数学的存在、数学的美好和数学的有用。例如，幼儿入园后，通过清点幼儿人数，告诉幼儿今天来了一位一位的小朋友，一位一位的小朋友组成了许多个小朋友，从而引导幼儿感知“一和许多”；就餐时，请幼儿帮助分发碗筷，感受“一对一”对应关系；通过幼儿早上起床的时间、上幼儿园的时间、午休的时间和离园的时间等，体验和认识时间的长短和早上、中午、下午等时间概念，等等。在日常生活中，教师可随时随地、灵活地引导幼儿认识数、量、空间等知识，让幼儿感知生活中充满了数学，引起他们探索、学习数学的兴趣。

幼儿在现实生活中经常接触各种与数、量、空间有关的问题，老师要在幼儿已有经验的基础上，紧密结合幼儿的生活实际，引导幼儿感知事物的数量关系和空间形式。要抓住生活中的事件与情境，组织幼儿通过讨论、探索来解决实际问题，从而使幼儿感受数学对人们生活的重要性，引发幼儿对身边的数、量、空间的关注和探究。由此可见，日常生活中的数学活动渗透是极其重要而有效的，将抽象的数学概念整合在日常生活经验中并加以运用，在为幼儿创造的真实情境中通过解决问题学习数学，将进一步激发幼儿的学习需要，加深和丰富幼儿对数学概念的理解。

总之，幼儿生活中的数学教育环境是丰富多样的，对幼儿各方面的发展具有积极的、深远的影响，教师要善于利用这一自然的、随机的数学教育资源，为幼儿提供宽松、自由的学习空间，引导幼儿发现、体验和学习，从而获得相关的数学经验。

(二)游戏活动中的数学活动

1. 游戏活动中的数学活动的特点

游戏是幼儿最喜欢的活动，也是幼儿的主导活动，它能引导幼儿认识客观世界，促进幼儿身心的健康发展。数学活动仍应按照《纲要》要求注重趣味性、活动性，“以游戏为基本活动形式”，利用游戏因素，让幼儿在玩中学习、在玩中成长。游戏中的数学活动具有以下特点：幼儿自主选择并参与活动；活动具有较大自由度，幼儿可以自己控制游戏，自己决定游戏的内容、方式和时间；活动伴随着愉悦的情绪体验，具有娱情性；活动过程中幼儿反复自发练习。

2. 游戏活动中的数学活动的组织

结合游戏进行数学教育，不仅能满足幼儿善于想象的需求，提高幼儿参与数学活动的兴趣，为幼儿带来成功、快乐的情绪体验，还可使幼儿摆脱枯燥抽象的数量概念，在欢愉、轻松有趣的气氛中参与、体验、感受和学习初步的数学知识。因此，游戏活动也是向幼儿进行数学教育的有效途径之一，不同的游戏具有不同的数学教育价值。

(1)结构游戏中的数学教育

结构游戏中的积木材料，不仅可以再现现实生活中的各种形体，便于幼儿认识、理解有关形体的概念，在幼儿搭建过程中及对材料整理归类时，也有利于他们获得并巩固有关体积、空间方位、分类等数学知识。

(2)角色游戏中的数学教育

角色游戏是幼儿创造性地反映现实生活的游戏，在角色游戏中，不同程度地运用了数学知识和技能。幼儿通过扮演各种角色，可以帮助他们在游戏情节中获得有关数的经验，在玩玩学学中理解数学、掌握数学。如娃娃家游戏，通过布置房间培养幼儿的分类能力并增强空间方位感；超市游戏，通过摆放商品、商品买卖发展幼儿分类、认识货币及数的运算等数学能力。

(3)娱乐性游戏中的数学教育

玩沙、玩水是幼儿十分喜欢的一种游戏，在游戏中通过用不同大小的杯子、瓶子、小桶等装沙、装水以及在各种容器间翻倒，不仅可以比较容器的大小，而且便于幼儿理解守恒的概念。沙子和水混合后还可垒成多种立体模型，使幼儿感受不同的空间形式。

(4)各种民间游戏中的数学教育

其中同样蕴涵着向幼儿进行数学教育的因素，如七巧板、对弈等。

总之，教师要根据教育内容和幼儿已有的知识经验灵活设计不同类型的游戏，在游戏过程中，尽可能做到不要改变游戏的自发性、自主性、想象性等本质，不要过多限制幼儿、剥夺幼儿游戏的自由和探索的空间。

寓数学教育于游戏活动之中，通过与环境的接触，灵活机动地利用游戏中的随机教育内容，为幼儿营造一个轻松、愉快而又科学的数学环境，引导他们自由探索。在自由活动和有趣、新奇的游戏体验中获得数、量、空间等的相关经验和知识。因此，在实施幼儿园数学教育的过程中，教师应合理利用游戏环境，在各类游戏活动中自然、有机地渗透数学教育，创造让幼儿多途径感知和体验数学的机会，促使他们获取数学知识，发展其数学潜能。

(三)区角中的数学活动

1. 区角中的数学活动的特点

区角中的数学活动是以幼儿对数学的兴趣和数学本身所蕴含的核心元素为依据，遵循幼儿发展目标，在幼儿的活动室或其他活动场所，设置数学活动的特殊区域，并为幼儿选择、提供各种适当的数学活动材料，幼儿在其中可以自由选择并与材料相互作用，逐步积累数学经验，促进其抽象逻辑思维能力的发展。它的特点是：幼儿自主选择活动内容；对幼儿目标的达成度不做统一规定；教师较少干预，幼儿有较大的自主权与自由度；活动没有固定的组织形式，幼儿可以一个人探索，也可以自由组合、共同探索。区角中的数学活动强调幼儿的自主选择，可以为不同发展水平的幼儿提供不同的活动内容和材料，满足幼儿个性发展的需要。

2. 活动区角的空间布局

数学活动区一般设置在幼儿园班级内(条件较好的幼儿园也可设置专门的数学活动室)，选择安静的一角，由相应的桌椅以及班级中原有的置物架、矮柜等设备围成相对独立的空间。这样既保证了区域界限的明显性，又将其他区域的干扰降到最低，还可以在置物架或矮柜上摆放为幼儿提供的操作材料。另外，为幼儿提供宽敞的操作桌面或地面也是必不可少的。如图 3-1 所示。

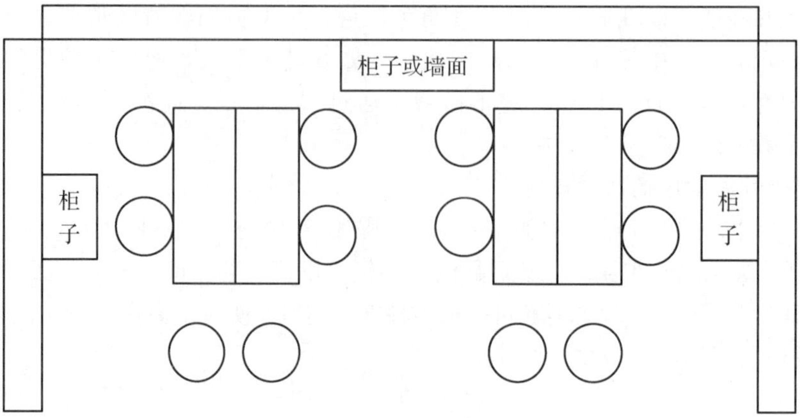

图 3-1

数学活动区墙面可以布置有关时间、空间、数量等与数学内容相关的画面，把幼儿周围的环境都充分利用起来，变单一为多样，变视觉刺激为多种刺激。

3. 活动区角中数学材料的提供与摆放

数学区角中的材料种类较多，在呈现时，可利用统一规格或有色调的篮子、盒子或盘子来盛放，且各装一种学习目标明显的材料，避免幼儿将时间浪费在翻找材料或探求操作材料的作用上，便于幼儿专心探索。同时，在每个篮子(盒子或盘子)上贴好相应的标记，这样除了便于幼儿取、放材料，也把幼儿不喜欢的收拾活动转化成了分类或配对游戏，还便于教师检查材料的还原工作是否完成。当然，有些比较大的材料也可直接摆放在架子上或柜子里，如图 3-2 所示。

图 3-2

活动区角中的材料要充分、丰富，具有较强的操作性和探索性。材料是幼儿不说话的教师，每一种材料的投放都必须做到适时、适度和适量。在数学区角中投放材料时，教师不仅要根据幼儿的兴趣、年龄特点、发展速度和发展水平，还要根据活动内容和材料本身的系统性，围绕目标循序渐进地提供有层次的、系统的材料，投放的材料不仅要种类多，而且要数量足，以引发幼儿丰富的思维活动。

4. 活动区角中数学活动的组织

(1)制定活动规则

数学活动区规则可以避免数学区域陷入喧闹、嘈杂的场面，教师可以和幼儿一起商定规则，或者制作各种各样富有童趣的提示牌，用图示或暗示的方式提醒幼儿在活动时要遵守这些规则。

(2)组织与实施

活动前，教师要对幼儿已有的数学经验进行分析，根据各年龄班数学活动目标确定各阶段或每次数学活动的目标。再根据学习目标，选择、提供数学活动操作材料及设计指导策略。活动时，教师介绍操作材料及要求，幼儿自主操作，教师观察指导。教师可通过引导幼儿观察材料，配合提问，介绍活动内容和要求(新材料投放时)。幼儿自主选择材料，以个人或小组为单位进行操作活动。活动结束时引导幼儿进行评议。活动后，教师对活动中观察到的情况进行分析整理，围绕目标分析材料与指导策略的适宜性，提出下一次活动的组织建议，同时根据幼儿活动情况调整数学区角的材料。

区角中的数学活动，一般都是由幼儿自由选择、自主学习的。教师的主要任务是通过观察了解幼儿的活动过程和能力，发现幼儿在操作过程中身心水平的新发展，确定预设的材料是否引起幼儿的兴趣，难易是否合适，是否需要添加辅助材料等。通过观察获得准确的信息后，便可以进行适度的指导。指导时要做到多观察、多记录、少干预，多隐性指导、少显性指导。教师要做幼儿活动的观察者、引导者和支持者，鼓励幼儿自主创造和探索，同时应经常提出某些具有挑战性的问题，鼓励幼儿之间进行讨论与合作，使数学区角真正成为幼儿数学教育的重要途径与场所。

(四)主题及其他学科教育活动中的数学活动

随着《纲要》的贯彻实施和幼儿园课程改革的深入，整合式的、主题式的课程结构已成为当前幼儿园课程改革的重要趋势。幼儿的数学活动中，从学科本身的逻辑结构出发的分科教学已被主题活动所取代，渗透的、整合的数学活动就自然成为幼儿数学教育活动的一个重要途径。

主题式课程是指在综合课程实施的背景下，将各个学科的教学内容和价值综合到某个主题单元中进行的课程。主题活动则是指在一段时间内围绕一个中心内容(主题)来展开教育教学活动。由于主题源自幼儿的生活，所反映的是一个具体、完整的现实世界。而在主题所反映的世界中，必然包含着数学方面的内容。因此，教师把数学活动融入主题活动中，抓住一切可以利用的契机，引导幼儿探索数学知识，让幼儿置身于数学知识的海洋中感受数学、理解数学、运用数学。

此外，将数学教育渗透于其他学科活动中，可帮助幼儿在生活化的问题情境中，感受事物的数、量、空间等关系，进而获得相应的数学概念。它能够巩固和促进幼儿数学概念的发展，使得幼儿的数学学习更为生动和有效。

比如，在科学活动中，幼儿可以运用测量、数数等方法发现物体之间的数量关系和空间关系，提高数学应用意识，发展分析问题、解决问题的能力。借助文学、艺术等教育内容和形式，将数学知识与儿歌、乐曲、故事等巧妙地结合起来，将抽象、枯燥的数学知识转变成有韵律、有情节、有节奏的艺术形式，使幼儿在轻松愉快的氛围中生动形象地学习和巩固数学知识。比如欣赏数学故事《骄傲的“0”》，理解数字 9 与 10 的关系；通过《快乐的明天》理解时间的概念等。此外，还有《数青蛙》等朗朗上口的数学儿歌中均蕴含着不同的数学知识。在艺术欣赏活动中，我们可以让幼儿欣赏自然界中蕴含数学美的物体，如花朵、蝴蝶、贝壳等，使幼儿感受排列形式上的秩序美与和谐美，感受数学的魅力。在美术活动中，可利用数学中的有规律排序对物品进行装饰和美化；在绘画、泥工活动中，幼儿可以获得有关空间、形状、对称以及体积、重量等感性经验。在健康活动中，训练幼儿的各种动作的同时，也能促进幼儿空间方位和时间知觉的发展，等等。

总之，重视知识间的相互联系和相互渗透，有机整合不同学科和领域的教育内容是极其重要而有效的数学教育手段。

第二节　幼儿数学活动的基本方法

教育方法是实现教育目标的重要手段。在幼儿数学活动中合理、科学、有效地运用教育方法，直接影响着幼儿数学知识的掌握、智力能力的发展、学习兴趣的培养、个性心理品质的形成。教育方法包括教的方法和学的方法，组织教育活动时选择和使用哪些教育方法，要围绕幼儿数学教育目标，针对教育内容和教育对象的特点，结合活动的性质、幼儿园环境和设备条件等方面综合考虑决定。幼儿数学活动常用的教育方法有以下几种。

一、比较法

比较法是指幼儿在教师的引导下，对两个(或两组)以上的物体进行比较，感知和找出它们在数、量、空间形式等方面的异同及其相互关系的一种方法。比较法是幼儿数学教育中常用的一种方法。无论是数的教育还是量的教育，都经常使用这种方法。如比较相邻两数的大小，比较两根绳子的长短等。比较是思维的一个过程，是对物体之间的某些属性建立对应关系的过程。如比较两根绳子的长短，幼儿需要从长度这一属性把两根绳子联系起来进行比较，需要进行较复杂的分析和综合活动。因此，比较的过程又能促进幼儿思维的发展。运用比较法，应充分调动幼儿各种感官，对物体进行认真细致的观察、分析，再进行比较。比较法常见的类型如下：

(一)简单的比较和复杂的比较

1. 简单的比较是指对两个(组)物体的数或量的比较。如比较两组物体数量的多少；比较两根小棍的长短或粗细；比较两位小朋友的高矮等。

2. 复杂的比较是指对两个(组)以上物体的数或量的比较。如比较区别正方形、长方形、梯形的相同点和不同点。复杂的比较是以简单的比较为基础的。

(二)对应比较和非对应比较

1. 对应比较

对应比较是把两个(组)物体一对一加以比较，具体分三种。

(1)重叠比较。把一个(组)物体重叠在另一个(组)物体上，形成两个(组)物体元素之间一对一的关系进行量或数的比较。如将 4 只杯子一一重叠在 4 只盘子上，比较它们数量是相同还是不同，如图 3-3 所示。

图 3-3

(2)并放比较。把一组物体摆成一行，再将另一组物体一个一个地并排放在这组物体的下面，进行量或数的比较。如 4 朵红花一一并放在 4 朵白花的下面加以比较，如图 3-4 所示。

图 3-4

(3)连线比较。将图片上画的物体和有关的物体、形状或数字等，用线连接起来进行比较。

2. 非对应比较

(1)单排比较。将物体摆成一排或一行进行比较，如图 3-5 所示。

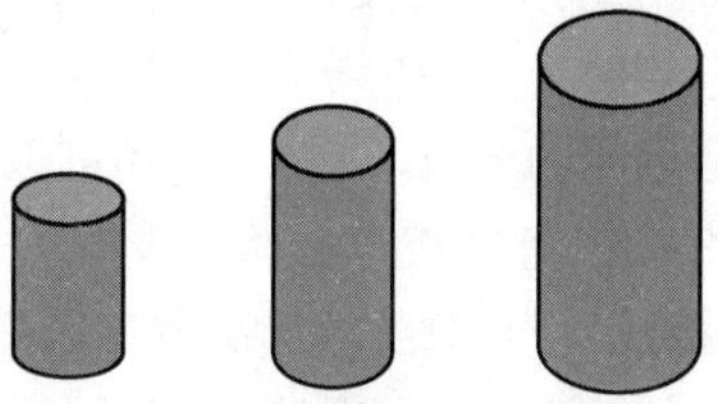

图 3-5

(2)双排比较。将物体摆成双排进行比较。

图 3-6　异数同长

图 3-7　异数异长

图 3-8　同数异长

(3)不同排列形式的比较。将一组物体作不同形式的排列，进行数量比较，如图 3-9 所示。

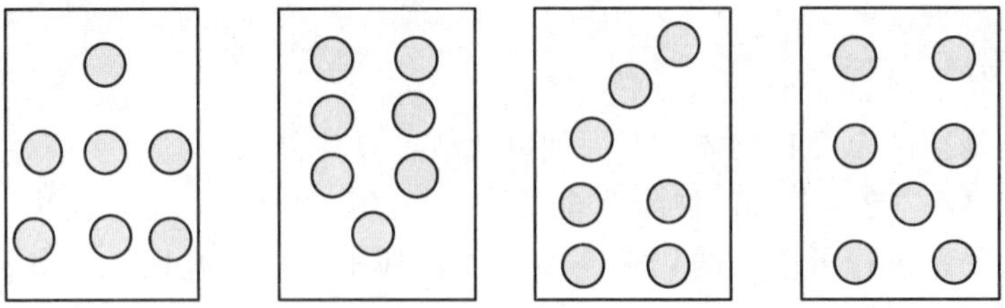

图 3-9

运用比较法时，要注意以下几点：

(1)比较的物体之间存在联系，并应在同一标准下进行比较；

(2)比较时，教师要让幼儿充分运用各种感官，对物体进行认真充分的观察，同时配合语言表达自己的发现；

(3)比较过程中，教师要适时提出启发性的问题(问题要围绕重点要求进行)，启发引导幼儿积极思考、努力发现；

(4)要引导幼儿将在比较中获得的感性经验，进行整理、归纳和提升；

(5)应根据教学内容、不同年龄幼儿的具体水平来确定比较的形式。

二、发现法

发现法是在教学过程中，教师不用直接告知、讲解的方式向幼儿传授，而是启发诱导幼儿利用已有的数学知识和经验，通过自己的积极思考、探索，主动获得数学知识的一种方法。运用发现法教学的一般步骤是：教师提供有助于探索发现的情境，引导幼儿观察或操作，有计划地提出启发幼儿思考的问题，引导幼儿自己找出解答问题的途径，通过探索和交流得出结论。例如：学习 9 的组成，教师先让幼儿回忆把 6 分成 2 份、7 分成 2 份和 8 分成 2 份各有多少种分法，然后再猜测把 9 分成 2 份有多少种分法。在幼儿猜测的基础上，请幼儿自己操作 9 个双色小圆片验证，并记录自己的分合结果。教师引导幼儿根据记录结果整理出 9 的 8 种分法，然后请幼儿仔细观察，这 8 种分法有什么联系。如 9 可分成 4 和 5 或 5 和 4，9 还可以分成 3 和 6 或 6 和 3 等，我们可以从这些答案中发现什么……通过梳理，幼儿发现，只要把数字的位置换一下就能够得到两种答案了，把 9 分成 2 份，只要分 4 次就可以得到 8 种答案了。这个经验的获得，是教师经过层层启发，幼儿经过积极思考探索得到的。

发现法最大特点就是数学学习过程成为幼儿积极思考探索、自己主动学习的过程。这种方法能激发幼儿的兴趣，充分调动幼儿学习的积极性和主动性，提高幼儿学习数学的探索精神和独立解决问题的能力，是幼儿在教师的指导下学习数学的一个重要方法。运用发现法时应注意以下几点：

(1)发现法适用于中、大班幼儿，可贯彻于教学的全过程中；

(2)运用发现法时，教师要努力提供有助于幼儿探索发现的情境和引导幼儿进行实际操作活动，以帮助幼儿进行有效的探索发现；

(3)运用发现法的关键是教师要充分了解幼儿的已有经验，善于提问，所提的问题能起到引导幼儿思路、引导探索方向的作用；

(4)教师应充分相信幼儿，放手让幼儿去发现、探索、思考。教师要学会等待、观察，不要急于暗示幼儿答案，而应适时、合理地给予启发，对通过探索、发现找到解决问题办法的幼儿，应多多给予肯定和鼓励；

(5)要组织幼儿交流和表达探索的结果，引导幼儿使用比较准确的语言将所探索的数学知识表述出来。

三、操作法

操作法是提供给幼儿合适的材料、环境等，引导幼儿按一定的要求和程序动手操作、摆弄，让幼儿在自己活动的实践过程中获得数学经验、知识和技能的一种方法。例如：学习排序时，给幼儿提供多种排序的材料，如大小不同的纽扣、植物的种子、贝壳、小颗粒积木等，让幼儿根据不同的材料有规律地排列；计数活动中，提供给幼儿各种材料(小积塑片、小石子、树叶、玩具、花等)，让幼儿用不同的方式进行计数；认识几何图形时，提供各种形状的积木，让幼儿进行形体的认识、比较、拼搭活动等。

由于幼儿的思维尚处于以具体形象思维为主的发展阶段，对高度抽象的数学知识的学习，往往依赖于通过具体事物的操作来获得直观的感受和体会。因此，操作法是幼儿数学教育十分重要的一种方法，可以将其运用到数学教育的一切活动内容中去，并可以和其他各种方法有机结合、融会贯通。运用操作法时，要注意以下几点：

(1)为幼儿提供充足的操作材料，人手一份。操作材料可以选择、利用自然物或廉价的实物，如小棍、瓶盖、纽扣、积木、石子、小玩具、废纸盒等；

(2)在幼儿动手操作之前，应让幼儿明白操作的目的、要求及具体的操作方法，减少盲目性、随意性。在运用操作法的过程中，不能只重视验证性操作，而忽视探索性操作和发散性操作；不能只重视操作的结果，而忽视操作的过程；

(3)给幼儿充分的操作时间去摆弄物体，去思考和探索，以达到操作的目的，充分发挥教具材料的作用；

(4)在操作过程中，教师应注意仔细观察，对个别幼儿进行适宜的引导；

(5)积极引导幼儿交流、讨论操作结果，帮助幼儿将操作中获得的感性经验上升为初步的数学概念；

(6)操作应根据不同的教学内容及不同年龄的幼儿提出不同的要求。

四、游戏法

游戏法是根据幼儿好动的天性，具体形象的思维特点，将抽象的数学知识寓于幼儿感兴趣的游戏中，让幼儿在自由自在、无拘无束的各种游戏活动中学习数学的一种方法。游戏是幼儿最喜爱的活动，将数学教育寓于游戏活动中，可以使抽象的数学知识具体化、形象化、趣味化，十分有利于调动幼儿学习的积极性和激发幼儿学习的兴趣。

游戏有一定的动作和规则，运用游戏法就是教师将要求幼儿掌握的数学知识和技能，渗透到游戏的规则和动作中去，让幼儿在操作规则和动作的过程中观察、思考、抽象、概括，从而获得数学知识和技能，发展思维能力。幼儿园的数学游戏有许多类型，以下介绍常见的几种。

(一)情节性数学游戏

这类游戏是指创设某一情境，让幼儿以角色的身份进行游戏活动，通过游戏的主题和情节来学习数学知识和技能。如“逛超市”的游戏，可请幼儿分别以顾客和售货员的身份开展购物游戏，学习10以内数的加减运算。

(二)操作性数学游戏

操作性的数学教学游戏是幼儿通过操作玩具或实物材料，并按游戏规则进行的一种游戏。例如“火柴棍拼图形”的游戏，教师提供给幼儿每人1盒火柴，一张图片，图片上画有小树、窗户、帆船、风车、房子的简笔画(这些画都是由三角形、正方形、长方形组成)。让幼儿用火柴自由拼搭，拼搭完后，讨论你拼出了什么？它由几个什么样的图形组成的？巩固幼儿对正方形、长方形和三角形的认识及对图形之间关系的理解。

(三)感觉和动作性数学游戏

这类游戏主要强调诱发幼儿各种感官和动作活动(摸、听、跳、拍等)，通过感官对数量的感知和表达来学习数学和发展智力。例如，在计数活动中，可让幼儿通过看看、听听、摸摸等活动多方面地巩固对数的实际意义的理解。可在“奇妙的口袋”游戏中，让幼儿通过触摸来感知、区别图形的不同特征。

(四)口头的数学游戏

这类游戏不用直观教具和操作材料，是教师和幼儿或者幼儿之间以口头对答的方式进行游戏。口头性数学游戏对发展幼儿数的抽象能力和思维的敏捷性以及巩固数学知识的作用尤为突出。例如复习5的组成的碰球游戏，教师边拍手边有节奏地说：“嘿，嘿！我出3，我的3球碰几球？”幼儿说：“嘿，嘿！你出3，我出2！你的3球碰2球。”师生齐说：“嘿，嘿！我(你)的3球碰2球。”

(五)智力性数学游戏

这是一种运用数学知识以促进幼儿智力发展为主的游戏。数学智力游戏能极大地调动幼儿思维的积极性，培养思维的灵活性、敏捷性、独创性，提高幼儿综合运用数学知识解决问题的能力。如让幼儿数“重叠图形”“玩数学接龙”或解答一些“智力趣题”等就属于数学智力游戏。

运用游戏法时，要注意以下几点。

(1)游戏的主题不要太新奇，以免分散幼儿的注意力。尽量选用幼儿生活中经常接触的、比较熟悉的内容为主题，如“好吃的水果”“购物”“排队”“开火车”“布置房间”等。

(2)游戏的内容和规则要求不要太复杂，尽量简单明了，让幼儿很容易明白玩的是什么、该怎么玩，提高幼儿参与的积极性。

(3)要尽可能增大游戏中数学活动所占的比例，让幼儿有比较多的机会学习数学和发展智力。

(4)要根据年龄和幼儿的实际水平确定游戏的种类、比重以及组织形式。小班的数学活动应当基本上以游戏的形式进行，主要使用情境性数学游戏和感觉动作性数学游戏；中班的数学活动仍需要较多的游戏形式，较多地使用情境性数学游戏、智力数学游戏，适量使用口头的数学游戏；大班的游戏形式应适当减少，智力性数学游戏和口头的数学游戏的比例加大，适量使用情境性数学游戏。

(5)中、大班的游戏最好带有一定的比赛性质，这样不仅适合幼儿的竞赛心理，而且也有利于培养幼儿思维的敏捷性和灵活性；小班的游戏不适宜竞赛的形式。

五、演示讲解法

演示讲解法是教师通过向幼儿展示直观教具并配合口头语言的解释说明，把抽象的数学知识具体形象地呈现在幼儿面前的一种方法。它的特点是边讲解边演示。例如教幼儿学习5以内的减法时，教师出示3架玩具飞机，并说：“飞机场上有3架飞机，1架飞机飞到北京去了。”立即把1架飞机拿掉，并做飞走的动作，然后指着剩下的飞机问幼儿：“3架飞机飞走了1架，还剩下几架?”让幼儿直接看到3架飞机飞走1架的过程，又看到了减少后的结果，帮助幼儿理解减法的意义。

对于幼儿在学习一些不易理解的新内容或遇到某个内容的难点、重点时，讲解演示是必要环节，它能帮助幼儿克服困难、引导思路，掌握科学的、系统的知识，发展分析推理能力。但演示讲解不是知识的灌输，使用时应避免以教师为中心，并注意以下几点。

(1)演示讲解必须突出重难点，围绕要求幼儿掌握的知识和技能开展，并且语言要简练、准确、形象、通俗；

(2)演示的教具要直观、美观、稍大些，并且是幼儿熟悉的物体，不宜用太新奇的玩具分散幼儿的注意力；

(3)演示教具的动作要慢些，结合语言，强调和突出具有启发思维意义的关键之处；

(4)要使幼儿成为学习的主体。教师运用演示讲解法时，要特别注意教师与幼儿的双向互动，与操作法、发现法等结合使用，尽可能创设机会，让幼儿动用各种感官来体验教师的演示过程，调动幼儿思维的积极性。

以上五种教育方法是幼儿数学教育中常用方法。这些方法之间有密切的联系，无须截然分开，教师可在实际工作中灵活运用，使之相互结合，互为补充。

第三节 幼儿数学活动的教具与学具

一、教具与学具对数学活动的意义

幼儿数学活动的教具和学具，是在教学过程中，教师为了实现数学教育的目标所采用的各种工具，是实实在在的物质和各种形式的器具、材料，是师幼相互传递信息的媒体。

在数学教学活动中，教具和学具是幼儿数学教育重要的教学手段之一。由于幼儿的思维具有具体形象的特点，他们的抽象概括能力较差，而数学概念比较抽象，所以直观的教具和学具在幼儿数学学习过程中起着桥梁和中介的作用，它能使幼儿在感性认识的基础上逐步抽象、概括出数学概念。运用各种教具与学具，可以把抽象的数学概念具体、形象地呈现在幼儿面前，使他们能直观地感知和体验其中的数量关系和空间形式，有利于激发幼儿的学习兴趣，调动幼儿参与学习的积极性、主动性，便于幼儿理解和掌握数学知识。教具和学具的使用，还为幼儿提供积极观察、探索和思考的机会，有利于更好地培养幼儿的思维能力、动手操作能力和理解能力。

二、数学教具和学具的类型

幼儿数学活动中的教具和学具是为教学目标、内容服务的，不同的教学目标、内容需要不同的教具和学具。教具和学具是多种多样的，大致可以分成以下几类。

(一)按来源分类

1. 玩具和日常生活用品

通常我们把供幼儿玩乐和游戏之用的物品称为“玩具”。玩具增加了教具(学具)的趣味性，操作方便，能激发幼儿学习的积极性，有利于培养幼儿动手动脑、实际操作的能力。玩具有小汽车、布娃娃、积木、玩具餐具、球类等。

可以用做教具(学具)的日常生活用品非常多，比如碗、筷、小勺、茶叶罐、钥匙、杯子、钟表、笔、日历等。

2. 自然物和废旧物

自然物，就是直接选自大自然的材料。数学来源于现实世界，是现实世界的反映，在现实世界中，有许多数学材料，如小木棍、小石子、豆粒、果核、树叶、贝壳等都可以成为教具和学具。利用废旧物或自然物作教具(学具)，这类教具(学具)可因地制宜、就地取材，既可节约人力、物力，又可保证数量。它具有方便、经济、实用、具体等优点，便于幼儿实际操作，有助于发展幼儿手脑并用的能力。

可用于数学教学的废旧物有小药瓶、饮料瓶、易拉罐、各种纸盒、一次性纸杯、牛奶盒、用过的旧衣服等。

3. 特定的数学教具(学具)

特定的数学教具(学具)是指由专家设计、工厂生产的各种教学材料。主要指各种数学教具和学具，如计数器、各种拼板、插珠座、蒙氏教具、几何图形镶嵌板、钉子板、分类盒等。

4. 教师(或幼儿)自制的教玩具

自制教玩具是相对于需要花钱购买的商品化教玩具而言的。自制教玩具，不仅是在幼儿教育资源不足的情况下进行，在建设节约型社会、促进师幼可持续发展的今天，自制教玩具已成为人们一种主动的、自觉的选择。

自制教玩具，可以分为教师根据幼儿游戏和教学的需要为幼儿制作的教玩具及幼儿在教师的支持帮助下为游戏和学习活动制作的教玩具两大类。自制教玩具应切实服务于幼儿开展游戏活动和教育教学活动的需要，做到“做”与“用”相结合，避免为做教玩具而做教玩具。如利用泡沫板自制钉子板，废弃的台历做数、物、点子匹配练习卡，纸箱做图形大楼，让幼儿练习认识和区分各种图形等。

以上四类教具和学具中，玩具、日常生活用品、自然物及废旧物，看似与数学无关，但只要认真挖掘其数学功能，或者稍加变化就有可能成为极好的教具(学具)，使之成为幼儿学数学时最好的资源。

(二)按应用方式分类

1. 教师使用的教学手段。如各种教具、幻灯片、投影仪、录音机、电视机、录像机、电脑等。

2. 幼儿使用的教学手段。如各种学具、图形卡片、数学卡片、各种作业纸、七巧板等。

3. 师幼共同使用的教学手段。如教学模型等。

三、幼儿数学教具和学具的选择、制作和使用原则

教具(学具)是辅助教师完成教学任务、帮助幼儿理解教学内容的工具或材料，是教学活动顺利进行的手段和保证。教师选择、制作和使用教具(学具)的依据首先应是符合幼儿的认知特点，其次要符合教学内容，应力求简单、易于操作，要有助于幼儿对数学概念的学习和掌握，有利于幼儿思维能力的发展。

(一)可操作性

教具(学具)的可操作性指的是幼儿通过动手操作直观教具(学具)，在摆弄物体的过程中进行探索，获得数学经验、知识、技能，进而促进幼儿的观察力、想象力、创造力及思维能力的发展。在选用教具(学具)时，要注意选择能够激起幼儿的构思欲望、

摆弄兴趣，组合多、变化多，玩起来不易生厌的教具(学具)。既能动手、又能动脑的教具(学具)更易引起幼儿的兴趣。

(二)针对性

不同年龄段的幼儿认知特点不同，发展水平不同，选择和使用的教具(学具)也应有所不同。小班应多选择直观、形象、活动性的、结构简单些的工具和材料，这不仅能激发幼儿的学习兴趣，而且会使幼儿在观察、操作中积累丰富的数学经验，在头脑中积累大量鲜明的数学表象。中、大班选择操作性强，较复杂的材料，除实物教具(学具)外，还可使用一些实物图片。这里的实物图片已不是某个具体的实物，而是同类实物特征的概括，并将立体的实物变成平面的图形。运用这类教具(学具)，可以帮助幼儿理解数量关系，形成数概念，对发展幼儿思维能力具有积极的作用。

(三)安全性

保护幼儿的权益是选择、制作和使用教具(学具)的首要原则。教具(学具)是幼儿的伙伴，幼儿天天与教具(学具)接触，教具(学具)将直接影响到幼儿的生存与发展权益，所以，对教具(学具)的要求以安全卫生为第一。如果教具(学具)的安全性无法得到保证，那么即使有再好的教育功能也都是空谈。因此，在选择、制作和使用教具(学具)时，一定要注意使用安全，确保教具(学具)不能有外显的可能性伤害和隐蔽性伤害，不会对幼儿身心造成伤害。消除或预防任何锋利、尖锐、易燃、易碎、细小或有毒物品，防止物品的边角刮伤幼儿，或误食细小、有毒的物品等危险事件发生。

(四)经济适用性

教师在选择、制作和使用教具(学具)时，应尽量从身边选取，让教具(学具)回归自然，还生活以本来面目，让幼儿真切地体会到数学就在我们身边。生活中的材料取之不尽、用之不竭，自然物及废旧物品的合理利用，不仅取材容易，而且造价低廉。幼儿经常使用废旧物品学习，会在潜移默化中形成爱惜资源的良好习惯，还能够发展他们的创造力，可谓是一举多得。许多教具(学具)中都蕴含着多种教育功能，比如扑克牌，既可用来数数，又可用来按规律排序，还可进行加减、分类、组成、比较大小、多少、数的序列、随机现象等内容的学习，要尽可能地挖掘教具(学具)所含的各种功能，使其具有多种用途，充分发挥其使用价值。

为了增加教具(学具)的使用寿命，最大限度发挥其作用，可以选择质地较为坚硬的、不容易破损的物品制作教具(学具)，或为一些较薄、软、纸质等制作的教具(学具)进行过塑处理，这样不仅方便保存，还可重复利用。

数学教具和学具的选择、制作和使用，既要讲求科学性、启发性、教育性，又要讲求操作性、安全性、针对性以及实用性。只有我们从利于幼儿学习的角度去选择、制作和使用，才能使不断进化的教具(学具)发挥高质量的教学效果，使之更好、更优质地为幼儿教学服务。

本章小结

幼儿数学教育的目标和任务，需要通过数学活动的实施来实现。除了教师有目的地精心设计和组织教学活动以外，幼儿生活中多种类、多形式的活动都是向幼儿进行数学教育的十分有效的途径。将数学教育内容有机地渗透、融合在主题活动、日常生活、游戏、区角等活动之中，幼儿在与材料、与同伴等相互作用的过程中，获得数学体验。同时，灵活运用丰富多样的数学教育方法和手段对幼儿进行数学教育，可以有效提高幼儿数学教育的效能，将数学教育目标最终转化为幼儿发展的目标。

本章介绍了幼儿数学活动的基本组织形式，如全班活动、分组活动、个别活动及综合活动等。具体阐述了数学活动的几种主要途径，如专门的数学活动和其他形式活动中的数学活动(日常生活中的数学活动、区角中的数学活动、游戏中的数学活动及其他主题和学科活动中的数学活动)。本章还明确指出幼儿数学活动的常见方法，如发现法、操作法、演示讲解法、游戏法、比较法。幼儿数学活动离不开对学具的操作，本章最后介绍了学具的应用与与选择。

练习与实践

1. 幼儿数学活动有哪些组织形式？主要途径有哪些？试举例说明。
2. 结合幼儿数学教育实际，找出使用每种教学方法的实例。
3. 设计一份数学教学活动计划(内容自选)。
4. 选择和制作教具和学具应该注意什么？
5. 请选定一个教学内容，尝试制作相应的教具和学具。

第四章　幼儿分类、对应、排序的活动指导

学习目标

- 了解分类、对应、排序等概念及相关知识；
- 理解幼儿对分类、对应、排序等的认知特点；
- 掌握不同阶段幼儿分类、对应、排序等的基本要求及教育方法；
- 能运用所学知识设计相关的教学活动方案。

关键问题

- 在集合、对应、排序方面，幼儿要学习哪些知识？
- 幼儿在学习分类、对应、排序时有哪些认知特点？
- 如何根据幼儿认知特点及教育目标设计教学活动方案？

第一节　有关集合、对应、排序的基础知识

一、集合的基础知识

(一)集合

由“确定”的对象组成的一个整体叫作**集合**。集合中的每一个对象都叫集合的一个**元素**。如果元素 a 是集合 A 的元素，就说 a 属于 A，否则就说 a 不属于 A。

如果一个集合中的元素数量是有限的，就称这个集合为**有限集**；如果一个集合中的元素数量是无限的，就称这个集合为**无限集**。不含任何元素的集合叫**空集**。

集合中的元素具有确定性、无序性和互异性的特点。

(二)子集

如果集合 B 中的每一个元素都是集合 A 中的元素，我们就说集合 A 包含集合 B，或集合 B 包含于集合 A，并且称集合 B 是集合 A 的**子集**。如“星星幼儿园小一班男生”是“星星幼儿园小一班幼儿”的子集。

(三)交集

由所有集合 A 与集合 B 的公共元素组成的集合，称为 A 与 B 的**交集**。在进行多角度分类时，往往会发现，在两种不同类的物体当中，还存在具有共同特征的物体。

二、对应

对应就是两个集合中的元素按照某种规则建立起来的一种联系。如某幼儿园中班所有的幼儿与他们身高的数值之间建立起来的联系，就是一个从幼儿到数值的对应。

对应可以是一个对一个，也可以是一个对多个，还可是多个对一个。

如果对于集合 A 与集合 B 中的元素，按照某种规则，使得集合 A 中的每一个元素在集合 B 中都有唯一的元素与之对应，且集合 B 中的每一元素在集合 A 中也有唯一的元素与之对应，这样的对应叫**一一对应**。幼儿常用对应比较的方法有重叠法、并放法、连线法。

三、排序

排序指的是将两个以上物体，按某种特征的差异或一定的规律排列。幼儿排序活动可分为三个层次：按任意规则排成一队、按某种量的差异排序、按某种模式排列。例如，按照从矮到高(或从高到矮)的顺序将大一班幼儿排成一队；又如，按“男女男女”模式排列等。

排序是促进幼儿判断和推理能力发展的一项重要活动。排序是贯穿在幼儿数与数序概念的认识与比较、量与量的差异的认识与区分等教学活动中的一项重要的操作活动。

第二节　幼儿对分类、对应、排序的认知特点

一、幼儿对分类的认知特点

分类就是把具有相同特征的事物归并在一起，因此分类就是幼儿感知集合的一种手段。

幼儿很早就开始学习对物体进行分类，例如：幼儿一出生就开始学习识别周围的实物。以后又对这些实物的特征进行识别，如颜色、形状、大小等。幼儿在识别某种实物时，就意味着他在按照某些特征或属性把这种实物同另外一种实物区分开来。因此可以说，幼儿在认识和分辨各种实物的过程中，已开始感知集合。

幼儿对集合的感知是在认识实物的过程中逐步发展起来的，他们对集合的认识具有明显的年龄特征。

国内外研究表明，2～3 岁的幼儿就可产生对集合的笼统感知，即对集合元素的模

糊的、泛化的感知。这一时期的幼儿已能根据汽车与飞机的特征来区分它们了。在教师的指导下，他们甚至能对它们进行准确的分类，如可以把教室里的混合在一起的汽车玩具与飞机玩具分类摆放等。尽管如此，他们还不能对飞机与汽车从数量上进行精确的感知，他们也不能通过观察汽车与飞机的集合说出哪个集合元素多，哪个集合元素少，他们只能借助对应的方法来比较两个集合中元素的多少。

大约到了中班，幼儿就开始进入对集合的数量感知阶段。此时他们已能准确地感知集合与元素的关系了。如他们不再用一一对应的方法来解决两个集合中元素的个数是否相等的问题，而是通过分别计数来比较两个集合的元素的个数是否相等了，他们甚至能够发现集合的子集，如收集在一起的小汽车，他们能自行从中把所有的小警车选出来堆放在一边，这说明幼儿已具有根据整体中所表现出来的不同特征将其继续分类的能力了。但此时，他们的思维还不具备可逆性，如把一个整体分成了若干类，他们头脑中就不再有整体的意识了。他们对整体与部分、集与其子集之间的包含关系还是很模糊的。这一时期的幼儿在解决需要逻辑判断的属、种关系时，还不大可能从逻辑的关系上去判断，他们还只停留在用数量去比较两集合的元素的多少的问题上。

幼儿到了大班除了能准确地感知到集合及集合中的元素外，还能初步理解集合与其子集的包含关系。此时幼儿已经具备了按物体的特征或用途分类的能力，如他们可以对小汽车按颜色分类，也可以对小汽车按用途分类。不仅如此，他们还能对集合(属)和子集(种)的关系作出判断，能初步感知它们的包含关系。如他们已能感知自己所在的班级与幼儿园的关系，知道自己所在的班级是幼儿园的一部分。

二、幼儿对对应关系的认知特点

在幼儿成长过程中，对应是他们最早进行的思维活动之一。在婴儿期，他们就能建立自己与母亲的对应，之后又能建立自己与家庭成员之间的对应。进入幼儿园后，他们便逐步学会了利用对应的方法比较两组物体的多少和理解数的概念。

小班幼儿就能根据教室里的课桌是否坐满了小朋友来判断班上是否有小朋友没来幼儿园。不仅如此，他们还能利用两组物体存在的一一对应关系，通过一组对象的数量判断另一组对象的数量。如某幼儿园的小班的一个关于对应教学活动中，有小鸡、虫子、小猫和鱼四种物品，其中小鸡和虫子是一一对应的，小猫和鱼是一一对应的。教学中，教师问一个幼儿小鸡有多少，他通过点数说出有4只，再问小虫有多少，他立即报出有4条。又问小猫有多少，他又通过点数得出有4只，再问鱼有多少，他又立即报出有4条。这个例子说明小班的幼儿就已经掌握了通过一一对应的方法来确定两组物体的等量关系了。不过小班幼儿在借助一一对应关系确定等量时，还只能对数量很少的两组物体凭直观感知，如果增加两组物体的数量或两组物体的一一对应关系被破坏，他们就无法进行正确判断了。

中班以后，幼儿的认识能力逐渐加强，对于两组存在关联的对象，即使我们将它们的联系破坏，他们仍能利用它们存在的关联，给它们建立起一一对应关系，然后再进行多少判断。如把一堆杯子和它们的盖子堆放在一起，他们可以通过把盖子盖在杯子上然后点数杯子的个数来确定盖子的个数。

但是他们对“一对多”和“多对一”的对应，却难以理解，即使像一只小鸡两条腿，两只小鸡四条腿，这样简单的对应法则，对他们来说也是比较困难的。另外离开了生动、熟悉的对应规则后，幼儿也难以建立起两组“对象”之间的一一对应。如给出 A，B，C，D，E，F 六张字母卡片和 1，2，3，4，5，6 六张数字卡片，即使告知他们对应规则，也难以建立两组卡片之间的对应。

三、幼儿对排序的认知特点

幼儿的排序能力也是通过不断的从简单到复杂的排序活动发展起来的。

小班幼儿只能对 4 个以内的物体按照它们的量的差异进行排序。而且这种排序主要建立在直观的感知、比较的基础上，带有较多的尝试错误的性质。如果将排序的对象增加，则小班幼儿就难以按照要求完成。如对数量多于 5、长度为等差的关系的小木棒进行排序操作，他们就难以完成任务。这说明小班的幼儿在处理对象的差异时，只能应用简单的直观思维。

中班以后，幼儿逐渐能够完成更多数量的物体的排序任务，而且他们完成任务的策略也在逐渐形成，他们通过反复尝试，对物体所呈现的规律及数与量的差异，已具备了简单的识辨能力，因此他们已具备了按物体的外部特征，如物体的大小、长短、宽窄及数的多少进行排序的能力了，同时他们在进行顺次排序时还能发现逆向排序。不过这时的幼儿不管是正排序还是逆排序都只能在数量不多(一般不超过 7 个)的条件下进行。如果数量超过 7 个，则多数不能完成任务。

到了大班以后，他们对 5 个物体的排序就能做到非常准确了，而且对于 10 个物体的排序也能做到 90%以上正确。在排序活动中，他们不仅失误次数显著减少，而且目测能力也有了极大提高。此时的幼儿已懂得合理运用策略来完成排序任务了。如在完成正排序后，他们知道用互换首尾对象的方法来完成逆排序；在对 10 根长度呈等差数列的小棍进行排序时，他们所采用的方法往往是先将小棍一端对齐，然后再在另一端依次取出最短的进行排列。这说明，大班的幼儿已对排序中的传递性和相对性有了较好的理解。

第三节　幼儿分类、对应、排序的活动指导

一、幼儿分类、对应、排序的活动内容与要求

(一)分类活动的内容与要求

1. 小班

(1)能将常用的物品按某明显特征归类，并说出分类后物品的共同属性；

(2)能区分“1”与“许多”；

(3)能按物体的名称或某一种外部特征(颜色、形状、大小、高矮、长短等)进行简单的分类；

(4)能用一一对应的方法做对等集合；

(5)会比较两个集合元素的多、少和一样多。

2. 中班

(1)能按物体的外部特征(颜色、形状、大小、高矮、长短、粗细等)进行分类(组成集合)；

(2)能按物体间的数量关系进行分类；

(3)能按物体的内部特征(性质、功能、用途等)进行分类(组成集合)；

(4)能概括物体(或图形)的两个特征并能按两个特征进行分类(做集合)；

(5)初步学会对物体进行多角度分类。

3. 大班

(1)能根据物体的不同特征进行多角度分类；

(2)能对集合做层级分类，体验集与其子集的包含关系。

(二)对应活动的内容与要求

1. 小班

(1)能描述常用物品的功能属性；

(2)根据物体的特点、关系寻找相关物体，将相关的物体相匹配；

(3)能应用重叠对应和并放对应技能建立两组相关联物品的对应关系；

(4)能应用对应的方法理解“一样多”“不一样多”“多些”“少些”等用语。

2. 中班

(1)能应用对应辨别空间方位；

(2)能利用对应感知两集合的相等与不等；

(3)能进行10以内的量与数的对应；

(4)能进行一物品与较多物品的对应及较多物品与一物品的对应。

3. 大班

(1)能用空间对应与形色对应进行计数；

(2)能进行大于10的数与量的对应。

(三)排序活动的内容与要求

1. 小班

(1)能按大小、长短、高矮差异对3～4个物体进行“正向排序”和“逆向排序”；

(2)能对自身生活经验范围内的熟悉对象进行简单的先后顺序排序；

(3)能初步发现、辨认生活中简单的排序模式，并加以模仿。

2. 中班

(1)能按大小、长短、高矮、粗细等差异对 7 以内的物体进行“正向排序”和“逆向排序”；

(2)能对 7 以内数量的实物卡片、圆点卡片、数字卡片按卡片上的数量逐一增多或逐一减少进行“正向排序”和“逆向排序”；

(3)能够发现并扩展物体排列的模式，会简单的模式排列。

3. 大班

(1)能按大小、长短、高矮、粗细、厚薄、宽窄等差异对 10 以内的物体进行“正向排序”和“逆向排序”；

(2)对 10 以内数量的实物卡片、圆点卡片、数字卡片能按卡片上的数量进行“增排序”和“减排序”；

(3)能对熟悉的活动、事件演变过程按逻辑顺序进行模式排序。

二、幼儿分类、对应、排序的活动指导

(一)幼儿分类的活动

在进行分类教学时，教师要特别注意材料的选择与使用。选择材料时，不仅要注意选择共同属性明显的材料，而且还要注意材料与幼儿认知程度的匹配性。因此选择材料时应尽量选用实物材料、图形材料和图片材料，且材料的数量应多于 4 个，因为太少了不利于幼儿对共同属性的发现。此外，下面是几种常用分类的设计与组织。教师要明确分类要求。

1. 按物体的某一外部特征分类

对于年龄较小的幼儿，首先应让他们体验从一堆物品中，发现具有共同属性的物体，并挑选出来以形成集合，也就是我们所说的“求同”。求同分类一般在小班进行，由于小班幼儿生活经验少，因此教师只能选择“球”“汽车”“娃娃”等这样一些幼儿熟悉的物品。在进行分类教学时，教师可以通过多种方式引导幼儿动手将相同名称的物体摆放到一起，使幼儿在亲自感受和体验的过程中，形成“集”的最初印象。如：教师可以预先准备一筐玩具(其中有意识地多放一些球)，再准备一个空的小筐。教师带领幼儿“把球挑出来放到小筐里”。放好之后，教师问幼儿：“小筐里装的都是什么?”引导幼儿说：“它们都是球。”又如，教师让小朋友把从家里带来的各种各样的玩具都放入小篮子之后，教师引导幼儿将小汽车挑出来放在一个盒子里，放好后，再问幼儿：“盒子里放的是什么？它们是用来做什么的?”以引导幼儿分类并观察它们的特征。

2. 按物体的不同特征进行多角度分类

随着生活经验的逐步丰富，幼儿对物体特征的感知也从一个方面上升到两个或多个方面，这时已具备了对同一物体按照不同特征分类的条件，因此教师可及时引导他们进行多角度分类，不过教师在引导他们进行多角度分类时，首先应引导幼儿从不同角度去观察、比较物体的特征。例如：教师可利用小朋友脱下的帽子(围巾)，启发幼

儿从质地、形状、长短、花纹等不同角度进行观察比较。教师还可以从班上挑出一组小朋友，引导其他幼儿从高矮、性别、服装等不同角度进行观察比较，让他们感受同一组物体的不同特征，学会按不同的特征进行分类。

教师在引导幼儿进行多角度分类时，应选用具有不同特征的物体来进行教学。如教师给幼儿准备不同形状、颜色、大小的图形卡片若干，引导幼儿按形状、颜色、大小进行分类。教师也可利用一组具有不同颜色和形状(如有长方体、正方体等)的积木让幼儿从大小、形状、颜色进行多角度分类，以培养幼儿对一组物体进行多角度分类的能力。

3. 进行层级分类

层级分类活动通常是在中班末期或大班开展。刚开始学习层级分类时，幼儿的层级分类活动一般只设计到二级，即教师引导幼儿进行一次分类之后，再继续启发幼儿观察某类物体显示出来的不同特征，然后再按该类物体所表现的不同特征进行第二次分类。如教师准备一筐红、黄、绿三种颜色和三种用途的小汽车(如小面包车、小轿车、小警车)，组织幼儿来“分小汽车”。教师可以先让幼儿自已决定一个分类标准(颜色或用途)把小汽车分到三个小筐里。然后，教师再引导幼儿观察小筐里的小汽车，问幼儿：“小筐的小汽车还能再分吗?”并鼓励幼儿再动手分一分(每个小筐里的小汽车又可以分成三堆)。这就是二级分类。二级分类后，教师还可以进一步设计各种操作活动让幼儿进行三级甚至四级的分类。

层级分类与多角度分类不同，多角度分类是根据一组物体的不同特征进行不同分类，而层级分类是先按一组物体的某一特征进行分类，然后再对分类后的一组物体所具有的不同特征进行分类。层级分类是幼儿感知集与子集及相互关系的基础。

(二)幼儿区别“1”与“许多”的活动

“1”和“许多”虽然都是数的概念，但它们却存在明显的区别，“1”是数的单位，而“许多”却是多个数的代表，幼儿在还没有形成数的概念之前，“许多”就是他们对数的笼统认识，因此区别“1”和“许多”是幼儿识数和计数的基础。

在区别“1”和“许多”的教学中，教师首先应选用分散性好同时又具有相同特征的物体，如1堆长方体的积木，1组小玩具球等。教学时，教师应先教会幼儿认识数“1”，引导幼儿不断地对“1”进行表述，如1个球、1块积木、1个水果等，理解“1”与1个实物的对应。在此基础上再把数量为1的物体和“许多”个物体采用相隔一定的距离摆放的方法，教师通过点数“许多”物体中的“1个”“许多个”来加深幼儿的印象以引导他们关注“1”和“许多”的区别。在幼儿感知到“1”和“许多”的区别后，教师还应注意引导他们分别用“1”和“许多”来表达数量，如说出“1块积木”“许多积木”“1个球”“许多球”等。

当幼儿已能比较熟练地对“1”和“许多”进行区别时，教师可组织幼儿对一组物体进行分与合的操作活动。教师提供材料，让幼儿亲自动手先把“许多”的物体分成“1个、1个”，再把“1个、1个”的物体拢在一起合成“许多”，使他们在动作和视觉结合的过程中感受和领会“1”和“许多”的关系。

为了给幼儿创设轻松、愉快的学习环境，教师还可采用如下几种形式来设计教学活动。

1. 教师可以预先将各种数量为“1”和“许多”的用品、玩具摆放在活动室的桌面、地面、橱里、柜上，还可以选择含有数量为“1”和“许多”的内容的图画张贴在活动室的墙面等。让幼儿在教师预设的一个充斥着数量为“1”和“许多”的对象的环境中观察和寻找什么东西是“1个”，什么东西是“许多个”。

2. 教师也可以利用自由活动、散步、参观、郊游等各种时机，引导幼儿观察和寻找存在于自然环境中的、数量为“1个”和“许多个”的东西。

3. 教师还可以通过与幼儿交谈，启发、引导他们将以前曾经看到过的数量为“1个”和“许多个”的东西尽可能地回忆和表达出来。

(三)幼儿建立对应关系的活动

对应是幼儿认识世界的最简便、最直接的思维活动，而一一对应不仅是低龄幼儿学习计数与认识方位的主要方法，也是人类社会对数的认识与发展的基础。因此让幼儿养成良好的对应思维的品质，是幼儿今后学好数学的基础。下面介绍两种常用的对应教学活动的设计与组织。

1. 相关联物体匹配活动

相关联物体匹配的教学活动，是幼儿学习对应、应用对应的基础，教师在活动前，应根据幼儿的生活经验，选择他们熟悉的物品或实物图片、卡片作为关联物体匹配活动的材料。如碗和勺、鞋和袜、猫和鼠、娃娃和球、瓶子和瓶盖、花和花瓶、床铺和被子、牙刷和杯子等。

(1)引导幼儿观察物体的特征

由于小班幼儿生活经验少，独立观察、判断能力还有待形成，因此教师应将引导幼儿感受物体的特点作为对应教学的第一步。组织教学时，教师应选取幼儿熟悉的物体如水杯、牙刷、瓶盖、衣物等作为活动材料。活动时，教师应尽可能的引导幼儿通过看、摸、用等活动让幼儿感受其特点，如水杯是圆柱形的，而且能盛水；衣服是布做的，穿在身上能保暖；牙刷是塑料做的，有毛的一端是用来清理牙缝里的脏物的，另一端是便于手握的等。在引导幼儿观察时，教师不仅要做到语言形象生动，而且还应该对选用材料的属性、用途以及和相关物体的联系了如指掌。

(2)引导幼儿初步体验物体与物体之间的关系

在幼儿对物体的特点有所感知的基础上，教师应进一步启发、引导幼儿对物体与物体之间的关系进行初步认识。例如：在幼儿分别感受了瓶子、盖子特点的基础上，教师可以同时出示两个装了水的瓶子和两个瓶盖，并且当着幼儿的面把一个瓶子用盖子拧紧，而另一个装了水的瓶子则不盖，然后教师把瓶子倒过来，让学生观察瓶子里水的流动情况。学生通过观察发现，有盖的瓶子无论怎么倒，水都流不出来，而没有盖的瓶子只要稍一倒，水就流出来了。通过这样的活动，让幼儿深刻认识到瓶子与盖子的配套关系。

(3)提供活动材料，进行“匹配”练习

在幼儿对物体与物体之间的关系有了初步认识以后，教师可以将活动材料提供给幼儿，引导幼儿动手操作，根据物体的关联关系进行“匹配”(如把相关联的物品或实物卡片放在一起，让幼儿连线实物图片上的相关物体等)。

除了使用操作法外，教师也可以使用游戏引导幼儿对相关联物体进行“匹配”。下面是某幼儿园教师在教小班幼儿时，让幼儿认识3以内的物体的“匹配”活动。教师分别出示三张小房子图片和三张老鼠的卡片，教师问图上有什么？有几间小房子？每间房顶上都有什么？有几点(房顶上的每一个圆点标记表示一只老鼠)？当幼儿通过思考与交流把上面问题搞清后，教师再请幼儿按照房子上的圆点标记把小老鼠送回家。幼儿通过这样的游戏，很快就感知了“匹配”的意义。

2. 用对应法比较两组物体数量的活动

用对应法比较两组物体数量的方法有重叠、并放、连线三种(以下重点研究重叠法、并放法)。重叠与并放就是将两组物体中，具有相互联系的物体叠在一起或并放在一起，是将两组物体中的个体建立一一对应关系。如果这个一一对应关系能够建立，我们就说两组物体一样多，反之，我们就说这两组物体不一样多。因此我们看到，应用对应比较两组物体的数量，不仅可以培养幼儿的观察、类比能力，而且还可让他们形成一定的数学思维方法。

对应比较物体数量的要点，一是要善于发现两组物体之间所存在的特殊联系；二是要正确使用一一对应比较的方法。为此教师在数学活动中应经常引导幼儿观察一对物体之间的特殊联系，增强其生活经验。同时还应加强对幼儿的“一个对一个”重叠摆放与并列摆放的操作练习，练习时还应告诉他们这种摆放可以有剩余，也可以不够。

在引导幼儿应用重叠法与并放法比较物体的数量时，教师应选择适宜于重叠对应(如盘子和勺子，瓶子和瓶盖，果冻盒和小石子等)和并放对应(如玩具娃娃和盘子、猫和鱼的卡片等)的两组物体，并通过演示、讲解引导幼儿操作，让幼儿知道将两组物体进行一一对应摆放的方法有两种。一种是把第一组物体从左到右或从上到下排成一排，再把第二组物体一个对一个地分别叠放在第一组物体的上面或里面(重叠对应)；另一种是把第一组物体从左到右或从上到下排成一行，再把第二组物体一个对一个地分别摆放在第一组物体的前面或旁边(并放对应)。例如可以给幼儿5个果冻盒和5颗小石子，教师指导幼儿先把果冻盒按从左到右的顺序一个一个地摆放好，然后再按从左到右的顺序把小石子一颗一颗地放进果冻盒中，并且要求幼儿边放边说：“一个果冻盒里放一颗小石子。”还可以给幼儿5个玩具娃娃和5个小盘子，教师指导幼儿先把5个玩具娃娃按从左到右的顺序一个一个地摆放好，然后再按从左到右的顺序在每个玩具娃娃的前面摆1个小盘子，并且要求幼儿边放边说：“一个娃娃的前面摆1个盘子。”

在幼儿将两组物体进行处理的过程中，教师应有意识地引导他们观察、比较两组物体的对应情况。例如幼儿在将若干个小盘子与若干个娃娃进行重叠对应后，教师应启发幼儿注意到“小盘子摆完了，每个娃娃前面都有小盘子”或者“盘子放完了，但是还有1个娃娃没有盘子”“盘子还有1个，但是每个娃娃都有盘子了”的结果。

此外，教师还应引导幼儿对摆放结果的数量进行观察，让他们根据对应情况，判断两组物体在数量上是否相等，并用“一样多”“不一样多”“多些”“少些”等词进行表述。如“小石子放完了，每个果冻盒里都有小石子，果冻盒和小石子一样多”“盘子放完了，但是还有1个娃娃的前面没有盘子。娃娃和盘子不一样多，娃娃多，盘子少”等。

(四)幼儿排序的活动

排序是幼儿数学活动的一个重要组成部分，通过排序可以促进幼儿观察、分析、比较能力的发展。幼儿园常用的排序主要有量排序、数排序及模式排序，下面是部分排序活动的设计与组织的要点。

1. 按物体量的差异排序的活动

按物体量的差异排序主要是小班与中班数学活动内容，小班的幼儿由于对数与量的认识有限，因此在排序活动中，他们往往带有一定的被动性，到了中班后，他们虽然对量的范围与量的比较有了较多的认识，但如果排序对象过多，排序对象的差异不太明显，也将给他们的排序造成困难。为培养他们排序的能力，教师可从如下几方面着手。

(1)激发排序愿望

小班幼儿，由于缺乏按一定顺序排列物体的意识，因此教师必须从创设情境入手，让幼儿通过感受和体验萌发最初的顺序意识和排序愿望。如教师可以从创设“娃娃超市”的情境入手，激发他们将无序堆放的物品按序排放的愿望。教师带领幼儿来到“娃娃超市”，指着一排整齐划一的“娃娃”和一堆杂乱无章的“娃娃”，有意识地用“哪种摆放好看，为什么好看”等问题，引导他们对按序排放和无序堆放的物品产生喜爱和厌恶之情，从而激发幼儿产生将无序堆放的物品按序摆放的愿望。

(2)明确排序要求

在排序活动中，教师还必须让幼儿明确按物体的哪种量的差异进行排序、按什么方向进行排序等要求。如教师结合某个节日，为幼儿创设了“布置活动室”的情境。活动中，教师向幼儿提供了 4 个大小不同的中国结，为让幼儿明确排序的要求，教师可引导幼儿讨论“4 个中国结挂一排，应该怎样挂才好看”的问题，让幼儿通过类比、联想、交流，得出“应该把 4 个中国结从小到大或者从大到小地挂才好看”的结论，使幼儿自行明白排序的要求。有一些物体，由于在量的差异上可能存在几种不同的形式，如果让幼儿自行讨论，可能会得出与教师排序的要求不一致的结果，这时，教师就可引导幼儿按要求进行排序。

(3)提供排序材料

在提供排序材料时，教师首先应注意材料的特征与排序的目的是否相符合，如按大小排序，要求幼儿将积木按大小差异进行排序，就应选取形状一致大小有别的积木；按长短排序，要求幼儿将小棍按长短差异进行排序，就应选取粗细一样而长短有别的小棍等。其次还应注意材料量的差异程度应随幼儿排序水平的提高而降低，应给小班幼儿提供量的差异明显的排序材料，而中大班可适当降低其差异程度。总之活动初始时，提供的排序材料量的差异可以明显些，随着活动的推进，其量的差异就可适当降低。

(4)学习排序的策略

按量排序就是建立在幼儿对量的大小、多少的比较基础上，因此排序时，教师首先应增加幼儿对量的比较经验。如利用幼儿身体的高矮、胖瘦，衣服的长短、厚薄等来增加他们对量的比较和认识。

小班幼儿的排序，教师最初可以先用3个物体，按照先正向、后逆向排序的进程操作。在进行正排序时，教师可引导幼儿先用目测比较，确定两极的摆放(最小和最大、最短和最长、最矮和最高)，然后再继续对中间物体进行排序。以"挂气球"为例：教师首先应该引导幼儿观察比较3个气球的大小差异，在幼儿讨论认为"从小到大地挂气球才好看"之后，教师接着引导幼儿找出最小的和最大的气球挂上，再启发幼儿把剩下的一个气球挂在最小的球和最大的球之间。在幼儿掌握了对3个物体的排序后，教师再进一步引导幼儿学习、应用目测判断来对4个或4个以上物体的排序等。

到了中、大班后，由于排序物体的数目增多，排序难度增大。排序时，教师除了继续鼓励幼儿用目测判断、两两比较等最基本的方法之外，教师有必要启发引导幼儿探索发现更便捷的排序方法。如对10根长短不一的吸管进行排序时，教师可引导他们把10根长短不一的吸管全部抓在手中，然后把吸管一端对齐竖立起来，再每次找出最短的(正向排序)或者每次都找最长的(逆向排序)依次排好等。

2. 按10以内数量的差异排序的活动

(1)感知10以内数的等差关系

中班后，一般都能对10以内的数有较好的理解，但对于两数之间所含的物体个数差异的认识，却存在较大的差距，因此教师必须先让幼儿对两数大小的比较与所对应的物体的差异的数目有清楚的认识。如8比6大2就是8所对应的物体的个数比6所对应的物体的个数多2个。为让幼儿理解这一概念，教师可以先设计一些操作活动，如让幼儿排石子，活动中教师给每个幼儿准备一小袋石子和一套1～10的数字卡片，要求幼儿在第一行放1颗石子，在第二行放两个石子，依此每一行增加一颗，直到最后一行放够10颗石子为止。放好石子后，教师再让幼儿边数每行石子的数量，边放上相对应的数字卡片，之后又让幼儿通过反复点数、比较相邻两堆石子的个数与其卡片上面的数字之间的对应关系，让他们认识"多1""少1"及从1到10的数序或从10到1的数序。

在此基础上，教师又可重复以上操作，只是在放石子时把每行增加一个改为每行增加两个，类似地，可让幼儿认识"多2""少2"的意义及1，3，5，7，9或9，7，5，3，1等数序，使他们对10以内数量的"等差"关系有较深的感知。

(2)从具体到抽象地进行排序

在幼儿对数序关系及"多于"或"少于"等关系有了较深刻的理解后，教师便可先从7以内的数开始，引导幼儿根据实物(如豆子或圆点卡片等)数量的多少进行排序，然后再从具体的实物排序过渡到抽象数字排序。

在具体设计活动时，教师可要求幼儿先对打乱顺序的分别画有不同数量物体的卡片进行"排队"，如从少排到多或从多排到少。待幼儿对实物排序有了较高的自觉程度后，再要求幼儿对打乱顺序的分别写有不同抽象数字的卡片进行相对应的"排队"，在幼儿排出数字卡片之后，教师又应充分利用机会，帮助幼儿感知、巩固数序规则及理解数的意义。为促使幼儿的思维从具体向抽象的方向转变，教师在设计活动时，又可多借助那些幼儿熟悉与感兴趣的情境来完成教学。例如中班教师可以以"母鸡生蛋"为题，向幼儿出示6张分别画有母鸡生有1～6只鸡蛋的卡片，让幼儿把母鸡生蛋的卡片按蛋的多少“排队”，然后再让幼儿用数字卡片中的“数”与“蛋”的个数相等的卡片相匹配，将 1～6 的数字卡片进行“排队”。最后，教师移开具体“蛋”的卡片，只让幼儿把注意力集中在数字卡片上，让他们诵读、观察并记住相邻两数的位置，从而让幼儿感知 1～6 的数序。

与以上操作类似，把 6 张卡片逐步增加到 10 张，便可让幼儿理解 10 以内的数的意义及 10 以内数序规则，从而达到从具体排序到抽象排序的过渡。

3. 按一定模式排列的活动

模式排列包括：按一定逻辑顺序将物体或事件的发展过程进行排序；按一定排列规律模式将两种及以上物体进行排列。模式排列具有训练幼儿思维的意义。前者偏向于经验，后者偏向于创造。

(1)按一定顺序设计和组织活动

教师要根据幼儿经验和理解能力，遵循“从近到远，从简单到复杂”的原则，选择具有客观顺序的内容来组织幼儿进行排序活动。如某日生活中先后发生的事件排序，“我长大了”的照片排序等。

(2)按一定规律设计和组织活动

首先，呈现一种规律模式，如“ABABAB”，引导幼儿观察，发现规律并表述规律；然后教幼儿模仿规律排列，将排列模式扩展；再启发幼儿创设规律，并按创设规律进行排列。

在排列模式上，要体现从易到难，从简到繁，从固定模式到渐变模式。

三、幼儿分类、对应、排序的活动案例与评析

(一)分类活动的案例与评析

表 4-1　分类活动

<table>
<tr><th>活动名称</th><th>旅游商品店——大班数学活动</th><th>设计意图及评析</th></tr>
<tr><td>活动目标</td><td>1. 体验、交流、分享、尝试探索的乐趣，敢于试误，习得细致、合作、宽容等品质。
2. 初步了解旅游商品的大类和小类，并通过反复操作尝试层级分类。
3. 能有条理、较准确地操作。</td><td rowspan="3">根据《纲要》的精神，目标是从情感态度、认知、能力三个维度提出的。
在游戏中学习，在游戏中成长，是《纲要》对幼儿教育的要求。而分类教育不仅是集合知识的基础，同时也是培养幼儿良好的分析、解决问题能力的一种重要手段，因此教师试图让幼儿通过游戏来达到教学目的。</td></tr>
<tr><td>活动重难点</td><td>1. 确定商品类别，并把商品分类摆放。
2. 进行层级分类，即对大类商品中的不同特征的小类商品继续分类。</td></tr>
<tr><td>活动准备</td><td>1. 自制地图，幼儿自带各旅游景点的纪念品、商品等。
2. 用于开设旅游商品店的货架三个。
3. 用于分类的货品贴片若干、磁性板三块。</td></tr>
</table>

续表

<table>
<tr><th>活动过程</th><th>设计意图及评析</th></tr>
<tr><td>一、说说我去过的地方
1. 教师引入：中国面积很大，爸爸妈妈带你去过中国的哪些地方旅游？
2. 幼儿交流。
3. 教师继续引导：旅游的地方都有旅游商店，里面都有些什么呢？（可采用实物呈现或黑板图示）里面的东西如何摆放的呢？
二、布置旅游商品店
1. 教师把全班幼儿分成三个组。
2. 教师布置任务，要求每组自行把商品及货架做好标记后正确摆入货架。
3. 教师观看并指导幼儿操作。
4. 待三组幼儿都摆好后，教师又让幼儿交叉检查，之后再让各组幼儿讨论三个货架的摆放情况，引导他们调整所摆的货物，达到清楚、整齐、易找的效果。
5. 幼儿分组检查、调整好货物后，教师再让幼儿集体观察与交流，分享自己和他人的分类经验。
三、小结
1. 货架上商品的摆放要将同一种类商品放在一起，因为只有同类商品放在一起才容易让顾客找到。
2. 每一个类别的商品里还有不同的种类，因此我们又应根据不同的特征再分类来放，这样的布置才又清楚又方便。
3. 物体的分类就是根据物体不同特征对物体进行归类，大家回到家里还可以对你们的玩具进行分类。
延伸活动：
1. 鼓励幼儿回忆在生活中的有序摆放、归类物体的相关经验。
2. 启发幼儿在角色游戏中按照层级分类的方法布置“商店”。
3. 让幼儿回家后自行对玩具、衣物进行分类。
活动设计：上海市南阳实验幼儿园　陈青（有改动）</td><td>这个案例借助了一个布置商店货品的背景来帮助幼儿学习分类方法。在这个活动中，教师对分类材料的准备是开放式的，这样既让幼儿在材料的选取上得到了自由，同时又能使材料变得更具有多元化。

整个活动设计的思路：在幼儿自己解决问题中生成问题，然后在教师的指导下再解决问题。教师放手让幼儿讨论、尝试、再讨论、再解决，以促进幼儿在相互学习、相互交流中提升。
对“层级分类”这一重点内容教师不是机械地教，而是让幼儿在问题的解决过程中自己去发现、去总结，从而让幼儿感受到层级分类是受分类标准影响的，根据不同的标准，就可进行不同的层级分类。</td></tr>
<tr><td colspan="2">教师结合幼儿的旅游经历创设了旅游商品摆放游戏，使他们在游戏中通过联想、类比思维活动及讨论与交流的互动形式来达到对层级分类的理解与掌握。整个活动设计内容丰富、目的明确、针对性较强，较好的将游戏、生活与数学学习融为一体。
教师借用幼儿对所去过的旅游景点的回忆，激发幼儿的爱国热情，这是本课最突出的地方之一。因为对幼儿的教育包括两个方面，一个是知识、技能的教育；另一个是情感教育，教师因材施教，使情感教育在课堂中得到了有效实施。
在对幼儿进行层级分类教育中，教师结合幼儿的旅游经历创设了商品摆放游戏，使幼儿在游戏的参与中通过联想、类比思维活动及讨论与交流的互动形式来达到对层级分类的理解与掌握。整个活动设计目的明确、针对性强，且活动内容丰富，是一堂具有高质量和高效率的好课。</td></tr>
</table>

(二)对应活动案例与评析

表 4-2　对应活动

<table>
<tr><td>活动名称</td><td>找椅子——中班数学教学活动</td><td>设计意图及评析</td></tr>
<tr><td>活动目标</td><td>1. 让幼儿体验参与的快乐与成功的喜悦。
2. 让幼儿学会用对应的方法比较两组物体的多、少或一样多。
3. 培养幼儿比较、观察的能力及在活动中自觉解决问题的能力。</td><td rowspan="3">教师设计找椅子的活动就是希望通过通俗易懂的游戏让幼儿达到对“多一”“少一”“一样多”的感知。</td></tr>
<tr><td>活动重难点</td><td>1. 对应方法的应用。
2“多一”“少一”“一样多”的理解与掌握。</td></tr>
<tr><td>活动准备</td><td>椅子 5 把、小铃 1 个。</td></tr>
<tr><td colspan="2">活动过程</td><td>设计意图及评析</td></tr>
<tr><td colspan="2">一、和幼儿一起玩“找椅子”的游戏
规则：参加游戏者听铃声，边念儿歌边走，念完儿歌迅速找一把椅子坐下。
预设玩三次：
第一次：5 把椅子，6 名幼儿。
问：几个小朋友没找到椅子？谁没找到椅子？他怎么会找不到椅子？
第二次：5 把椅子，6 名幼儿。
问：几个小朋友没找到椅子？谁没找到椅子？为什么他会找不到椅子？
第三次：5 把椅子，6 名幼儿。
问：几个小朋友没找到椅子？为什么总是有一位小朋友找不到椅子？
二、按幼儿发现的“解决问题的方法”继续玩游戏
1. 幼儿又找了一把椅子来，尝试 6 名小朋友用 6 把椅子玩找椅子游戏。
2. 尝试 5 把椅子，5 名小朋友找椅子游戏。
注意：无论哪种情况出现，必须满足幼儿人人都找到椅子的活动需要。同时“检查”是否每个孩子都找到椅子。带领幼儿进行“一把椅子，一个小朋友；一把椅子，一个小朋友……”的对应方法示范和讲述，得出“小朋友和椅子一样多”的结论。
3. 再次以 5 把椅子，6 名小朋友玩游戏。出现一个找不到椅子的结果。进行对应比较方法演示，得出椅子少小朋友多，因此会有 1 个小朋友找不到椅子的结论。
4. 视幼儿情绪及发展水平，提出“要让每个小朋友都找到椅子”那么椅子数与小朋友人数应该怎样？这时教师让没参加游戏的幼儿来请参加游戏的幼儿做实验(用一把椅子前站一个小朋友的对应方法请幼儿)，然后经过游戏证实是否每个幼儿都找到椅子。此时再比较椅子与人数哪个多，哪个少，还是一样多。(儿歌：小铃小铃你真神，敲的声音真好听。叮叮叮叮敲起铃，小朋友快找椅子来坐定。)</td><td>中、小班幼儿对对应方法的应用及“多一”“少一”“一样多”概念的理解还存在较大的偏差，为让幼儿正确的掌握方法及区分这些概念，教师以一个生活中常见的娱乐游戏为载体，将对应比较的方法巧妙地结合在游戏的情境和过程中，并通过对游戏结果的讨论和交流，让幼儿直观地感受对应比较的方法。
事实上，教师这样的设计理念不仅很好地达到了教学目的，而且还能让幼儿在不知不觉中学会观察、分析、解决问题的粗浅方法。</td></tr>
</table>

续表

<table>
<tr><th>活动过程</th><th>设计意图及评析</th></tr>
<tr><td>5. 教师小结活动过程并强调对应方法的使用与活动中得到的结论。
延伸活动：
1. 引导幼儿在日常生活分水果、摆碗筷等活动中进行同类练习。
2. 引导幼儿用“一样多”“多一”“少一”表述生活中的问题。
参考：徐苗，我的幼儿园数学教学活动模式，上海社会科学院出版社 2004 年版第 47 页案例</td><td></td></tr>
<tr><td colspan="2">“多一”“少一”“一样多”这些概念，对中小班的幼儿来说往往模糊不清，教师为了能让幼儿对这些概念进行准确的理解，于是设计了用对应找椅子的方法，让幼儿在游戏中的参与中，不断地对“多一”“少一”“一样多”的概念进行反复思考，从而达到对概念的理解。
此外，教师恰如其分的活动小结，也给幼儿起到了释难解疑的作用。尽管在活动中幼儿已对概念得到了初步认识，但真正让幼儿深信不疑的，还是教师有理有据的结论。
找椅子活动设计看似简单，却使对应的方法得到了最直观的体现和最有效的应用，也让从浅入深、从具体到抽象的教学原则得到了最彻底的渗透，因此，对于本课来说是恰到好处的。</td></tr>
</table>

（三）排序活动案例与评析

表 4-3　排序活动案例

<table>
<tr><th>活动名称</th><th>你会排吗？——大班数学教学活动</th><th>设计意图及评析</th></tr>
<tr><td>活动目标</td><td>1. 乐意用语言表达自己的观察和发现，体验成功感。
2. 理解并善于发现物体简单的排列规律。
3. 能选择合适的材料表现物体排列的不同规律。</td><td rowspan="3">根据《纲要》的精神，目标是从情感态度、认知、能力三个维度提出。</td></tr>
<tr><td>活动重难点</td><td>1. 重点：理解并发现物体简单的排列规律。
2. 难点：能选择合适的材料表现物体排列的不同规律。</td></tr>
<tr><td>活动准备</td><td>1. 幼儿经验的准备
幼儿有一定的粘、穿等动手的技能；已经学习过相关歌曲。
2. 活动材料的准备
教具：男女剪纸娃娃、公园情境图一幅。
音乐：郊游，苹果丰收。
学具：两种颜色花的图片若干；固体胶、线和珠子；花和环。</td></tr>
</table>

续表

活动过程	设计意图及评析
1. 站队游戏：按男女间隔排队的规律。 (1)出示两组剪纸娃娃站队的图片：一组男女间隔站队剪纸娃娃，另一组男女自由站队剪纸娃娃。 (2)幼儿观察，讲述男女间隔排队的不同方法。 (3)游戏：我们来排队。 让幼儿在游戏中亲身体验男女间隔排队的方法。(在音乐郊游中，幼儿按要求进行排队。事后，老师请四个幼儿作排头，用报数的形式自我检查排队是否正确，如“男女男女”) (4)思考：你还会怎样排队？(鼓励幼儿说出按“女男女男”的方法排队。) (5)师生小结：这样按一定的规律排队，方便、有趣，最适合游戏、表演和外出郊游。 2. 身体游戏：鼓励幼儿尝试用不同的身体动作来表现排列的方法。如：“拍手拍肩拍手拍肩”“点头跺脚点头跺脚”等。 3. 看图发现：请幼儿借助公园情境图，发现公园景物的不同排列规律。 (1)引导幼儿观察，说一说公园里有什么？ (2)请幼儿讲出公园景物的排列方法。如一棵树两朵花一棵树两朵花等。 4. 自由摆花：鼓励幼儿尝试创造新的排列方法。 (1)介绍公园里新来的鲜花。 (2)思考：怎样摆放会使这些花更好看、更有意思？或你想怎样摆花？ (3)幼儿人手一份操作卡，鼓励他们排出新规律。 (4)与同伴分享交流自己与众不同的排列规律。 5. 制作花环：请幼儿运用自选材料进行排列装饰，并进行表演。 (1)教师介绍材料及要求：做花环(用两种颜色的花有规律地贴在环上)；做手链、项链(用两种或三种颜色的珠子有规律地穿在线上)。 (2)幼儿自选，分组操作。 (3)幼儿相互欣赏作品并进行表演。 延伸活动： 1. 提供更多材料，放置于活动区中，便于幼儿自由选择并练习模式排序。 2. 鼓励幼儿留心观察生活中不同的模式排序。 活动设计：武汉直属机关永红幼儿园　关冰	站队是孩子每天接触的事情，也是幼儿很熟悉的，用郊游站队的形式导入，能激发幼儿的兴趣。幼儿在感受排列的基础上，用动作亲身体验有规律的站队，在音乐声中郊游，动静交替，幼儿情绪愉快，乐在其中。 通过观察公园景物，幼儿又感知了排列的多种方法，为下一环节的创新排列打好基础。 幼儿通过观察、感知、尝试、实践，获取了多种排列方法。 排列的操作材料以多种形式出现，且具有层次性，幼儿可以根据自己的兴趣爱好、能力差异进行选择，有利于照顾到不同发展需要的幼儿。

续表

本次活动中，教师为幼儿创设了轻松愉快的游戏情境，整个活动以幼儿感兴趣的“郊游”为主线，把数学学习融入排队郊游、摆花、做花环之中。调动了幼儿参与活动的兴趣，学得更加轻松愉快。 活动中，教师所提供的材料、活动的组织安排、引导帮助都有利于幼儿的整体发展，如有剪纸艺术的欣赏、音乐活动的参与、语言的交流、幼儿经验的分享、成功感的体验，有助于幼儿在看看、讲讲、做做、玩玩的活动中认识排列方法和排列规律，注重活动形式的多样化。 幼儿学习数学并不是教师教会的，而是通过自身与客体的相互作用学习的。特别是在动手操作练习的过程中，教师提供了多样化的操作材料，如串珠、图片、花环等，加深幼儿对排列概念的理解，使幼儿的主动性、积极性和创造性充分地发挥出来。

本章小结

本章在对集合、分类、对应、排序的概念进行简单介绍的基础上，分析了幼儿对分类、对应、排序的认知特点，明确了对幼儿进行集合、分类、对应、排序活动的内容与要求，有针对性地阐述了幼儿数学活动的设计与组织。

本章内容重点是有关分类、对应、排序活动的设计与组织，难点是有关集合、分类、排序的概念及相关知识。要学好本章知识，首先要对对应、分类、集合排序的概念及相关知识进行透彻的理解，并在此基础上认真研究幼儿对该部分知识的认知特点。其次还要对前人的经验进行虚心学习，对以往的成功案例进行深入研究。只有这样，才能达到对该部分知识的准确把握与灵活应用，才能在前人的基础上进行不断的创新。

有关集合、对应、排序的教学活动是幼儿园数学教育活动中的一个重要组成部分，要搞好本部分知识的教学，就必须弄清其概念、原理、特点、要求与方法，就必须在教学前对其教学活动进行精心的设计，而要做到这些，就必须具有丰富的知识与扎实的理论，因此希望同学们通过不断的学习与研究把本章知识掌握好。

练习与实践

1. 举例说明什么是多角度分类和层级分类。
2. 举例说明什么是模式排序。
3. 幼儿常用的对应操作有哪几种？
4. 设计一个区分“1”和“许多”的活动方案。
5. 设计一个小班“分类”教学活动方案。

第五章　幼儿10以内数概念及运算的活动指导

学习目标

- 了解幼儿数概念及运算能力发展的一般过程和认知特点；
- 理解并掌握不同年龄段幼儿数概念教育的具体要求和内容；
- 掌握幼儿10以内数概念及运算的相关知识和关键经验；
- 应用幼儿10以内数概念的活动要求，设计相应的数学活动方案。

关键问题

- 幼儿数概念包括哪些知识？
- 幼儿计数能力的发展过程是什么？
- 幼儿对数的概念的认知有哪些特点？
- 如何设计10以内数概念和运算的教学活动方案？

第一节　10以内数概念及运算的基础知识

一、有关自然数的基础知识

（一）自然数的产生

数是表示事物的量的基本数学概念。目前人们主要用它来表示事物的量，不同的数表示量的不同关系。最初人们没有数的概念，随着捕捉野兽、采摘野果的需要，逐渐产生了“有”与“无”的概念，并随着生产的发展，为了进行物品的分配与交换，产生了“多”“少”“一样多”“1和许多”等概念。在此基础上，进一步注意到客观对象在量的方面的共同特征，并把这种特征具体形象地表示出来，人们创造了用符号来表示这些抽象出来的数，即数字符号。

（二）自然数列及其性质

全体自然数按从小到大的顺序排成的一列叫作**自然数列**。

自然数列有以下几个性质：

(1)有始。自然数列最前面的一个数是“0”。

(2)有序。在自然数列中，每一个自然数后面都有唯一的后继数，即比它大1的数；并且除“0”以外，每一个自然数都有唯一的先行数，即比它小1的数。有序性还指任何两个自然数都可以比较大小。

(3)无限。自然数列中有无限个自然数。由于每一个自然数后面都有唯一后继数，所以没有最后一个自然数。

(三)基数和序数

自然数作为一类等价的有限集合的标记，它可以表示集合中元素的个数，还可以表示某个序列中元素的位置。其中，用来表示集合中元素个数的数叫作**基数**，用来表示序列中元素的排列次序的数叫作**序数**。每个自然数都有两个含义：基数的含义和序数的含义。例如，幼儿排队时报数，如果最后一个报出的数是“7”，那么这个“7”既可以表示这个幼儿排在第7个的位置上，也可以表示这队幼儿一共有7人。

(四)相邻数

相邻数是指自然数列中相差一个单位的两个数。如2是3的相邻数，3也是2的相邻数，2和3互为相邻数。在自然数列中，除0外，任何自然数都有两个相邻数，即比它多1和比它少1的数，如3的相邻数是2和4。在以往幼儿数学活动中，常常从2的相邻数开始学习。

相邻数是幼儿数概念形成的一个标志。幼儿掌握了相邻数，说明幼儿不仅理解数的实际意义，而且了解数的顺序及数与数之间的关系，形成了自然数列的概念。

(五)数的组成

数的组成指数的结构，包括组合与分解两个方面。数的组合是指除1以外的任何一个自然数都是由两个或两个以上的部分数组成。数的分解是指除1以外的任何一个自然数都可以分成两个或两个以上的部分数。

对于幼儿而言，只需要掌握10以内的自然数分成两个部分数的问题，有关数的组成知识均在这个范围内。

数的组成实质是总数与两部分数之间的等量关系。相对总数而言，两个部分数存在互补关系和互换关系，即三个数群之间的等量、互补和互换的关系。如图5-1所示。

```
    5
   / \
  4   1
  3   2
  2   3
  1   4
```

图5-1

(六)单数与双数

整数中，不能被2整除的数是**单数**，也称为**奇数**，可用$2k+1$表示，这里k是整数。反之，整数中，能够被2整除的数，叫作**双数**，又称**偶数**，可用$2k$表示，k为整数。单双、奇偶没太大区别，主要区别在于使用场合。奇、偶一般作为数学里面的用语，单、双一般是日常用语。

对于幼儿而言，只要知道两个两个地数，正好数完的那个数叫作双数；两个两个地数，还剩下一个的那个数叫作单数即可。

二、有关整数加减运算的基础知识

(一)加法

加法是指两个或两个以上的数合成一个数的计算方法，可以用$a+b=c$来表示。其中，数a和数b叫作**加数**，数c叫作**和**，符号"+"叫作**加号**，读作"加"，"="叫作**等号**，读作"等于"。从集合的概念来看，加法就是求两个没有公共元素的有限集合的并集的基数。幼儿学习的加法运算主要是两个数合并成一个数的运算。用图表示如图5-2所示。

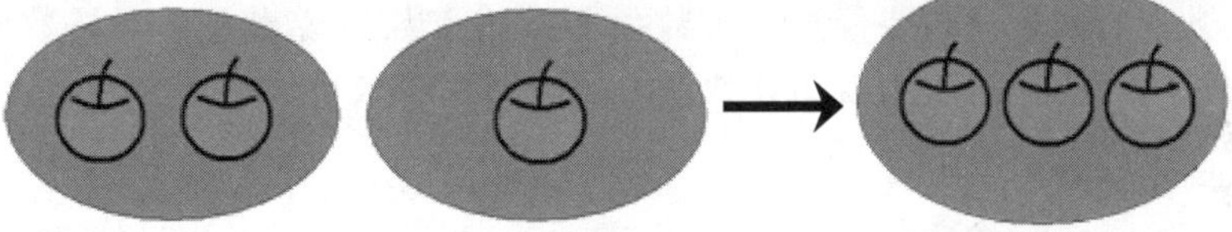

图 5-2

加法运算的法则主要是交换律，即$a+b=b+a$，也就是交换加数的位置，它们的和是不变的。

(二)减法

减法是指一个数减去另一个数的计算方法，可以用$a-b=c$来表示。其中a叫作**被减数**，b叫作**减数**，c叫作**差**，符号"−"叫作**减号**，读作"减"。从集合的概念来看，减法就是求有限集合与它的子集的差集的基数。如图5-3所示。

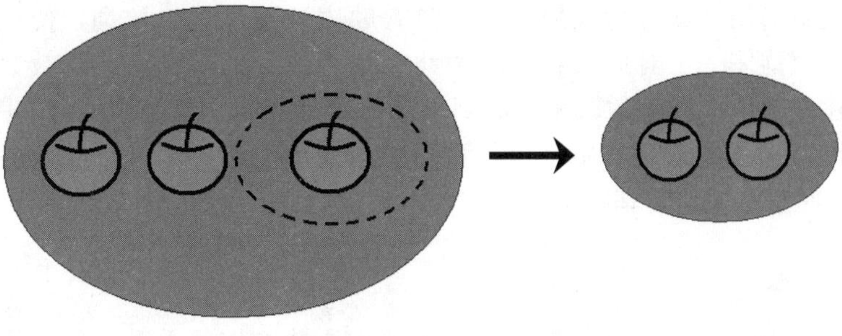

图 5-3

对于幼儿而言，只需知道从一个数里去掉一部分求还剩多少，应用减法运算，它是加法运算的逆运算即可。

(三)有关加减应用题的基础知识

应用题是根据日常生活中的实际问题，用语言、文字表达数量关系的题目。它包括情节和数量关系两个方面，二者缺一不可。数量关系中又包含已知条件和未知问题，已知条件是说明已知数量及已知数量与未知数量间的关系，未知问题是要求解答的问题。幼儿学习的是用口头语言来表述的应用题，即口述应用题。

第二节　幼儿对10以内数概念及运算的认知特点

一、幼儿数概念的认知特点

(一)幼儿计数能力的发展

幼儿数概念的发展是从计数开始的，并通过计数活动达到对基数的认识。计数是一种有目的、有手段、有结果的活动，是幼儿数概念形成和发展的一个重要方面。幼儿的计数能力标志着他对数的实际意义的理解程度，也标志着幼儿数概念的初步形成。

幼儿计数能力发展一般要经过口头数数→按物点数→说出总数→按数取物→认识基数守恒的过程，这一过程表现出计数能力的不同发展水平。

1. 口头数数

口头数数是指口头按数序说出自然数的名称(即唱数)。3～4岁的幼儿一般能凭借机械记忆，按一定顺序背诵自然数的名称，但大多是像背儿歌一样地背诵这些数字，带有顺口溜的性质，并没有建立每一个数与实物间的一一对应关系，不能正确表示出物体的数量。这一阶段的幼儿口头数数表现出以下特点：一般只会从“1”开始顺序往下数，如遇干扰就不会数了；不能从中间的任意一个数开始数，更不会倒着数；常常出现遗漏数字或循环、重复数字的现象。尽管口头数数是一种机械记忆的结果，但对幼儿掌握自然数的顺序还是具有积极的意义。

2. 按物点数

按物点数是指用手逐一指点物体，同时有顺序地逐个说出数词，使说出的每个数词与手点的每个物体一一对应。它要求幼儿在口头数数的基础上，在被数的物体与自然数数词间建立起一一对应的联系，做到手口一致地点数。按物点数较口头数数复杂，需要各种分析器官参与，手、眼、口、脑要协同活动，它是继口头数数后必经的基本计数过程。5岁左右的幼儿基本上具有按物点数的能力。

3. 说出总数

说出总数是指幼儿在按物点数后，能够说出所数物体的总数。能够说出总数，这是计数能力发展的关键，它表明幼儿能运用数目和理解数目的实际意义，知道数到最后一个物体时，它所对应的数词就表示这一组物体的总数。它意味着幼儿计数能力达到一个新的水平，标志着幼儿已经形成了最初的数概念。一般4岁以上的幼儿大多能说出数量在10以内的物体的总数。

4. 按数取物

按一定的数目拿出同样多的物体。这是对数概念的实际运用。按数取物首先要求幼儿理解所给数量的实际含义，记住所要求取物的数目，然后再按数目取出相应数量的物体，使数目与物体建立一一对应关系。一般说出总数和按数取物都没有点数实物的数目多。

5. 认识基数守恒

基数的守恒是指物体的数量不因物体的外部特征和排列形式等的改变而改变。幼儿能掌握基数的守恒是对数的实际含义的切实理解，它标志着幼儿初步数概念的形成。对幼儿基数守恒的要求是能正确认识10以内的数。

3岁半以前的幼儿很少能达到基数的守恒，4～5岁的幼儿大概有半数能够理解，大多数5岁左右的幼儿经过正确引导能基本掌握10以内基数的守恒，能初步理解物体的数量和物体的形状、颜色、大小、摆放位置等无关，物体的数量不会随物体的形状、颜色、大小、摆放位置的改变而改变。

幼儿分辨物体数量的多少时，往往不是根据数量本身的多少来判断的，而是根据物体空间排列的长短、分散或聚拢后所占体积或面积的多少等来判断的。物体空间排列形式的变化、数目的多少、两组数中两数差别的大小等，都会影响幼儿对物体数量的判断。

幼儿早期计数能力尚不稳定，很多因素都会影响幼儿的计数活动。比如，物体的空间分布情况、点数物体的大小、计数活动的方式、点数对象的呈现方式等。充分考虑和利用上述因素的影响，有利于幼儿计数能力的发展。

(二)幼儿对数序的认识

数序也就是自然数的大小顺序。在自然数列中，每个数的排列顺序，都遵循“后面的一个自然数比前面的一个多1”的规则。也就是说，数序指的是每个数在自然数列中的位置以及与相邻两数之间的大小关系。

幼儿在计数的过程中，已经对自然数的顺序有了一个初步的认识，但一开始常常是在一个数词和另一个数词之间机械地建立联系，并不明白数的顺序关系。幼儿对序数的认识，很大程度上依赖于他们对数序中数所对应的具体对象所呈现的规律差异的表象的识别与理解。随着幼儿利用实物比较物体数量的多少和给10以内的实物排序等活动的开展，他们将逐渐掌握数的顺序关系。

(三)幼儿对相邻数的认识

相邻数是指数量相差为1的两个自然数。比较相邻两数的能力，就是知道相邻两数之间多1和少1的关系。(关于相邻数的概念似乎有争议，金浩主编的《学期儿童数学教育概论》中指出：相邻数是一个数与相邻两个数的关系，即三个数之间的关系。)

相邻数是幼儿数概念形成的一个标志。幼儿掌握了相邻数，说明幼儿已经在数与数之间建立了初步的关系，即可以看成是对数的实际意义的进一步理解，也是理解自然数列间关系的最初形式。

幼儿在4岁以后逐渐具有了比较10以内相邻数“多1”“少1”的能力。随着认数范围的扩大以及对数的形成的运用，幼儿能逐渐理解相邻的两个数之间的“多1”和“少1”的关系。但这时理解两数之间的关系还需要借助实物并依靠计数来完成，幼儿还没有真正建立起10以内自然数列之间等差关系的概念。

(四)幼儿对序数的认识

幼儿认识序数比认识基数晚，因此，认识序数要在认识基数的基础上进行。一般3岁的幼儿没有次序的观念，不能区分基数和序数；4岁以后序数概念逐渐发展起来；到了5～6岁，幼儿多数能掌握10个以内物体的排列顺序，与此阶段认识10以内基数能力的发展相适应。

(五)幼儿对数的组成的认识

数的组成包括数的分解和组合，是指一个数(总数)可以分成几个部分数，几个部分数又可以合成一个数(总数)。幼儿学习数的组成只学习一个数和它分成的两个部分数之间的关系即可。

幼儿掌握数的组成是数群概念的发展，也是进一步理解数之间关系的标志。

1. 幼儿学习数的组成的意义

(1)有助于理解数的组成中蕴含的逻辑关系

数的组成包含三个数群之间的关系，三个数群之间还存在着等量关系、互补关系、对立关系和互换关系。这三个数群之间的关系，也就是总数和部分数、部分数和部分数之间的关系。总数可以分成两个部分数，这两个部分数合起来等于总数，这是总数和部分数之间的等量关系。相对总数而言，一个部分数补上另一部分数即得总数，这是部分数之间的互补关系。在总数不变的情况下，一个部分数逐一减少(或增加)，则另一个部分数就逐一增加(或减少)，这是两个部分数变化的对立关系。两个部分数交换位置，总数不变，这是两个部分数的互换关系。数群之间的等量、互补、对立和互换关系，是蕴含在数的组成中一种带有普遍性的规律，幼儿只有理解了这些关系，才能掌握数的全部组成形式，才能顺利达到完全理解数概念的水平。

(2)为理解加减运算奠定基础

数的组成是一种抽象水平上的运算活动。因此，幼儿在抽象概念水平上掌握数的组成之间的数量关系，也就掌握了加减中数群的关系，为掌握加减运算奠定了基础。

(3)可以促进幼儿思维能力的发展

幼儿掌握数的组成，在心理上是对总数和部分数几种关系的综合反应。综合反应是指幼儿必须同时掌握并运用三个数群之间的关系，才能做到完全掌握数的组成①。幼儿在感知、理解和运用这几种关系时，其思维能力也就得到了相应的发展。

---

① 林嘉绥．儿童对部分与整体关系认识发展的实验研究——4～7岁儿童数的组成和分解．心理学报1981年第2期.

2. 幼儿学习数的组成的发展水平及特点

幼儿学习数的组成经历了从具体到抽象的认知发展过程。幼儿4岁半以前完全不能理解数的组成，他们随意摆弄物体，即使有的幼儿能在行动上将一个数分成两个部分数，但口头上却不能正确表述出来。5岁以后，幼儿开始初步理解数的组成，但不全面、不稳定，靠直觉感知，不能完成所有的组成形式。5岁半以后，幼儿数的组成能力得到较快发展，到6岁半左右能达到基本掌握的水平。

综上所述，幼儿形成初步数概念有以下几个标志：一是掌握10以内数的实际含义；二是认识10以内相邻数的关系；三是掌握10以内数的组成。

二、幼儿10以内数运算的认知特点

(一)幼儿10以内加减运算能力的一般发展过程

幼儿加减运算的发展，可以从具体到抽象、从逐一加减到按数群加减这两个方面予以考查。这两方面的发展从不同角度反映了幼儿思维抽象性逐渐发展的轨迹与水平。

1. 从具体到抽象的过程

幼儿加减运算概念的发展过程可划分为动作水平的加减、表象水平的加减和概念水平的加减三个层次。

2. 从逐一加减到按数群加减的过程

幼儿学习加减法要经过从逐一加减到按群加减的发展过程，这一过程从形式上看是运算方法问题，实质反映了幼儿在加减运算中思维抽象性的不同水平。

(二)幼儿10以内数加减运算的年龄特点

上面提到了幼儿加减运算概念两个方面的一般发展过程，具体到幼儿身上，它是相互联系、相互制约的，表现出了幼儿掌握加减运算的年龄特点。

4岁以前的幼儿不会自己动手将实物分开或合拢，他们不理解加减的含义、数运算对于这个年龄的幼儿来说是很困难的。

4～5岁的幼儿一般会自己动手将实物合拢或取走以后进行加减运算，但这时必须运用实物从头开始逐一计数才能得出结果。他们对抽象的加减不感兴趣，也不理解。但值得注意的是，4岁以后的幼儿已经具有初步运用表象进行简单加减运算的能力。

5岁以后，幼儿能把学习到的顺接数和倒数运用到加减运算中去，多数幼儿可以不借助摆弄实物，而是眼睛注视物体，心中进行逐一加减运算。5岁半以后，随着数群概念的发展，他们运用表象解答口述应用题的能力得到进一步提高，特别是学习了数的组成以后，通过教师指导可以运用数的组成知识进行加减运算，实现了从逐一加减向按数群运算的水平发展。

(三)幼儿10以内数加减运算的认知特点

1. 学习加法比减法容易

数的加法运算和减法运算有着同样的逻辑基础，减法作为加法的逆运算，它应该和加法同时为幼儿所掌握，但实际情况却是幼儿学习加法比减法容易。一方面幼儿受生活经验的影响，生活中是先接触加法再接触减法的，且接触加法多于接触减法；另一方面与计数方法有关。进行加法运算可以运用顺数来完成，而进行减法运算却要运用倒数来解决，对于幼儿而言，倒数就比顺数难。更重要的是，幼儿用数的组成进行减法运算时，需具备对两个数群关系进行逆向思维的能力。实际上，幼儿掌握数群之间的逆反关系要难于等量关系。很多幼儿在解决减法问题时常常是做减想加，由于幼儿思考时需要做一逆转，故幼儿学习减法难于加法。

2. 学习加小数、减小数的问题容易，学习加大数、减大数的问题较难

幼儿在学习加法时，大数加小数容易掌握，而小数加大数则感到困难。在学习减法时，减数小容易掌握，减数大则感觉困难。这可能与幼儿已有的数概念的经验有关，幼儿在认识基数和序数时，对相邻两数的数差关系，相邻数之间的数差关系和10以内数序的等差关系已有认识，以及顺数、倒数等的学习，这些经验能帮助幼儿解决加小数、减小数的问题。相反，加大数、减大数则不太容易运用上述经验来解决，故幼儿学习起来比较困难。

3. 理解和掌握应用题比算式题容易

由于应用题是以人们熟悉的生活情境表述数量关系和解答的数量问题，这种寓加减运算于生活情境中的题目，为幼儿表象的积极活动提供了素材，有助于幼儿较好地理解应用题中的数量关系，从而较易解决应用题中提出的问题。而加减算式是以数字和符号组成的，它既无事物的直观性，又无表象作为思考的依托，故幼儿在理解和解答上会存在一定的困难。①

三、幼儿口述应用题的认知特点

应用题是根据日常生产和生活中的实际问题，用文字或语言表达数量关系的题目。它包括情节和数量关系两个部分，二者缺一不可。数量关系中又包括已知条件和未知问题。幼儿学习的应用题是语言叙述的应用题，也称口述应用题。

(一)幼儿口述应用题的意义

1. 为掌握加减运算奠定基础

口述应用题能帮助幼儿较容易而准确地理解加法和减法的含义及有关运算符号，

① 张慧和，张俊．幼儿园数学教育．北京：人民教育出版社，2008.

是幼儿掌握加减运算的有力工具。我国在长期的教育实践中也以口述应用题为手段，帮助幼儿理解加减的含义，掌握10以内数的加减运算。

2. 促进幼儿思维能力的发展

(1)口述应用题能促进幼儿抽象思维能力的发展。加减运算是在头脑内部把数进行组合、分解而实现的一种智力运算，它要求具有较高的抽象思维能力。而口述应用题能唤起幼儿头脑中有关加减情境的表象，是幼儿掌握加减运算由具体过渡到抽象的中介和桥梁，能促进幼儿抽象思维能力的发展。

(2)口述应用题能促进幼儿分析、综合能力的发展。这是因为应用题和算式题不同，算式题的数量关系和计算方法是由数字和符号直接表示出来的，无需考虑算法，而应用题的数量关系和算法则隐含在情节之中，幼儿需按情节分析数量关系，才能正确选择方法并列出算式、阐明理由，而这一过程实质上就是一个对应用题中的已知数之间及已知数与未知数间数量关系的分析、判断、综合的思维过程。① 另外，教师的启发、引导也能使口述应用题充分发挥其促进幼儿分析、综合能力发展的作用。

(3)口述应用题能培养幼儿的推理能力。口述应用题中的情境为幼儿提供了丰富的感性经验，有利于幼儿对其中的数量关系的理解，也为幼儿运用已有知识解决新问题创造了条件，从而促进了幼儿推理能力的发展。

(二)幼儿口述应用题的认知特点

1. 易受情节的干扰

幼儿在开始解答与生活有联系的加、减法应用题时，往往会受到题目中情节内容的干扰，不会注意题里的数量关系和要计算的是什么问题，有时还会被题中的情节和事实内容所吸引而忘记计算的任务。

2. 对应用题结构的理解能力较差

这一特点主要表现在自编应用题中。幼儿一般能凭借生活经验解答口述应用题，但幼儿自编应用题时，不能完全掌握应用题的结构，编的题目结构不完整，如没有提问或题目中出现结果，有的情节甚至违反生活逻辑和自然规律。这些情况在减法的编题中更为突出。

第三节　幼儿认识10以内数概念的活动指导

有关数概念的早期教育是幼儿园数学教育中的一个重要方面。在教学中，不仅要使幼儿学会数数，理解数的实际意义，知道数的大小和顺序，还应当帮助幼儿掌握10以内数的组成以及数字的认读和书写。因此，幼儿10以内数概念的教育活动包括以下

① 黄瑾．学前儿童数学教育．上海：华东师范大学出版社，2007.

几个方面的内容：10以内的数(基数、序数、数的实际意义、数量的比较与守恒、相邻数、单双数等)；计数(按物点数、目测数、按群数等)；10以内数的组成与分解；10以内数字的认读和书写。

一、感知10以内数概念的活动内容与要求

(一)小班

1. 初步认识5以内基数的实际含义，会手口一致地点数5以内的物体并说出总数，能按实物范例和指定的数目取出相应数量的物体；

2. 会运用各种感官感知数量在5以内的事物，比较5以内数量的多少。

(二)中班

1. 认识10以内基数的含义，会正确点数10以内的物体并说出总数，会按要求取出10以内的物体；

2. 认识10以内的数字并能正确认读，理解数字的含义，会用数字表示物体的数量；

3. 学习目测数群，学习10以内数的守恒，能不受物体的大小、形状或排列形式等外部因素的影响，正确判断10以内物体的数量；

4. 理解10以内相邻两数间“多1”和“少1”的关系；

5. 认识10以内序数，会从不同方向确定物体的排列次序，并能用序数词正确表示。

(三)大班

1. 学习10以内的单双数、相邻数及认识零；

2. 学习按群计数，能以2个或5个物体为单位进行计数；

3. 学习10以内数的分解和组成，理解总数与部分数之间的等量、互补、互换关系；

4. 学习正确书写阿拉伯数字，掌握正确的笔顺，书写工整、规范，姿势和握笔方法正确。

二、幼儿感知10以内数概念的活动指导

(一)计数的活动设计

计数活动是幼儿形成数的初步概念的基本活动，计数活动有着丰富的内容。从计数活动的结构来看，可以分为内容和动作两个方面。内容方面主要指唱数、点数(包括按物取(说)数/按数取物)、目测数、按群计数；动作方面主要指手的动作(触摸物体—指点物体—用眼代替手区分物体)和语言动作(大声说出数词—小声说出数词—默数)。

教师可以按照从易到难、从简单到复杂、从具体到抽象的顺序，来安排计数活动。具体为按物点数(按物取(说)数、按数取物)、目测数、按群计数。

1. 按物点数说出总数

按物点数说出总数是幼儿数数活动的基本方式，是幼儿认识数的实际含义的基础。

(1)结合幼儿的年龄层次，引导幼儿学习不同的点数方法

幼儿计数能力是逐步提高的，教学中，教师可根据不同年龄幼儿的水平，引导幼儿运用不同的方法进行点数。

小班幼儿学习点数5以内的物体。幼儿最初学习按物计数与说出总数是一个连续的过程而不是同一过程，如果同时要求掌握逐一点数和说出总数有困难，教学可分两步。第一步，教师示范讲解点数，幼儿说出总数。小班幼儿由于刚接触计数活动，经常出现手口不一致的现象，教师可结合具体实物演示讲解点数方法：将物体排成一行，从左向右用手指着物体一个一个点数，点一个说一个数词。为突出强调点数的最后一个数就是表示物体的总数，每次点数完教师都要一边用手指划一个圈，一边提问“一共有几个?”让幼儿说出总数。第二步，幼儿自己动手学习点数后说出总数。在进行数次演示讲解后，教师向幼儿提供材料，让幼儿从模仿到独立地练习按物点数。同时提醒幼儿，每次点数完都要说出一共有几个或在物体旁边放上数卡表示物体的总数。操作中，为提高幼儿点数的兴趣，点数方式可以变化，可边移动物体边数，也可只用手指点数物体或边取放物体边点数。

中班幼儿学习点数10以内的物体，点数的方法可变得多样化。除了从左向右点数一横排的物体，还可以让幼儿点数竖排的物体、多排的物体或练习按范例数量取物(如“这张图片上有多少个杯子，你就数出多少个蘑菇，再把它们拿来”)和按数取物等。当幼儿比较熟练地掌握手口一致地点数物体的技能后，教师可以进一步要求幼儿摆脱手的指点而只用眼睛点数物体的个数。刚开始时，幼儿会感到困难，容易发生错误，教师可以教他们用点头动作来帮助眼睛点数。在大班，可以进一步教幼儿学会默数(或心数)，即数数时不运用外部语言(口不说出数词)。开始时，可先让幼儿将音量放低小声数，再要求他们不出声只动嘴唇来数，最后发展到心里的默数，达到“目测并直呼总数”的水平。

(2)结合各种操作材料练习，帮助幼儿理解数的实际意义

计数是手段，说出总数，理解数的实际含义才是目的。为了帮助幼儿理解数的实际含义，按物点数活动中，教师提供给幼儿的计数材料或教具的设计显得尤为重要。

小班幼儿学习了按物点数的技能后，教师可让幼儿点数多种实物，如花、树、水果、动物、食品(糖果、点心)、服装、玩具等，并在数数的过程中，多问“一共有几个?”使幼儿明确“最后数的数就是物体的总数”。操作材料的多样性，可让幼儿初步体会到一个数可以代表相同数量的任何物体的个数(基数的实际含义)。在中班，除了让幼儿数不同的物体外，还可以让幼儿数不同颜色、不同大小的或不同形状的同类物体，初步渗透数量守恒的教育。例如6以内的数数，设计的教具如图5-4所示。

在大班，可增大点数的难度，给幼儿呈现不同排列形式和空间大小的不同类物体作计数材料，进一步提高幼儿点数的能力。如点数项链上的珠子、玉米棒的玉米等(圈形)；点数一束花的花朵、一群鸟的数量等(聚合形)；点数活动室里的椅子、分布在活动室各区角的小朋友等(分散形)。

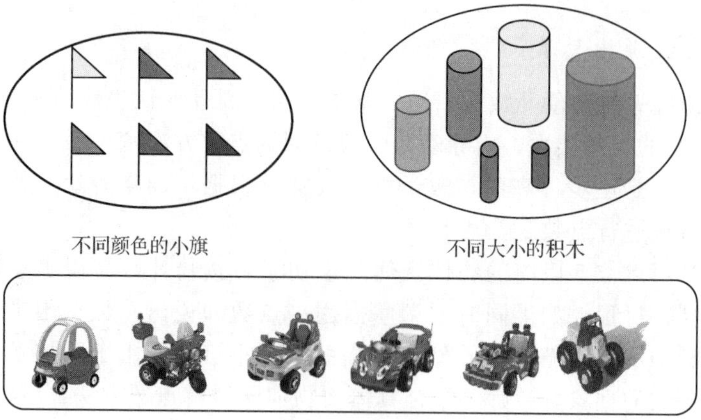

不同颜色的小旗　　不同大小的积木

不同形状的玩具

图 5-4

通过以上数数活动，可使幼儿逐步学会不受物体颜色、大小、形状或排列形式的干扰，正确判断物体数量，掌握数量的守恒，从而在数数的过程中真正理解数的意义。

(3)组织多种形式的活动复习巩固

引导幼儿按物点数和认识总数后，教师还要组织多种形式的活动帮助幼儿进行复习巩固，加深幼儿对数的实际含义的理解。通常可以采用以下两种活动方式。

①运用各种感官计数

运用听觉感知数量，指让幼儿边听声响边计数。如“听铃声报数字”“听节奏配数字”等活动；运用触觉感知数量，教师可把小石子、小贝壳、珠子、扣子等体积较小的物体，装进小布袋、纸盒、宽口瓶子等容器，让幼儿不用眼睛看，用手摸一摸判断物体的数量；运用运动觉感知数量，教师说出某个数词或者出示某个数字，让幼儿做出相应次数的动作，如“看数卡学动物叫”“看数卡拍手”等；同时运用多种感官感知数量，教师设计一定的活动，让幼儿同时动用两种以上的感官，对一定的数量进行感知，如“听听做做”，教师放歌曲，要求幼儿按听到的歌曲内容做相应次数的动作。

②组织幼儿按物取数、按数取物

当幼儿可以按物点数后，教师可以安排按物取数、按数取物的活动。按物取(说)数指幼儿根据物体的数量取出(说出)相应的数字。按数取物指幼儿根据数取出相同数量的物体。比如，教师口头说数词 6，幼儿拿出 6 朵花。

教师可以设计和组织各种操作活动或游戏活动让幼儿按物取数、按数取物。如“小小统计员”，教师在“快乐的运动场”的运动场背景上任意粘贴运动的器械和锻炼的人物，让幼儿观察点数参加各种运动项目的人数，然后运用自己喜欢的方式(数字符号或图画等)记录观察结果；“看数字盖印章”，为幼儿提供点子印章或实物印章，让幼儿动手自由选用印章，在写有数字的卡纸上盖相应数量的同样物体等。

2. 目测数数

目测数数是指不用一一点数的方式，而是用眼代替，在心中默数，并说出总数。对幼儿进行目测数数的培养，是提高幼儿计数能力很重要的一个方面，而且还可以让幼儿体会到不同计数方式的乐趣。目测数数活动设计的要点主要包括以下三点。第一，制定适宜的活动目标。幼儿在2岁时，能准确目测1～3个物体，3岁半增长到3～4个物体，因此，教师应根据幼儿年龄和水平制定目测数活动目标。一般来说，小班的目测数为1～3个，中班目测数为1～5个。第二，从点数到目测数数需要有一个逐步发展的过程，在过渡的阶段可以引导幼儿学习用"接数"的方法，即先目测一部分，再接着数完全部的方法。随着幼儿计数能力的提高，逐步增加目测部分的数量，逐步培养幼儿达到"目测并直呼总数"的水平。第三，与生活结合，选择熟悉的材料和场景练习目测数数。幼儿在家中、幼儿园、户外常见的物品和人物都可以作为目测材料，例如水果、玩具、食品(糖果、点心)、植物、动物、椅子、桌子等。

3. 按群计数

按群计数是计数时不以单个物体为单位，而是以群体(物体群)为单位，如2个2个数，5个5个数等。这表明数对幼儿来说已具有更加抽象的性质，因为数群概念是指能将代表一个物体群的数作为一个整体去把握，而不需用实物和逐一计数确定物体群的数量。按群计数是大班的活动重点。学习按群计数，首先要帮助幼儿建立数群的概念。例如，学习2个2个数数时，教师可结合实物演示先将物品2个2个摆放，以2为单位分群，然后再引导幼儿把2个物体作为一个整体去点数，2，4，6，8，…幼儿建立了数群概念后，教师应该提供和创造各种各样的操作活动或游戏活动，让幼儿练习按群计数，提高幼儿按群计数的能力。此外，还可以把按群计数渗透到幼儿的日常生活中去，如平时幼儿园生活中的点名、统计人数、搬小椅子等环节都可以充分利用。

4. 数的守恒

幼儿在计数过程中容易受到物体大小或排列形式的干扰。如幼儿会认为6个苹果要比6个草莓数量多；又如将一组排列得比较紧凑的物体，拉宽距离变得排列松散一些，幼儿往往会认为它们是不一样多。因此，要使幼儿学会不受物体大小或排列形式的干扰，正确判断物体的数量是幼儿真正掌握计数的一个重要标志，即获得数量守恒概念。学习数的守恒是中班的教学内容。为使幼儿获得数量守恒概念，计数活动中，教师提供给幼儿的计数材料或教具的设计非常重要。教师应当给幼儿呈现不同排列形式和空间大小的计数材料。

(1)选择颜色、大小、形状不同的同类教具让幼儿数数，以排除颜色、大小、形状的干扰。例如6以内的数数，设计如图5-5所示的教具。

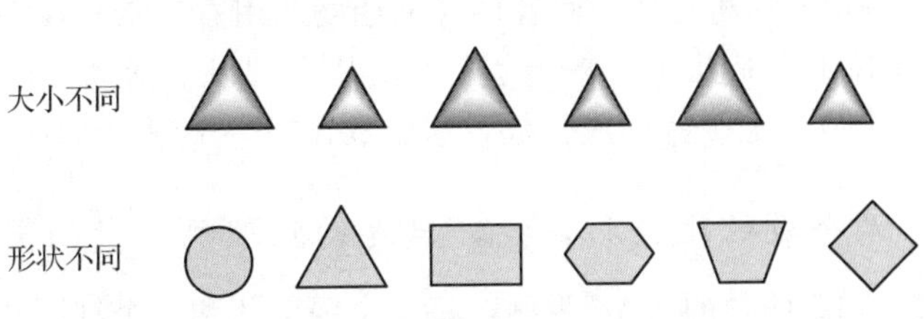

图 5-5

(2)选用同样颜色、形状、大小的物体，改变排列形式学习守恒，以排除排列形式的干扰。如图 5-6 所示。

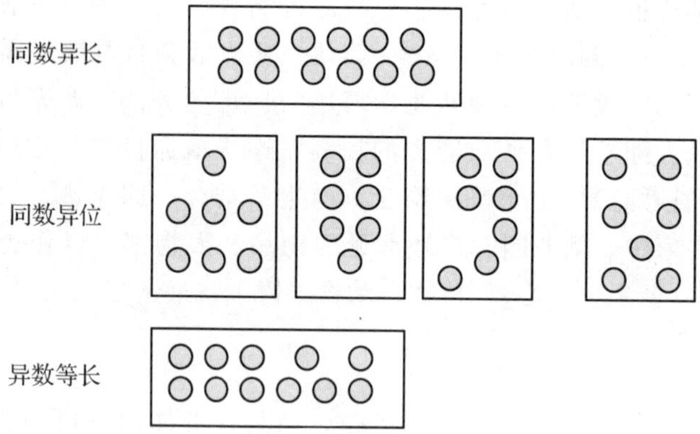

图 5-6

(3)选用不同物体、不同大小、不同颜色和不同排列方式等综合因素进行守恒练习。如图 5-7 所示。

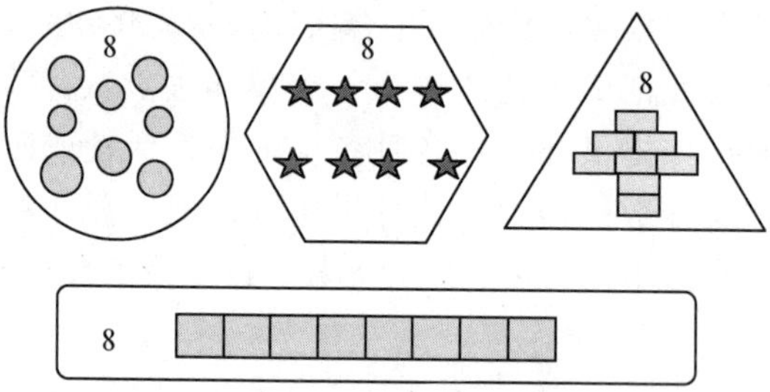

图 5-7

(二)比较数的大小

幼儿数学教育中“比较数的大小”活动的重要内容是比较 10 以内相邻两个数的大小，理解相邻两数之间“多 1”和“少 1”的数差关系。幼儿只有认识数与数之间这种“多 1”或“少 1”的数量等差关系，才能真正理解自然数的排列顺序，才能真正掌握数序。比较相邻两个数大小的活动通常与计数活动相结合，可参考以下思路来设计和组织活动。

1. 利用数的形成直观呈现相邻两数及其大小关系

例如比较 4 和 5 两数的大小，教师先请幼儿各自摆出 4 个雪花片，点数后说出总数。让幼儿再添上一个雪花片，点数后说出总数，提问：“原来 4 个雪花片添上 1 个是几个？5 个比 4 个多几个？”幼儿讨论回答后，又让幼儿用右手掌扣在一个雪花片上，提问：“5 个雪花片扣掉 1 个是几个？4 个比 5 个少几个？”以上活动，可以使幼儿在直观的条件下，看到一个数添上 1 就形成新数，这个数比前一个数多 1。

2. 通过相邻两个数的比较和转换，启发幼儿理解两数的大小关系

继续以“比较 4 和 5 两数的大小”为例，将 4 个绿圆片和 5 个红圆片用并放对应排成

两排，引导幼儿观察两组圆片数量上有什么不同。当幼儿确切地说出两组圆片的数量相差 1 个，即一组多 1 个而另一组少 1 个时，教师可提出问题：谁有好办法，让绿圆片、红圆片变成一样多？进而引导幼儿通过思考和操作发现，在少的一组添上 1 个或在多的一组拿去一个，都能让两组圆片的数量变成一样多，这样让幼儿从中感知到相邻两数的数差关系。教师还要利用各种活动巩固幼儿对两数关系的认识。

(三)认识相邻数

认识相邻数，是使幼儿理解一个数与相邻的两个数之间的关系，即比前一个数多 1，比后一个数少 1。相邻数的教学一般安排在大班，可以在小、中班认数时，让幼儿初步理解前后两个数的“多 1”“少 1”的关系，然后在大班再教幼儿认识三个数之间的相邻关系。

10 以内的相邻数可分阶段进行教学。5 以内相邻数的教学进展可以慢些，结合直观教具和生活情境，尽量让幼儿多观察、多操作，帮助幼儿掌握比较相邻数的规律。在这个基础上进行 6～10 相邻数的教学，不仅进度可以加快，而且可以用启发探索的方法，启发幼儿运用相邻数的规律去认识新的相邻数，促进幼儿知识的正迁移和推理能力的发展。

学习三个相邻数活动可以按以下步骤进行。

1. 从整体入手，让幼儿在 1 到 10 的数列中初步了解相邻数的含义

教师带领幼儿以唱数和点数的方式复习数字。例如出示数字娃娃(数目可根据课堂内容确定)，数字娃娃可结合实物图展示，请幼儿按从小到大的顺序排好并说说为什么这样排，以此复习 10 以内相邻两数“多 1”“少 1”的关系。接着请幼儿找找每个数字宝宝的邻居，有了直观教具的演示，幼儿比较容易发现“数字 2 的邻居是前面的 1 和后面的 3，数字 3 的邻居是前面的 2 和后面的 4”，以此类推，幼儿知道了在数列中，一个数的邻居是它前、后的两个数，这样幼儿就对相邻数有了初步的直观了解。

2. 从个别入手，找出其中的规律性

以一个数字为例，引导幼儿观察相邻数的图片，找出三个数的大小规律，即中间一个数(除 1 外)比前面一个数大 1，比后面一个数小 1。比如认识相邻数 1，2，3，引导幼儿看实物图(如图 5-8 所示)比一比，启发幼儿发现相邻两数之间的“相邻”关系：2 比 1 多 1，2 比 3 少 1。并会根据数的大小规律明确数字的顺序，1 比 2 小，所以 1 放在 2 的前面，3 比 2 大，所以 3 放在 2 的后面，这样排下来就是 1，2，3。

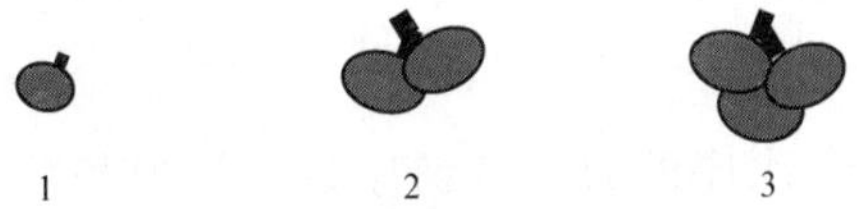

图 5-8

3. 引导幼儿将个别验证的规律放回整体，得出结论

用类推的方法，引导幼儿比较并得出 3，4，5，…各数与自己前、后相邻两数之间“多 1”“少 1”的关系，并进一步启发幼儿发现并归纳出相邻数之间的关系：一个数的相

邻数就是和这个数紧挨在一起做邻居的两个数，这个数比它前面的一个相邻数多1，而又比它后面的一个相邻数少1。

4. 复习巩固

幼儿每学习一个数的相邻数之后或者学完了10以内各个数的相邻数之后，应采用各种方式予以练习和巩固。采用的比较多的是操作和游戏活动。例如“找朋友”游戏：教师举起一张数卡或说一个数字，幼儿举起和教师举的或说的数相邻的两张数卡。再如“问答”游戏：教师边拍手边说：“小朋友，我问问你，4的好朋友是几和几?”幼儿拍手并回答：“老师，我告诉你，4的好朋友是3和5”。“开飞机”游戏：幼儿每人一张数字卡(或圆点卡)戴在胸前，围成一圈，请一个幼儿(或几个一样数字)幼儿在圈内边飞边说儿歌。“我是3号小飞机，要送小朋友旅游去，来、来、来、来、来、来，3的好朋友站圈里。”念完后，3的好朋友2和4赶快站圈里，如站对了，其他小朋友一起说“对、对、对，3的好朋友是2和4”，重复游戏。

(四)认识单双数

单双数的教育是奇数和偶数的教育，是大班幼儿的学习内容。对幼儿来说，单双数是个比较抽象的概念，如果单靠说教幼儿很难区分，因此，在“区分单双数”的教学中，值得教师注意的有以下几个方面。

1. 单双数的概念“能被2整除的正整数是双数；不能被2整除的正整数是单数”，对逻辑思维比较弱的幼儿来说，是抽象的概念。教师在帮助幼儿形成对单双数的确切概念时，可借助幼儿在学习“按群计数”中“2个2个数”的计数经验，结合“实物两两配对”游戏，给幼儿做如下解析和归纳：如果将一组物体两两配对时正好配完，则这组物体的个数是双数；如果将一组物体两两配对时总多一个，则这组物体的个数是单数。

2. 应通过具体实物的演示或操作，帮助幼儿确切理解单双数的概念，能够区分10以内的单双数。例如教师可提供两组玩具给幼儿，一组玩具中各种物品的数量都是单数，另外一组玩具中各种物品的数量都是双数，让幼儿给玩具两两配对，找出规律，区分单双数。

3. 复习时，应尽量采用多种教学形式和手段加以巩固，如游戏、寻找等方法，也可以结合其他数学教学内容来进行。

4. 将“区分单双数”的内容融入幼儿的生活，尤其是通过幼儿亲身感受和体验的身边活动和游戏。如生活中成双成对的物体(袜子、鞋子等)、小朋友的学号、电话号码、街道两侧的门牌号码(一边是单号，一边是双号)等都是很好的生活素材。

(五)认识序数

序数是表示集合中元素次序的数。认识序数以认识基数为基础，因此，序数的教学一般安排在学习基数之后，通常在中班进行。

10以内序数的教育分两阶段进行，先认识5以内的序数，再认识10以内的序数。

1. 结合多种样式的教具排列，明确序列的起点和方向

序数的核心是掌握排列的起始点和方向。因为物体排列的位置可以因为起始点和

序列的方向不同而不同。如一横排的物体，从左到右，排在最左边的是第一，反过来数，它又成为最后；楼房的层次应从下面开始，最下面的是第一层；小朋友爬山，最高的是第一，等等。因此，教幼儿学习序数时，要让幼儿明确从哪里数起，按什么方向数，是从左到右、从上到下，还是从前到后等，帮助幼儿学会从不同方向确定物体的排列顺序和序数的位置。往往先学习从左往右的排列顺序，再学习其他方向的排列顺序，最后进行综合练习。

教学时，教师可以结合多种样式的教具排列，帮助幼儿明确序列的起点和方向。排列可以有横的、竖的单排，也可以有表格式的排列，如图 5-9 所示。

图 5-9

例如"帮小动物找家"活动中，可以把小动物的家设计为：有五间房子的平房一座；高五层、每层只有一个房间的高楼一座；高三层、每层有两间房子的高楼一座。

2. 演示讲解，帮助幼儿理解序数的含义

初次学习序数，幼儿往往不容易立即说出物体在第几个位置上。在活动中，教师可结合教学具的演示讲解，引导幼儿用计数的方法来确定物体的位置，帮助幼儿理解序数的含义。例如"给小动物排队"的游戏，教师带领幼儿帮 5 个玩具动物排好队后，引导幼儿边观察边思考"怎样判断每个小动物的位置?"启发幼儿用计数的方法判定物体排列的次序："从第 1 开始数，第 1、第 2、第 3…数到第几，这只小动物就是排在第几位。"然后，教师不断变换小动物的位置，并反复提问，可从不同角度提问，比如问"××小动物排在第几"；或者问"第×个位置上是什么小动物"；还有抽象判断的提问，比如"第 2 前面是第几"等。让幼儿在不断的回答中，理解序数的含义。

3. 游戏和操作，加深幼儿理解序数含义

让幼儿在游戏活动和自身的操作过程中进一步理清序数的概念也是一种有效的教学手段。如教师可以组织幼儿玩"坐火车"的游戏①，把 10 个小椅子排在一起，第 1 个椅子背上贴"火车头"的图片，然后请 10 个幼儿取好"车票"，根据车票号码上火车，坐在

① 黄瑾．学前儿童数学教育．上海：华东师范大学出版社，2007.

位置上，其他幼儿帮助检查坐对了没有。这种游戏让幼儿亲自感受序数的含义，以加深对序数的认识。又如在区角活动中，发给幼儿每人 5 张不同的小动物卡片和 1 张 5 层楼房的卡片，按“请××动物住在第几层”的要求，将动物卡片放到楼房卡片的对应层上。

4. 结合日常生活，在多种场合使用序数

在幼儿的实际生活中，经常会接触到与序数有关的内容。教师可以结合日常生活，在日常生活中的许多情境和背景中有机地、随时地渗透序数概念的教育。如上下楼梯、散步、排队、体育竞赛的名次、认识门牌号码、电影院的座位号等生活环节都可以充分的利用。

(六)10 以内数的组成与分解活动

数的组成是数的概念教育中的一个重要部分。通过学习组成，可以使幼儿掌握数的组合与分解，有助于加强幼儿对整体与部分、部分与部分之间的抽象关系的理解，进一步加深对数概念的理解，并为学习数的加减打下基础。数的组成的活动通常在大班进行。

1. 让幼儿充分操作，积累分与合的经验

幼儿学习数的组成包含着对数的分解和组合的认识。学习组成最好的方法是让幼儿操作，通过自身的体验去发现数的分合规律。教师可以向幼儿提供大量有关分合的操作材料让幼儿进行各种探索活动，如“分水果”“剪贴格纸”“撒花瓣”“分玩具”“翻瓶盖”“组成连线”等，使幼儿通过这些活动理解分合的意义，从而理解数的组成的含义。例如，5 的组成，提供给幼儿 5 个正面为红色、反面为蓝色的“双色花瓣”、笔、5 的分合记录单，如图 5-10 所示。

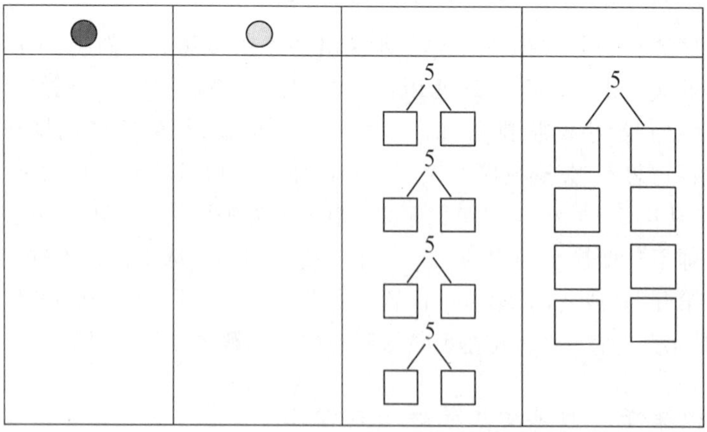

图 5-10

让幼儿自由玩撒花瓣，每撒一次后数数 5 片花瓣中几片红色，几片绿色，用印章在纪录单的红圆点和蓝圆点的记号下盖上相应数量的小圆点。接着在“ 5 ”符号下分别用数字表示旁边红圆点和蓝圆点的数量。然后把花瓣合拢，重复游戏。教师可提醒幼儿，把不一样的结果记下来，相同的结果不用重复记。

进行分合操作的实物载体可以是雪花片、纽扣、干果、种子、糖果、木棒等既能保证数量又容易准备的物品。在幼儿进行分合操作前，教师要向幼儿讲清操作的要求和规则：每次取相同的总数，分两份(所分的结果不能重复、遗漏)，点数每份物体数量，做记录，记录应与分的结果一致。

2. 探索发现数的组成的规律

进行分合操作后，幼儿初步理解了数的组成的含义。这时，教师应及时利用幼儿的记录资料和感性体验，结合讲解，帮助幼儿探索归纳数的组成的全部形式和互换、互补关系。

以学习 5 的组成为例，教师让幼儿充分地进行分合操作活动后，请幼儿将自己的记录单贴在教师预先准备好的“展示板”上。接着，教师用不同的方式引导幼儿进行相互交流和展示，并组织幼儿讨论：“5 个东西分成两份有几种分法？怎么分?”根据幼儿的回答，教师配上点子图，并有意识地按顺序排列出“5”的 4 种组合形式，如图 5-11 所示。

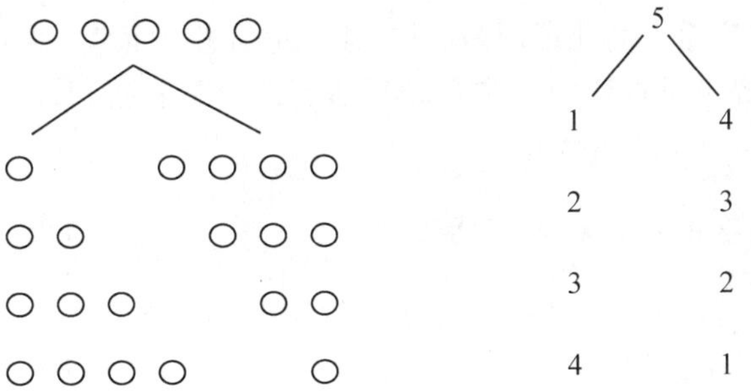

图 5-11

教师继续引导幼儿对这四种组合形式进行分析、比较和思考。可以提问幼儿“找找看，两边的数字有什么秘密吗?”在幼儿探索发现的基础上进行归纳：分出来的两个数，一个数减少 1，另一个数就增加 1，总数不变(互补关系)。再引导幼儿比较第一组和第四组、第二组和第三组的形式，总结出 5 可以分成 4 和 1 或 3 和 2，还可以分成 1 和 4 或 2 和 3，而 4 和 1、1 和 4、3 和 2、2 和 3，合起来都是 5。因此，我们可以只记住 2 组，就能想到互换位置的另外两组，这是数的组成的互换关系。

3. 运用多种方法复习巩固

在幼儿学习每一个数的组成之后，为了使幼儿熟练掌握数的组成形式，教师应运用多种方法引导幼儿进行复习巩固。可在上课时复习，也可在自由活动时间、日常生活等活动中复习。复习方法多种多样，如操作练习，教师说一个数，幼儿运用材料摆出这个数的任何一种或两种(甚至全部)的组成形式。再如游戏练习，种类很多，略举两种：(1)“找朋友”游戏，如练习 5 的组成，幼儿 8 个人一组，把两套 1～4 的数字卡片(共 8 张)分给幼儿，每人一张。放音乐，让幼儿拿着卡片随着歌曲去找和自己的数字卡片合起来是“5”的朋友，在所有的幼儿都找到“朋友”以后，让两个“朋友”拿起他们的数卡一起说：“5 可以分成几和几，几和几合起来是 5”。(2)猜数游戏，如复习 7 的组成时，教师将7颗纽扣分别藏在两只手中，幼儿伸出一个食指轮流点教师的左右手，边点边说儿歌："公鸡头，母鸡头，公鸡母鸡吃黄豆，请你猜一猜，黄豆在哪头?"当说到最后一字时，幼儿点到那只手，教师就把这只手张开，让幼儿看一看手中有几颗纽扣，然后幼儿要猜一猜教师另一只手中有几颗纽扣，猜对了，幼儿说出："几和几合起来是7。"还有填空练习和儿歌练习等。

4. 运用规律，迁移学习

10以内数的组成需要逐个认识。认识2～5的组成是组成教育的初始阶段，教师可以根据幼儿的水平，引导幼儿同时学习几个数的组成(如先学习2，3的组成，再学习4，5的组成)。也可以选择数量"5"作为幼儿开始学习数的组成的内容，当幼儿积累了"5的分合"操作经验后，可引导他们迁移运用5的分合的经验，让幼儿自己探索完成2～4的组合的学习。6～10的组成的认识，可以引导幼儿利用学习2～5的组成所获得的经验和知识，以及探索发现的数组成的"互换关系"和"互补关系"来进行。如学习9的组成时，教师可以启发幼儿运用对相邻两数"多1"和"少1"的认识经验，先找到"9可以分成1和几"，然后启发幼儿运用"互补关系"和"互换关系"，共同讨论、表达出9的全部形式，然后再提供材料让幼儿亲自动手进行分合操作加以检验。这样可以起到培养幼儿逻辑思维和推理能力的作用。

(七)10以内数字的认读和书写活动

数字是用来记数的抽象符号。幼儿学习认读和书写数字能巩固对10以内数的认识，提高对数抽象性的理解。数字的认读是指掌握、认识10以内的数字，并能用数字正确表示10以内物体的数量，这一内容一般安排在中班进行。数字的书写则放在大班进行，主要是让幼儿掌握正确握笔姿势和写字的规范。

1. 数字的认读

中班幼儿认读数字，最好结合认识10以内数同时进行。在认识数的实际含义、比较相邻两个数的大小、按数取物以及数的守恒等活动中，在运用实物进行的基础上，均可结合出现数字，一方面认读了数字，同时又使幼儿知道每个数字所代表的物体数量。引导幼儿认读数字时应注意以下问题。

(1)用形象化的手段帮助幼儿记住字形

教幼儿认读数字前，教师可结合多种教具引导幼儿数数，出示数字。当数字符号出示后，教师可利用幼儿熟悉的事物与数字形象进行比较。在数字旁边配上熟悉事物的实物图让幼儿认读数字。在直观教具的启发下，幼儿很容易领会"1"像小棒，"2"像鸭子，"3"像耳朵，"4"像小旗，"5"像秤钩，"6"像哨子，"7"像镰刀，"8"像葫芦，"9"像气球，"10"像小棒和鸡蛋。为了提高幼儿的兴趣，教师还可以结合儿歌记诵的形式，让幼儿一边唱数字歌，一边配上相应的动作去熟悉字形。儿歌富有韵律的语言，生动形象的比喻，可强化幼儿的记忆。

数字歌①

1，2，3，4，5，我们都是好朋友，
6，7，8，9，10，一起来唱数字歌。
1，1，1，我是1，像支铅笔能写字；
2，2，2，我是2，像只鸭子嘎嘎叫；
3，3，3，我是3，像只耳朵听声音；
4，4，4，我是4，像面小旗飘呀飘；
5，5，5，我是5，像个小钩能钓鱼；
6，6，6，我是6，像棵小芽快快长；
7，7，7，我是7，像个镰刀割青草；
8，8，8，我是8，像个葫芦藤上挂；
9，9，9，我是9，像只气球空中走；
0，0，0，我是0，像个鸡蛋圆滚滚；
左边1，右边0，走在一起就是10。

(2)比较字形相近的数字，帮助幼儿分析区别字形

比较、区分外形容易混淆的数字是认读数字教学中的重点和难点。由于幼儿方位知觉发展不够完善，观察不仔细，对“2”与“5”、“6”与“9”等字形相近的数字容易混淆。因此，教学中教师对外形容易混淆的数字要多做比较和练习，帮助幼儿分析区别，正确认识。如区别“6，9”，可形象地比喻“小辫朝上666，尾巴朝下999”。比较“2”和“5”：“2”像鸭子水中游，“5”像鱼钩能钓鱼。

(3)让幼儿跟读，念准字音

在认读数字时，幼儿容易把“3”读成“山”，把“4”读成“市”，把“7”读成“西”，教师要注意纠正幼儿的发音，多让幼儿跟读，念准字音。

(4)认读数字联系具体实物

教幼儿认读数字时，可以引导他们联系周围事物，说出每个数字所表示的意思。例如认读“4”时，可以想小狗有4条腿，我家里有4口人；认读“5”时，可以想一只手有5个手指等。

(5)运用各种游戏练习巩固对数字的认读和理解

教学中可运用各种游戏练习计数和理解数字所表示的物体数量。例如看图找数字、按数画物、看数字找卡片、听声音或看动作找数字、看数字做动作、按数取物、按物取数等。

2. 数字的书写

数字的书写一般在大班下学期进行，数字的书写注重培养写字的规范和写字的姿势，书写数字不宜时间过长。教师可以通过示范讲解、带领幼儿在纸上练习来进行数字书写活动。

---

① 黄瑾．幼儿园数学教育与活动设计．北京：高等教育出版社，2010.

(1)教师示范讲解

①书写姿势

正确的书写姿势十分重要，它是写好数字的前提，也有利于保护幼儿的视力及身体健康。因此，教师应以正确的书写姿势做示范讲解，说明身体怎样坐，两手怎么放，笔应怎样握等。幼儿写字时，要经常提醒并及时纠正错误的写字姿势。正确的书写姿势为：坐时两脚自然平放地面，身子坐正，头要直，眼睛离纸面约一尺远(约一肘长)，胸部和桌面保持约一拳头的距离，本子摆正，左手轻按本子，右手握笔①。用拇指、食指和中指三个手指握笔，手指握笔部位约离纸面一寸，小指轻触纸面作为支点。为了便于幼儿记忆，可以编成儿歌②让幼儿诵读。例如：

小朋友，要记牢，写字姿势很重要。
写字时，脚放平，头不歪来身坐正。
手握笔尖两指头，胸离桌面一拳头。
眼离本子一肘远，写字姿势才好看。

②书写格式与笔顺

幼儿学习书写数字，应用日字格。教师可将田字格用两种颜色区分，结合汉字"日"字带领幼儿先认识日字格。然后在黑板的日字格(如图 5-12 所示)里边示范边讲解所写数字的字形特点与结构，数字在日字格中的位置比例，数字的笔顺，从何处起笔，向什么方向移动，如何拐弯，何处停笔等。例如"3"的写法，起笔不碰左边线，向上向右碰线，略成半圆(比 2 字上端的半圆小)，到中线以上停止，转向右下方碰右边线，向下碰线，弯弯地碰到右边线为止。上下都是大半个圆圈，但下面比上面大。

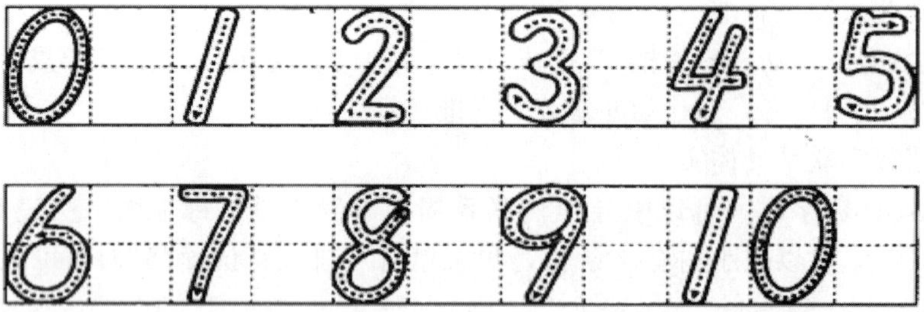

图 5-12

(2)幼儿书写练习

①书空练习。教师进行了示范讲解后，可带领全体幼儿用右手食指在空中或本子的范体字上作书空练习，以熟悉笔顺和笔画。

②试写。书空练习后，教师可以请一两名幼儿在黑板上的日字格中试写，组织其他幼儿讨论评价，再对重点和难点进行强调，帮助幼儿掌握书写要领。

③书写练习。在幼儿基本掌握书写要领后，教师可让每个幼儿开始自己练习书写。初写时，可先用模字本描写，帮助幼儿熟悉格式、笔顺，然后再在日字格上书写。写

① 张慧和，张俊．幼儿园数学教育活动指导．北京：人民教育出版社，2010.

② 张慧和，张俊．幼儿园数学教育活动指导．北京：人民教育出版社，2010.

前教师要提醒幼儿：要从左往右，一个一个写，一行一行写，一笔一划要工整，保持书写整洁，养成书写好习惯。

三、10 以内数概念的活动案例与评析

(一)按数取物活动案例与评析

表 5-1　按数取物

<table>
<tr><td>活动名称</td><td>小熊请客——小班数学活动</td><td>设计意图及评析</td></tr>
<tr><td>活动目标</td><td>1. 乐意参加按数取物的操作活动，体验成功的快乐。
2. 学习 4 以内数量的按数取物，进一步理解数的实际意义。
3. 能正确取放 4 以内数量的物体。</td><td rowspan="3">从情感态度、认知、能力三个维度提出本活动的目标。
小班幼儿已经开始掌握计数活动，并学会按要求进行计数，基本了解数的实际意义。幼儿已能手口一致地点数 3 以内物体的数量，并说出总数。教师根据幼儿计数能力发展的顺序：按顺序口头数数→手口一致地点数→点数说总数→按数取物，也能进一步帮助幼儿理解数的实际意义。</td></tr>
<tr><td>活动重难点</td><td>1. 重点：学习 4 以内数量的按数取物。
2. 难点：能正确取放 4 以内数量的物体。</td></tr>
<tr><td>活动准备</td><td>1. 幼儿经验的准备
能手口一致地点数 3 以内物体的数量，并说出总数。
2. 活动材料的准备
教具：表现小熊请客的情境图一幅；小鸡、小狗、小猫、小兔图片各一张；1 顶帽子、2 朵花、3 个气球、4 辆小汽车；数字卡 1～4。
学具：小鸡、小狗、小猫、小兔图片每组各一张；塑料玩具每组一筐。</td></tr>
<tr><td colspan="2">活动过程</td><td>设计意图及评析</td></tr>
<tr><td colspan="2">1. 出示情景图，引出活动内容。
(1)教师介绍情景图的内容：这是小熊的家。小熊准备请些朋友来家里做客。
(2)请幼儿猜一猜小熊会邀请哪些朋友。
2. 数朋友：学习手口一致地点数 4 以内数量的物体。
(1)请朋友：教师一一“请出”到小熊家做客的朋友。
教师逐一出示：小鸡、小狗、小猫、小兔的图片。
(2)数朋友：请幼儿数一数，小熊一共请了几位朋友？
先请幼儿尝试自己手口一致地点数说总数后，教师再带领幼儿手口一致地点数说总数，最后再请幼儿分组手口一致地点数说总数。在三种形式中，引导幼儿学习手口一致地点数 4 以内数量的物体。
3. 数礼物：巩固手口一致地点数 4 以内数量的物体。
(1)请幼儿观察礼物，说一说有什么礼物。
(2)请幼儿分别数一数各种礼物的数量，并用数字表示出来，巩固手口一致地点数 4 以内数量的物体。</td><td>教师出示情景图，并请幼儿猜测，主要是引发幼儿学习的兴趣。
在“数朋友”环节中，由于小鸡、小狗、小猫、小兔是幼儿熟悉又喜欢的小动物，小班幼儿“泛灵性”特点非常明显，教师特选择这几种动物为学习教具，让幼儿觉得很真实，易于活动的开展和推进。
“数礼物”是巩固幼儿 4 以内指定数量物体的点数。</td></tr>
</table>

续表

活动过程	设计意图及评析
4. 分食物：学习4以内数量的按数取物，进一步理解数的实际意义。 (1)教师介绍分食物的要求：请幼儿为小熊的每位朋友，分发4份它们各自喜欢的食物。 (2)教师带领幼儿按要求边分边数地为小熊的朋友分发食物。 (3)师生共同小结：小鸡喜欢吃小虫，小狗喜欢吃肉骨头，小猫喜欢吃小鱼，小兔喜欢吃胡萝卜。它们每人都有四份食物，都可以用数字4来表示。 5. 开心一刻：请幼儿根据要求取放玩具，巩固4以内数量的按数取物。 (1)请幼儿按要求(4以内数量)给小动物各发4个玩具，教师巡视指导。 (2)请幼儿按要求(4以内数量)收拾整理小动物相等数量的玩具，教师巡视指导。 延伸活动： 1. 引导幼儿在自己身上找朋友，并用数字1～4来表示。如：1个脑袋、2只眼睛等。 2. 结合教室里摆放的物体，帮助幼儿巩固4以内数量物体的点数，进一步理解数的实际意义。 3. 请家长在家也适当开展类似的活动。 活动设计：湖北省武汉市洪山区街道口幼儿园　韩元香	幼儿对活动中的几种小动物比较了解，特别是对它们各自喜欢吃的食物很清楚，分食物的环节很生活化，幼儿在生活化和游戏化的情境中，可以很自然地学习4以内指定数量物体的按数取物，进一步理解数的实际意义。 “开心一刻”环节中，请幼儿根据要求取放玩具，起到帮助幼儿掌握4以内数量的按数取物的本领。 延伸活动中，请幼儿从身体上、生活的环境中进一步巩固学习内容，真正体现了数学最终回归生活的教育观念。
在活动中，教师根据幼儿的实际水平和接受能力，以小熊请客的情境展开教学，帮助幼儿学习并掌握4以内数量的按数取物，进一步理解数的实际意义，体验数学学习的有趣。整个活动一共有5个环节。第一个环节是引出活动内容，第二个环节数朋友和第三个环节数礼物，是中心学习环节，教师引导幼儿学习并巩固手口一致地点数4以内数量的物体。第四、第五个环节是巩固延伸，引导幼儿学习并掌握4以内数量的按数取物，进一步理解数的实际意义。在活动中，教师充分创设具有生活化和游戏化的情境，让幼儿始终带着浓厚的兴趣参与活动，在不知不觉的过程中实现教育目标，促进幼儿发展。	

(二)数的守恒的活动案例与评析

表5-2　数的守恒

活动名称	学习6以内数的守恒——中班数学活动	设计意图和评析
活动目标	1. 对数的守恒的现象感兴趣，乐意与人交流自己的发现。 2. 了解数不受物体的颜色、形状、大小、空间摆放形式及空间距离等因素的影响，初步理解数的守恒的含义。 3. 能掌握6以内数的守恒。	从情感态度、认知、能力三个维度提出本活动的目标。

续表

<table>
<tr><td>活动重难点</td><td>1. 重点：初步理解数的守恒的含义。
2. 难点：掌握 6 以内数的守恒。</td><td rowspan="2">中班幼儿对数的形成已有一定的了解。学习 6 以内数的守恒，既可激发幼儿学数学的兴趣，又能让幼儿获得数量守恒的概念。活动设计主要是想帮助幼儿从活动的各个环节中，感受、理解守恒的含义，掌握 6 以内数的守恒。</td></tr>
<tr><td>活动准备</td><td>1. 幼儿经验的准备
幼儿对数的形成已有一定的了解。
2. 活动材料的准备
教具：6 只小鸟三种不同飞行队形表演的图片各一张；画有 6 朵蘑菇，但蘑菇的颜色、形状、大小以及空间摆放形式不同的图片各一张。
学具：幼儿人手一份操作图卡，每个幼儿的图卡内容、大小、颜色不相同，数量控制在 3～6 张范围内；纸张、笔人手一份。</td></tr>
<tr><td colspan="2">活动过程</td><td>设计意图及评析</td></tr>
<tr><td colspan="2">1. 复习 6 以内的数数。
教师带领幼儿边拍手边数，要求从 1～6。
2. 复习点数 6 以内的物体，感知 6 的守恒。
(1)看表演。森林召开运动会了，小鸟在进行三种不同飞行队形的表演。
(2)数小鸟。请幼儿数一数，一共有几只小鸟参加表演。
(3)师生共同讨论得出结论，无论排成什么样的队形，鸟的总数是不变的，都是 6 只。
3. 创设情境，学习 6 以内数的守恒。
(1)晒蘑菇：兔妈妈采了一些蘑菇要送给朋友，请小兔帮忙分一分。每个筐里要装 6 朵蘑菇，请幼儿帮忙检查，看小兔是否装对了。
(2)教师出示画有 6 朵蘑菇的图片，但蘑菇的颜色、形状、大小、空间摆放形式不同，请幼儿观察、比较。
(3)师生共同归纳：这些蘑菇，虽然它们的颜色、形状、大小以及摆放形式不同，但每筐蘑菇的总数都是 6 朵。只要是 6 个物体就可以用数字 6 表示。
4. 操作活动，加深幼儿对 6 以内数的守恒的理解与掌握。
(1)教师提出操作要求：将小图卡进行不同形式的摆放后，点数图卡数量并说出总数，并尝试记录自己的摆放形式。活动中，可与同伴交换图卡操作。
(2)教师根据幼儿能力情况，分发学具。
(3)教师巡视幼儿操作情况，并给予个别幼儿适当的帮助。
(4)展示幼儿的记录结果，请幼儿与同伴分享自己的活动感受与发现。
5. 请幼儿在教室里或生活中寻找相同数量的物体。</td><td>复习 6 以内的数数，是为后面的学习做铺垫。
第二个环节，教师用小鸟学表演的情境展开，让幼儿从更直观的队形变化和点数说总数过程中，使其亲身感受到虽然小鸟的队形不一样，但小鸟的总数量是不变的，还是一样多的。从而感知 6 的守恒。
第三个环节，教师引导幼儿自己观察，自己发现，共同归纳出数的守恒的含义：数不受物体的颜色、形状、大小、空间摆放形式及空间距离等因素的影响。
第四个环节，教师通过师生互动、生生互动，让他们尝试运用符号表示物体的数量、排列形状等，意在加深幼儿对 6 以内数的守恒的理解与掌握。
第五个环节，请在教室或生活中寻找数量相同的物体，主要是让幼儿理解数的守恒不受空间、距离的影响。</td></tr>
</table>

续表

延伸活动： 1. 在区角活动中，提供 6 颗围棋或其他的图片，请幼儿排列图案，看看能排出多少种图案，并尝试记录。 2. 在户外开展小组站队的游戏，进一步掌握数的守恒。 3. 指导家长带幼儿在家用玩具开展数的守恒的游戏活动。 活动设计：湖北省武汉市洪山区街道口幼儿园　韩元香	延伸活动是对学习内容的延续，激发幼儿再学习的欲望。
活动中能充分调动幼儿积极性、主动性，促进幼儿主动学习、主动探索。活动过程为感知守恒——学习守恒——巩固对守恒的理解与掌握。设计环节由浅入深、层层递进、紧扣活动目标，让幼儿跳一跳够得着的高度，有效达到了预设的各项目标。 让幼儿尝试记录自己操作的结果，尝试运用符号表示物体的数量、排列形状等，能进一步引领幼儿体验数守恒的有趣现象。活动中教师能启发幼儿，师生共同小结，及时归纳帮助幼儿梳理知识点，注重发挥师生互动、生生互动的作用。	

(三)按群计数的活动案例与评析

表 5-3　按群计数

活动名称	这样数数快——大班数学活动	设计意图及评析
活动目标	1. 愿意参与有一定挑战性的学习活动，对按群计数的活动感兴趣。 2. 学习将物体以 5 为单位分群，建立数群概念，并按群计数。 3. 初步懂得 5 个 5 个地按群计数，感知其数数方法的迅速。	目标是从情感态度、认知、能力三个维度提出。
活动重难点	1. 重点：学习将物体以 5 为单位分群，建立数群概念。 2. 难点：会 5 个 5 个地按群计数。	幼儿会唱数到 20；学习了 10 的分解组成，与这个活动有关的前期经验幼儿都已形成，可以尝试开展以 5 为单位分群，建立数群概念并按群计数的活动。
活动准备	1. 幼儿经验的准备 会唱数到 20；学习了 10 的分解组成。 2. 活动材料的准备 教具：20 朵桃花、桃子图片；数字 5 的卡片 4 张。 学具：幼儿每人 20 根小棒、橡皮筋一根；泡沫板每组一块，彩色旗子每组各 10 面或 15 面或 20 面。	

续表

<table>
<tr><th>活动过程</th><th>设计意图及评析</th></tr>
<tr><td>1. 幼儿复习20以内的唱数。
2. 出示散放的20朵桃花的图片，请幼儿数桃花的朵数。
3. 思考问题，为引出数群的概念做铺垫。
(1)怎样数才准确？
(2)怎样数更快点？
4. 教师帮助幼儿理解数群概念。
(1)教师演示将桃花按5朵为一排规则摆放，以5为单位分群。
(2)引导幼儿观察并数数：有几排桃花？每排桃花都各有几朵？(用数字5标出来)
(3)带领幼儿5个5个地按群计数，数出桃花的总数。
5. 在比较中感知数群计数的迅速。
(1)请幼儿1朵1朵的数出桃花的总数。
(2)带领幼儿5个5个地按群计数数出桃花的总数。
(3)思考：哪种数桃花的方法迅速？
(4)师生共同小结：这样两种数数的方法，5个5个数比2个2个数快。
6. 幼儿操作活动，练习按5分群并计数，建立数群概念。
(1)请幼儿练习按5分群，将小棒5根5根缠绑在一起。
(2)请幼儿以5为单位进行计数，建立数群概念。
7. 教师演示摆放教具，帮助幼儿掌握按5分群计数的方法。
(1)将桃子按5分群，并有规则地排列；
(2)将桃子按5分群，排列上稍有改动；
(3)将桃子按5分群，不规则排列。
(4)小结：每一群的数量一定要一样多，这样才能数得又快又准。(出现错误的分群时，引导幼儿发现并改正错误。)
8. 通过游戏“插小旗”，提高幼儿按5分群计数的能力。
玩法：幼儿每四人为一组，每组提供泡沫板一块，按教师发放的彩色旗数，请幼儿按5分群计数，数一数自己组有多少面彩色旗子。
延伸活动：
1. 拓展思考：还可以怎么样分群、计数？
2. 在户外体育活动中开展“1，2”报数的游戏。
3. 请家长在家带领幼儿玩其他的数群计数的游戏。
活动设计：武汉市洪山区街道口幼儿园　韩元香</td><td>复习20以内的唱数是为后面的点数做铺垫。点数散放的桃花是为了让幼儿感知散放的无序性，也是为后面的学习做基础的。
教师请幼儿在思考后再帮助他们理解数群的感念，这也是让幼儿在认知发生冲突(不知道怎样数又快又好)时的及时引导和介入，符合幼儿认知的需要。
在比较中感知数群计数迅速的基础上，教师再引导幼儿建立数群概念，一方面是在深刻感知、认识的基础上建立概念，另一方面使幼儿感受到数群计数的迅速。
在加深幼儿按5分群计数的印象过程中，教师演示三种不同的排列桃子的方法，是为了让幼儿更好地掌握按5分群并计数的方法。
游戏活动材料的分层提供，教师是考虑到个别差异，为了照顾到每个不同发展水平的幼儿，使他们在操作探究中都获得成功体验。
延伸活动的设计，教师旨在让幼儿探究发现分群计数的不同方法和巩固学习内容，引起幼儿再学习的欲望。</td></tr>
<tr><td colspan="2">幼儿学习数学是在与环境材料的相互作用中进行的。在活动中，教师在投放操作材料时应注意材料的适宜性、适时性、层次性。活动中，教师所选择提供的操作材料都很实用、恰当。如：桃花、桃子图片；小棒、橡皮筋、彩色旗子等。并且，教师是在幼儿认知发生冲突时及时引导和介入，提供操作材料，帮助他们理解数群的概念。同时，教师考虑到幼儿是发展中的个体，他们的发展水平是不平衡的，存在着个体差异。教师为发展水平不一样的幼儿设计并演示了具有不同功能、不同难度的操作活动材料。如：教师演示三种不同的排列桃子的方法。活动中，由于教师注重了操作材料的科学投放，教学内容由易到难的引导，逐渐深入，使得活动开展的更为有效。</td></tr>
</table>

(四)认识单双数的活动案例与评析

表 5-4　10 以内单双数

<table>
<tr><td>活动名称</td><td>认识 10 以内单双数①——大班数学活动</td><td>设计意图及评析</td></tr>
<tr><td>活动目标</td><td>1. 积极参与认识 10 以内单双数的数学活动。
2. 理解单双数的含义，认识 10 以内单双数。
3. 能较熟练地分辨 10 以内的单双数。</td><td rowspan="3">从情感态度、认知、能力三个维度提出本活动的目标。
大班幼儿生活内容不断丰富，经常会在生活中遇到单双数的问题。但他们对单双数的实际意义并不理解，不会区别。为了使幼儿能真正理解单双数的实际意义，区别单双数。教师设计了这个认识单双数的活动，将知识的学习与生活实际相联系，力图使幼儿在亲身操作中发现问题、解决问题，从而从真正意义上理解单双数的含义。</td></tr>
<tr><td>活动重难点</td><td>1. 重点：理解单双数的含义，认识 10 以内单双数。
2. 难点：能较熟练地分辨 10 以内的单双数。</td></tr>
<tr><td>活动准备</td><td>1. 幼儿经验的准备
认识数字 1～10；玩过两两结对的游戏。
2. 活动材料的准备
教具：1～10 的数字卡各一张；1～10 的圆点卡片一套；自制简易转盘一个(上面标有 1～10 的数字)；单、双号牌各一张。
学具：操作玩具每人一份(玩具 1～10 的个数不等)；单双号的车牌号人手一份。</td></tr>
<tr><td colspan="2">活动过程</td><td>设计意图及评析</td></tr>
<tr><td colspan="2">1. 玩具找朋友，初步感知单双数的含义。
(1)教师提出要求：请幼儿给自己的玩具两两配对找朋友，记住操作结果。
(2)请幼儿动手操作。
(3)请幼儿与同伴交流操作的结果。
(4)师生共同小结：把玩具两个两个配对找朋友时，有些玩具可以都找到朋友，有些玩具总有最后一个找不到朋友。那些到最后都能两两配对找到朋友的玩具的个数是双数；而另一些玩具两两配对找朋友，到最后剩下一个没有找到朋友，这些玩具的个数是单数。
2. 利用操作的结果，认识 10 以内的单双数。
(1)教师出示 1～10 的数字卡，并将它们摆放成一排。
(2)根据幼儿操作的情况，引导幼儿逐一观察、分析、比较，认识 1～10 的单双数。
(3)师生共同归纳：在 1～10 的数中，1，3，5，7，9 是单数，2，4，6，8，10 是双数。
3. 集体游戏，提高幼儿区分 10 以内单双数的能力。
(1)圈一圈：教师出示 1～10 的圆点卡片，带领幼儿 2 个 2 个地圈，区分单双数。</td><td>通过给玩具找朋友，让幼儿在具体实物的操作中发现区分单双数的方法“配结对找朋友”，初步感知单双数的含义。
教师要善于利用教具和恰当的时机，有效地开展活动。在认识 10 以内的单双数环节中，教师充分利用幼儿操作的结果，带领他们观察、分析、比较，最终形成单双数的概念，归纳出 10 以内的单双数各是哪些。经验的习得是幼儿自我构建的，幼儿会有成功的体验，学习的主动性会更强。</td></tr>
</table>

① 此活动案例来自中国儿童教育网 www.cnfirst.net，有改编.

续表

活动过程	设计意图及评析
(2)转一转：转动转盘，当转盘停下时说出指针所指的数是单数还是双数。 4. 分组活动，提高幼儿区分10以内单双数的能力。 (1)在自己身体上寻找分别以单、双数形式存在的器官及物体。 (2)扔一扔：请幼儿分组玩扔骰子的游戏，记录并区别所扔骰子数是单数还是双数。 5. 游戏“过桥”，帮助幼儿较熟练地分辨10以内的单双数。 (1)教师介绍游戏玩法及规则：由于过桥车辆越来越多，为了避免交通堵塞，过桥车辆要限制。单号日子只能让车牌号尾数是单数的车过桥，双号日子只能让车牌号尾数是双数的车过桥。否则，就算违规。 (2)组织幼儿玩过桥游戏：教师当警察，举单双号牌，幼儿按自己所持有的车牌号，按要求过桥。 6. 引导幼儿在生活中寻找分别以单、双数形式存在的物体。 延伸活动： 1. 教师可以在户外开展关于区分单双数的游戏：如跳格子游戏、数字宝宝找朋友等。 2. 在区角活动中，提供更大的数字卡片，引导幼儿区分单双数。 3. 请家长巧用时机，引导幼儿区别单双数。	第三、第四个环节，在游戏中，让幼儿巩固加深对单、双数概念的理解，提高区分10以内单双数的能力。 “过桥”游戏和活动延伸这两个环节，将“区别单双数”的内容融入幼儿的生活，让幼儿将正式的数学经验和非正式的数学经验联系起来，在亲身感受和体验中获得解决生活中有关单双数问题的经验。
整个活动包括实物操作(发现问题)→利用结果(进一步认识问题)→数字对应(具体过渡到抽象)→实际应用(解决问题)等环节，条理清楚，重难点突出。活动中运用了观察法、操作法、归纳法、游戏法。特别是操作法的运用，教师结合幼儿实际操作结果，引导幼儿讨论，达到了帮助幼儿整理经验、理解单双数含义的目的，是突破重点的一个不可缺少的方法。整个活动贯穿于一系列动静交替的游戏中，让幼儿在轻松、愉快的氛围中学会区分10以内的单双数。真正做到：让幼儿在游戏中学习，在游戏中发展。	

(五)数的分解与组成的活动案例与评析

表5-5　5的分解和组成

活动名称	学习5的分解和组成——大班数学活动	设计意图及评析
活动目标	1. 乐意动手操作，体验成功发现数学秘密的快乐。 2. 学习5的分解和组成，了解并归纳出分合式中两边数列分别是递增、递减的关系。 3. 能通过观察和分析，并与同伴分享交流自己探究发现的结果。	根据《纲要》的精神，目标是从情感态度、认知、能力三个维度提出。由于是在学习了2，3，4的分解和组成基础上学习5的分解和组成，因此，在认知目标中，

续表

<table>
<tr><td>活动名称</td><td>学习 5 的分解和组成——大班数学活动</td><td>设计意图及评析</td></tr>
<tr><td>活动重难点</td><td>1. 重点：学习 5 的分解和组成。
2. 难点：了解并归纳出分合式中两边数列分别是递增、递减的关系。</td><td rowspan="2">提出了“了解并归纳出分合式中两边数列分别是递增、递减的关系”的内容，这是根据幼儿最近发展区而提出来的，并且将它作为难点来突破。
幼儿的经验是在操作、观察、分析、交流、分享等过程中获得并提升的。因此，能力方面提出了“能通过观察和分析，并与同伴分享交流自己探究发现的结果”这样的目标。</td></tr>
<tr><td>活动准备</td><td>1. 幼儿经验的准备
幼儿学习了 2，3，4 的分解和组成。
2. 活动材料的准备
教具：小丑手偶娃娃一个；1～5 的数字卡，分合符号；一段轻快的音乐。
学具：1～5 的数字卡若干；幼儿操作材料糖果 5 颗，蓝色和红色糖果瓶各一个，人手一份；固体胶。</td></tr>
<tr><td colspan="2">活动过程</td><td>设计意图及评析</td></tr>
<tr><td colspan="2">1. 情境引入：以小丑手偶娃娃来做客的情境引入。
2. 学习 5 的分解。
(1)手偶娃娃送礼物：手偶娃娃给小朋友们带礼物来了，请你们看一看是什么？数一数糖果共有几颗？
(2)教师提出问题：请你们将手中的糖果分别“装入”蓝色糖果瓶和红色糖果瓶中，想一想可以怎样分？
(3)鼓励幼儿大胆动手操作，用不同的分法将 5 颗糖果分别“装入”两个糖果瓶中。
(4)师生一起记录糖果的几种不同分法，即：
5 / 1 4　　5 / 2 3　　5 / 3 2　　5 / 4 1
3. 学习 5 的组成。
教师引导幼儿根据糖果的不同分法，逐一演示将糖果从糖果瓶“取出”，每次数一数共有几颗糖果，并说出总数 5。
4. 教师按递增递减规律重新摆放出 5 的分解和组成的分合式，引导幼儿观察、分析并归纳分合式两边数列是递增或递减的关系。
5. 教师启发提问，并引导幼儿观察：
5
1 4
2 3
3 2
4 1
(1)分合式两边各是哪些数？
(2)左右两边的数 1～4 各是怎么排列的？
(3)左边的数从上往下越来越怎么样？每次多几个？右边的数从上往下又是越来越怎么样？每次少几个？
(4)引导幼儿观察，启发思考分析，师生共同归纳出分合式两边数列是递增、递减的关系。</td><td>活动的设计遵循了“游戏是幼儿的主要活动”的原则，注重激发幼儿参与活动的兴趣。小丑手偶娃娃的出现，幼儿很兴奋。
幼儿在具体的操作活动中通过独立思考，与同伴交流，亲身体验 5 的几种分法经验生成与获得的过程，真正感受到了学习成功的快乐。
大班幼儿思维中出现抽象逻辑思维的萌芽，在认识事物方面，不仅能够感知事物的特点，而且能够进行初步的归纳和推理。发现分合式两边数列的关系，这个内容有一定的难度和挑战性。但这个年龄段的幼儿好学、好问，喜欢挑战。这个难度也是适宜的，适合他们的“最近发展区”。</td></tr>
</table>

续表

活动过程	设计意图及评析
6. 通过体验活动，巩固对5的分解和组成的掌握。 (1)游戏“我们是一对”：每名幼儿拿好一张数字卡，表示扮演一个部分数宝宝，在轻快音乐中，去寻找自己的另一个部分数朋友，自己拿的一个部分数要和找的另一个部分数合起来是5才是一对朋友。 (2)粘贴糖果：请幼儿根据自己的愿望，将5颗糖果分别粘贴在两个糖果瓶上，教师再按相同分法进行分类展示幼儿作业。 7. 幼儿自由交流学习中的感受。 延伸活动： 1. 在区角活动中提供类似“粘贴糖果”的作业，请幼儿自由选择并完成。 2. 在区角活动中，提供1～10的数字卡片，鼓励幼儿借用所学分解和组成的方法，用类推的方式，尝试找出10以内各数的分解和组成的方法。 3. 可以尝试让幼儿寻找所学数的分解和组成各有几中分法。 活动设计：武汉市洪山区街道口幼儿园　韩元香	这个环节，教师重新排列5的分解和组成的分合式，旨在便于幼儿直观观察与比较，再结合教师启发式的提问，使幼儿在层层深入引导、启发的提问中，逐渐发现分合式两边数列的关系，最后师生共同归纳出分合式两边数列递增、递减的关系。 体验活动是巩固幼儿对5的分解和组成的掌握。同时，粘贴糖果的活动，也是为以后寻找发现每个数有几种分法的教学做铺垫。感知每一对数的互补关系。
本活动利用情境导入，激发了幼儿的学习兴趣，整个活动气氛十分活跃。学习过程中注重动手操作实践，幼儿人手一套学具，人人动手动脑，让他们在操作中体验分与合。教师先把若干个实物分成两部分，再把分实物抽象成分解数，从数的分解中体会数的组成。教学设计层次分明，由易到难，教师层层深入地提问和启发，给了幼儿不断探究的动力和热情。活动中教师还鼓励幼儿与同伴交流，亲身体验知识的生成过程，体验学习成功的乐趣，使他们在愉悦的情境中学习数学知识。	

(六)学习序数的活动案例与评析

表5-6　5以内的序数

活动名称	学习5以内的序数——中班数学活动	设计意图及评析
活动目标	1. 愿意与同伴交流自己观察和判断的结果。 2. 学习5以内的序数，学用序数词“第几”。 3. 能从不同的方向找到物体的正确位置。	活动的目标是教育活动的起点和归宿，对活动起着导向性作用。在日常生活中，教师组织幼儿排队或游戏时都要求他们知道自己的位置，但是观察发现幼儿对序数的概念比较模糊，往往不能清楚地知道自己所处的位置。活动旨在让幼儿通过活动，达到此活动的三个目标，为以后学习10以内的序数打下基础。
活动重难点	1. 重点：学习5以内的序数，学用序数词“第几”。 2. 难点：能从不同的方向找到物体的正确位置。	
活动准备	1. 幼儿经验的准备 幼儿已有按方向排序的经验。 2. 活动材料的准备 教具：背景图一幅，有5间不同颜色和样式的房子，在草地上一字排开，房子样式的小图标各一张，幼儿熟悉的小动物6个，如小羊、小熊、小兔、小猪、小猴、小狗等；小椅子6把，火车头图片一张；1～5的数字卡片。	

续表

<table>
<tr><th>活动过程</th><th>设计意图及评析</th></tr>
<tr><td>1. 数房子，引发学习兴趣。
教师提问：“请你们说一说，图片上有什么？数一数有几间房子？”
2. 找房子，学习5以内的序数，学用序数词“第几”。
(1)教师给幼儿任务：按图标给小动物找相对应的房子。
(2)请幼儿给小动物找各自的房子。
(3)请幼儿说一说小动物各自住在第几个房子。
(4)师生共同小结：要想知道小动物住的位置，可以数一数，数到几，就是第几个。
(5)游戏：找小动物。
玩法：根据教师的要求，幼儿能正确、迅速地说出“××动物住在第×个房子”。根据幼儿游戏情况，教师可以更换小动物的房子进行游戏。
3. 坐火车，了解从不同的方向找到小动物排序的正确位置。
(1)教师介绍场景：小狗开了一列有5节车厢的火车，请小动物出去旅游。
(2)请幼儿按教师的要求送小动物上车。边送边说小动物所坐车厢的正确位置。(教师可以改变数车厢的方向。)
(3)师生共同小结：规定坐的方向不一样，小动物所坐位置的排序先后也不一样。
4. 搭楼房，巩固学习经验。
(1)教师介绍游戏玩法：游戏每组5人参加，幼儿每人用一只手参加游戏。第一名幼儿将手捏成拳头当成楼房，大拇指竖立。第二名幼儿捏成拳头的四根手指头，捏住第一个同伴竖立的大拇指上，第三、四、五名幼儿依次向上垒放。搭成一栋5层楼的房子。按教师的要求，说出自己做的是哪层楼。
(2)幼儿分组进行游戏。
注意：教师可以改变方向进行游戏；幼儿与同伴也可以重新搭建房子再游戏。
延伸活动：
1. 在日常生活中，可以通过“排队”的游戏，加深对序数的理解及序数词“第几”的运用。
2. 利用幼儿园的景物来巩固学习经验。
3、请家长指导幼儿找一找自己家所在的楼层位置。
活动设计：武汉市洪山区街道口幼儿园　韩元香</td><td>教师“数房子”引发幼儿学习兴趣，重在激发幼儿学习的动机。
通过帮小动物“找房子”这一环节，一方面幼儿学习序数及序数词第一至第五；另一方面幼儿也体验到帮助他人以及成功所带来的喜悦心情。
“坐火车”的游戏在前一个环节的知识经验的基础上增加了难度。进一步启发幼儿探索，通过帮小动物找车厢这一活动，让幼儿能够按指定的要求(方向的改变)找到相应的正确位置。幼儿在轻松愉快的游戏气氛中，获得有益的经验：规定坐的方向不一样，小动物所坐位置的排序先后也会不一样。
“搭楼房”这个环节是对前面几个环节知识经验的巩固，教师让幼儿用亲身的动作体验感知，进一步促进他们“学习5以内的序数”这个知识经验的习得。</td></tr>
<tr><td colspan="2">这个活动，通过一系列的游戏展开，环节安排由浅入深、层层递进，过渡自然，幼儿参与的积极性高，充分发挥了幼儿的主体作用。活动中，教师通过讲解介绍，观察引导、游戏体验，使幼儿在玩中学、学中玩，轻松的实现了教育目标。整个活动，教师给幼儿创设了主动参入，自主探究的环境，使他们自觉地习得知识经验，掌握了5以内的序数，观察、判断、表达等能力也得以发展，收到了好的教育效果。</td></tr>
</table>

第四节　幼儿 10 以内数加减运算的活动指导

10 以内数的加减运算，在幼儿日常生活和游戏中会经常遇到，当幼儿具备了数的概念之后，就可以组织他们学习数的加减运算的活动了。

一、10 以内数加减运算的活动内容与要求

幼儿 10 以内数的加减运算的活动是在大班进行的。根据幼儿发展水平，对幼儿进行 10 以内加减运算的主要内容和要求有：

(1)会解答生活和游戏中简单的加减运算应用题，理解加法、减法的含义；

(2)能用模仿和描述的方法学习自编简单的口述应用题，初步掌握应用题的结构；

(3)能认识加号、减号、等号和加减算式，理解算式表示的意义，掌握 10 以内数的加法和减法。

二、幼儿 10 以内数加减运算的活动指导

(一)根据幼儿能力水平选择加减运算的教学内容

幼儿 10 以内数加减运算的教学活动可以分为两个阶段。第一阶段是 5 以内加减运算，第二阶段是 10 以内加减运算。具体安排时可以先学加法，再学减法。在学习加法时，可以从数的组成开始，自然过渡到加法运算。结合数的分解可以帮助幼儿学习和理解减法的意义。教学过程中，还可结合数的组成及算式，帮助幼儿感知加法的交换律，即交换两个加数的位置，它们的和不变。可以把相关的式子如 $4+1=5$，$5-1=4$ 联系在一起，引导幼儿感知和体验加法与减法的互逆关系。学了加 1、减 1 后，可借助数的分合式进一步学习按数群加减。

(二)创设恰当情境，帮助幼儿感知、体验加减运算的含义

1. 以生活和游戏中的实例引导幼儿感知加减运算的含义

在进行加减运算教学时，可结合生活实际或游戏，创设问题情境，激发幼儿学习的动力，为幼儿创造“意义学习”的氛围，让他们在过程中体验加减运算的含义。如，在“购物”游戏中，解决诸如“买了两件东西，共多少钱?”“买了一件东西，还剩多少钱?”等问题。

2. 通过应用题，帮助幼儿理解加减运算的含义

借助教、学具的直观操作，帮助幼儿理解加法的含义。首先让幼儿学会把两组物体合并在一起，求一共有多少？然后通过老师的演示讲解，使幼儿初步理解加法的含

义。如，教师一边操作，一边说："树上有 2 只小鸟，又飞来 1 只小鸟。"然后一边用手画一个圈，把这 3 只小鸟都圈上，一边问："树上一共有几只小鸟?"待幼儿回答后，教师要强调"求一共有几只小鸟？就是把原来的 2 只与后来的 1 只合并在一起，共有几只？2 只小鸟加上 1 只小鸟，一共有 3 只小鸟。""一共"就是"合在一起"。教师的演示让幼儿感知"合并"的过程，也能看到合起来的结果，从而帮助幼儿理解加法的含义。

借助教具的直观操作，帮助幼儿理解减法的含义。首先通过操作让幼儿知道从物体的总数中去掉或拿走一部分，求剩多少。然后在操作中，通过演示讲解，帮助幼儿理解减法的含义。教师一边操作，一边说："树上有 3 只小鸟，飞走了 1 只小鸟。树上还剩下几只小鸟?"通过操作，让幼儿看到飞走 1 只小鸟的过程，也看到飞走 1 只小鸟后的结果。同时要帮助幼儿理解"剩下"的意思。

(三)引导幼儿学习列加减算式

用数字、符号记录加减运算的过程和结果，理解算式的含义。幼儿初步理解和掌握实物的加减运算后，教师可引导幼儿把实物的数量用数字表示，把数量增加或减少的过程用运算符号表示，并用等号与结果连接，如图 5-13 所示。

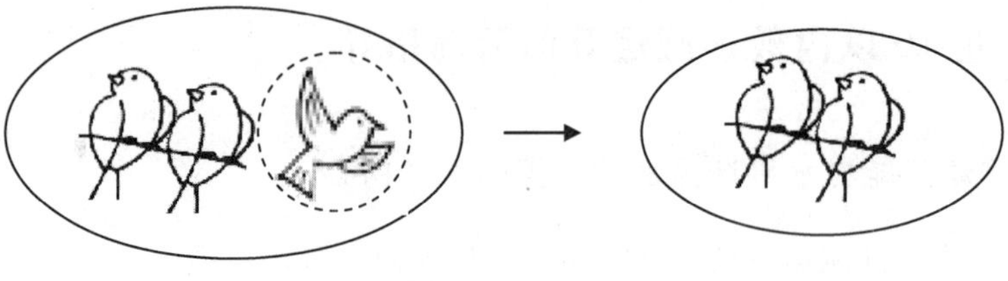

3－1＝2

图 5-13

教师一边讲解演示，一边用数字卡表示过程和结果。

另外，让幼儿理解，同一个算式可以表示不同的事件。如上式"3－1＝2"还可表示"3 条虫子，被小鸡吃了 1 条，还有几条?"

(四)启发幼儿自编应用题

1. 让幼儿知道简单应用题的结构

当幼儿会解简单应用题后，可以帮助幼儿分析简单应用题的结构。应用题的结构是：两个数和一个问题。即用两个数描述某事物量的变化，然后问"量变化后的结果是多少"。一般应用题总是描述一件事，分析这件事中数量的变化。学习自编应用题时，重点让幼儿知道应用题的结构。而在自编应用题时，如何根据所给条件提问，往往是幼儿学习的难点。

以图片形式逐步呈现数量，让幼儿用数来描述。第一幅图是事物原有数量；第二幅图表示该事物数量的变化过程(增加或减少)；第三幅图表示该事物数量关系变化后的数量，即为问题的答案。

对过程的表述与最后提问的用词是对应的：

如果是“又来了1个”，表示增加了，对应的提问应是“一共有多少个?”

如果是“走了1个”，表示减少了，对应的提问应是“还剩下多少个?”

应该注意的是应用题描述的是同一件事，不能从这件事窜到另一件事；要注重让幼儿说出算式中每个数表示的意义；还可让幼儿对照算式表述事件变化过程及结果，特别是“一共”“还剩”的使用。

2. 改变条件的呈现方式，引导幼儿学习自编应用题

(1)呈现三幅图：分别表示原来的数量、增加的数量和结果。

(2)呈现一幅图：用有动态感的一幅图，其动态部分能表示增加(减少)的量。如3只小鸟中的1只小鸟飞走了。

(3)直接根据生活经验：根据自己经历，如在超市购物共花多少钱?

3. 对幼儿自编的应用题进行评价与分析

通过组织幼儿对所编应用题进行分析与评价，可以帮助幼儿更好地理解应用题的结构及表述要点。首先对幼儿自编应用题的结构进行分析和评价，强化幼儿对应用题结构的理解；其次对幼儿自编应用题所表述的情节的一致性进行分析与评价，增强幼儿对所表述情节的连贯性；最后应用题的提问进行分析与评价，让幼儿掌握提问的要点，所提问题要与所述情节紧密联系。

(五)幼儿开展10以内加减运算活动应注意的事项

1. 学习加减运算应从解决现实问题出发

纯粹数的运算是非常枯燥的。教师组织加减运算活动时，应设计与幼儿生活关系紧密的情境，解决生活或游戏中常碰到的问题。研究表明，口述应用题不仅能很好地发展幼儿的抽象思维能力和语言表达能力，更为重要的是能让幼儿体会数学的有用，对于培养他们的数学意识有重要作用。

2. 数字运算与实物运算结合

加减算式题是较为抽象的，其中的数量关系和运算方法是由数字和运算符号直接表示出来的。如果把抽象的加减算式，转化为实物(的数量)，通过对实物操作来理解数学算式，能更好地发展幼儿的运算能力。

3. 通过多种形式引导幼儿学习加减运算

为了避免数学活动的单一，体现数学应用的广泛性，可以把加减运算的活动渗透到游戏活动和日常生活中，也可在其他教学活动中适当渗透。通过在其他活动中加减运算的应用，让幼儿体会到数学与其他活动的联系，巩固所学加减运算。

三、幼儿10以内数的加减运算与自编应用题活动案例与评析

(一)10以内加减运算的活动案例与评析

表5-7　10以内加减运算

活动名称	学习10的加法运算——大班数学活动	设计意图及评析
活动目标	1. 积极思考两个数的和是10的加法算式的含义。 2. 学习10的加法运算，巩固对10的加法的理解。 3. 能正确、熟练地运算10的加法。	学习加法，可以让幼儿体会生活中有许多问题要用加法来解决。大班幼儿的思维水平、理解能力明显提高，他们处于入学准备阶段，已经学习过10的组成和9以内的加法，可尝试开展这类活动。 这个活动的重点是让幼儿在具体的情境、图表观察中学习10的加法运算，进一步理解加法的意义，并通过游戏提高幼儿的计算能力。
活动重难点	1. 重点：列出两个数的和是10的加法算式并进行运算。 2. 难点：能正确、熟练地运算10的加法。	
活动准备	1. 幼儿经验的准备 幼儿已学习过10的组成；9以内的加法。 2. 活动材料的准备 教具："加、减法板"；9以内的加法算式卡几张；情景图一幅(画面上的内容要求：能够列出两个数的和是10的几道加法算式。如：天空中有一只鸟妈妈带领9只小鸟等。)10的加法算式卡；10以内的加法算式题卡若干。 学具："加、减法板"；两个骰子、1～12的数字得数板若干；雪花片。	

活动过程	设计意图及评析
1. 通过问答游戏，复习10的组成。 教师问幼儿答。如教师问："小朋友，我问你，10可以分成几和几?"幼儿答："×老师，告诉你，10可以分成1和9。" 2. 游戏"口算接龙"，复习9以内的加法。 教师出示9以内的加法算式卡，请幼儿以接龙的形式进行游戏。 3. 借助情景图，学习10的加法。 (1)教师出示情景图，请幼儿观察其内容。 (2)教师示范讲解并列出一道和为10的加法算式。 1＋9＝10 (3)教师引导幼儿观察情景图上的内容，并列出其他的两个数的和是10的加法算式。 如：2＋8＝10　3＋7＝10　4＋6＝10　5＋5＝10 9＋1＝10　8＋2＝10　7＋3＝10　6＋4＝10	问答游戏是引导幼儿复习10的分解、组成，而游戏口算接龙则是唤醒幼儿对加法意义的理解，二者都是为后面的学习作准备的。 借助情景图，请幼儿通过观察，列出两个数的和是10的加法算式。教师用了探索式教学方法，抛砖引玉，让幼儿自己观察、动脑思考，完成教师的要求。将被动的学习变为主动的思考，增强了幼儿学习的主动性和自主性。

续表

<table>
<tr><th>活动过程</th><th>设计意图及评析</th></tr>
<tr><td>
4. 利用“加、减法板”，巩固幼儿对和为 10 的加法的理解。
教师出示“加、减法板”，第 1 格不涂色，再将后 9 格涂色。从不涂色格子数是 1 的后面的第一个涂色格子开始接着往后数涂色的格子，直至数完涂色格子数有几个，并完整说出“1＋9＝10”(见下图)。
<table>
<tr><td>1</td><td>2</td><td>3</td><td>4</td><td>5</td><td>6</td><td>7</td><td>8</td><td>9</td><td>10</td></tr>
<tr><td>1</td><td></td><td></td><td></td><td></td><td>6</td><td></td><td></td><td></td><td>9</td></tr>
<tr><td></td><td>2</td><td></td><td></td><td></td><td></td><td></td><td></td><td></td><td>8</td></tr>
<tr><td></td><td></td><td>3</td><td></td><td></td><td></td><td></td><td></td><td></td><td>7</td></tr>
<tr><td></td><td></td><td></td><td>4</td><td></td><td></td><td></td><td></td><td></td><td>6</td></tr>
<tr><td></td><td></td><td></td><td></td><td>5</td><td></td><td></td><td></td><td></td><td>5</td></tr>
<tr><td></td><td></td><td></td><td></td><td></td><td>6</td><td></td><td></td><td></td><td>4</td></tr>
<tr><td></td><td></td><td></td><td></td><td></td><td></td><td>7</td><td></td><td></td><td>3</td></tr>
<tr><td></td><td></td><td></td><td></td><td></td><td></td><td></td><td>8</td><td></td><td>2</td></tr>
<tr><td></td><td></td><td></td><td></td><td></td><td></td><td></td><td></td><td>9</td><td>1</td></tr>
</table>
5. 通过游戏，练习 10 的加法运算。
游戏一：“送礼物”
(1)教师介绍游戏玩法及要求：请幼儿回答对礼物后面的算术题，方可得到礼物。
(2)组织幼儿进行游戏。
游戏二：“过小溪”
(1) 教师介绍游戏玩法及要求：“猴妈妈”带着“小猴子”去摘桃，可是有一条小溪挡住了去路，小溪里有许多大大小小的石块(10 以内的加法算式若干)。请踩着石块走，只能踩算出来得数是 10 的石块，踩错了要掉进水里。看谁最先摘到桃子。
(2)组织幼儿进行游戏。
6. 请幼儿与同伴分享活动感受，教师小结。
延伸活动：
1. 将教具“加、减法板”和 10 的加法算式投放到区角活动中，供幼儿日常操作。
2. 利用生活中的物品进行 10 以内的加法练习。
注意：
(1)10 个手指是幼儿练习 10 的加法最好的工具；
(2)10 以内的加法学习可以包括数字“0”。
活动设计：华中师范大学幼儿园　熊莉
</td><td>
“加、减法板”的展示，可以让幼儿直观的观察到两组格子数合起来的总和是 10，加深他们对 10 的加法的理解。从而不需要教师用过多的语言帮助幼儿理解加法的含义。
最后的游戏，主要是帮助幼儿正确熟练地掌握 10 的加法运算。幼儿在教师提供的情境中进入角色，一起想办法并解决难题，体现了同伴间的互助，同时也感受到了成就感，体验到了“快乐数学”。
延伸活动中，利用生活中的物品进行 10 以内的加法练习，正是体现了数学来源于生活，服务于生活的观念。
</td></tr>
<tr><td colspan="2">活动设计遵循了循序渐进的教育理念，由浅入深的引导。整个活动，幼儿学习积极、主动，能较快的掌握所学的知识。教师以幼儿认识事物具体到抽象的认知特点为依据，通过引导幼儿观察情景图，学习 10 的加法，再运用教具“加、减法板”直观的演示让幼儿理解加法，最后在游戏中巩固和练习 10 的加法运算，使幼儿能将习得的经验来解决实际问题，增强了他们学习的兴趣，这是一节生动、有趣的教学活动。</td></tr>
</table>

(二)幼儿自编10以内加减应用题的活动案例与评析

表5-8　自编10以内的加法应用题

<table>
<tr><td>活动名称</td><td>自编10以内的加法应用题——大班数学活动</td><td>设计意图及评析</td></tr>
<tr><td>活动目标</td><td>1. 积极参与自编10以内的加法应用题的活动，在看、听、想、说、做中感受数学的魅力。
2. 了解应用题的三个要素，初步学习自编加法应用题。
3. 能清楚完整地口述自编10以内的加法应用题。</td><td rowspan="3">根据《纲要》的精神，目标是从情感态度、认知、能力三个纬度提出的。
大班幼儿已经掌握了10以内的加减法运算，引导幼儿学习自编应用题，有助于发展幼儿对生活中简单数量关系的理解。因此，特设计了此活动。</td></tr>
<tr><td>活动重难点</td><td>1. 重点：了解应用题的三个要素，初步学习自编加法应用题。
2. 难点：能清楚完整的口述自编的加法应用题。</td></tr>
<tr><td>活动准备</td><td>1. 幼儿经验
幼儿已经掌握了10以内的加法运算。
2. 活动材料
教具：玩具小汽车5辆(3辆红色小汽车，2辆黄色小气车)；相关大图片及数字卡。
学具：幼儿操作的不同内容的小图片卡若干(人手一份)。</td></tr>
<tr><td colspan="2">活动过程</td><td>设计意图及评析</td></tr>
<tr><td colspan="2">1. 以开火车的形式复习10以内的加法的口算。
教师逐一出示数算式卡片，以小组回答的形式请幼儿口算。即由第一组幼儿开始口算，算对了即坐，再请第二组幼儿口算第二张卡片上的算式，依次类推，连续进行。
2. 教师现场演示一个加法应用题的情境，请幼儿自由讲述。
(1)教师情境演示：停车场上，有人先开来了3辆红色小汽车，后来又开来了2辆黄色小气车。
(2)请幼儿根据教师的演示，编出一个应用题(现在停车场一共有多少辆车?)，并用语言表达出来。
(3)请幼儿根据演示、提问，列一道加法算式。
提问：请你算一算，停车场上一共有几辆小汽车?
(4)思考：你是根据什么列出算式的?
3. 学习自编加法应用题。
(1)教师示范讲解自编加法应用题。
花园里有4只蜜蜂(边讲边操作图片)，又飞来2只蜜蜂(边讲边操作图片)，现在花园里一共有几只蜜蜂?
(2)思考：这段话中有几个数字？最后有一句什么话?</td><td>会加法运算是编应用题的前提，所以复习10以内的加法的口算是为后续的活动奠定基础。
教师现场演示一个加法应用题的情境，请幼儿自由讲述。这个环节的设置是为了引发幼儿学习自编应用题的欲望。
幼儿学习编应用题的重点是引导他们掌握应用题的结构及编应用题的三大要素。所以“学习自编加法应用题”是本活动的重点。
教师首先运用直观的教具(图片)让幼儿学习编加法应用题的方法，然后让幼儿结</td></tr>
</table>

续表

活动过程	设计意图及评析
(3)师生共同小结自编加法应用题的要求。刚才我们讲的都叫应用题，编应用题时，要求讲述一件事情，里面至少有2个数字，最后有一个问题。加法应用题的问题中一般用“一共”“合起来”等意思的词语。 (4)教师引导幼儿结合大图片仿编加法应用题。 4. 我来编一编：请幼儿根据图意自由编加法应用题。 (1)幼儿自由创编：幼儿每人一张小图片，结合图片上的内容，编出加法应用题。 (2)同伴分享：请幼儿在同伴面前大胆、清楚、完整的口述自编的加法应用题。 (3)师生共同回忆、加深自编加法应用题的相关要求。 5. 挑战我自己：请幼儿根据教师提供的数字自由编加法应用题。 (1)提问：你能够根据教师提供的数字，编出加法应用题吗? (2)鼓励幼儿结合自己的生活经验来仿编加法应用题。 6. 鼓励幼儿结合生活中的物品、事例或经验等自由编加法应用题。 延伸活动： 1. 教师在活动区角中提供更多卡片，请幼儿继续练习编加法应用题。 2. 请幼儿回家后，跟家长编加法应用题。 3. 请家长在接送幼儿时，利用路上的事物引导幼儿编加法应用题。 活动设计：武汉市汉南区邓南中心幼儿园　张蕾	合大图片练习自编口述加法应用题，再到每个幼儿一张小图片编题，再请全体幼儿看数字编题，最后扩展到鼓励结合生活实际编题，由浅入深，幼儿在轻松愉快的教学气氛中获得了知识经验。
本次活动教师充分发掘并利用图片中的数学元素，让幼儿在观察图片的情境中学习和仿编应用题。幼儿学习自编应用题的顺序：由运用直观的教具(图片)—集体结合大图片编题—独立看小图片编题—看数字编题—结合生活实际自编应用题，由浅入深，教师的指导性语言也非常简洁、准确、到位，使幼儿在轻松愉快的教学气氛中获得了自编应用题的知识经验。通过学习，让幼儿感受生活中处处有数学，数学就在身边，培养了在生活中应用数学的意识，同时也为他们今后学习应用题打下了基础。	

本章小结

数的概念是数学的基本知识，也是幼儿园数学教育的主要内容。本章首先介绍了自然数的有关知识，如自然数的概念、性质、用途。用大量篇幅阐述了幼儿数概念及运算的基本内容的教育策略，其中包括计数、数的守恒、数序、序数、相邻数、数的分解与组成、10以内数的加减运算，等等。然后分析了幼儿对数概念的认知特点，以及开展幼儿数概念教学活动的基本方法和思路。最后通过具体案例详细介绍了数概念教学及数运算教学方案的设计方法。

本章重点是数的概念的理解。在唱数的基础上，发展幼儿按物点数的能力，做到手口一致地按物点数，并说出总数，能按数取物；通过改变点数物体的排列方式，培养幼儿数的守恒能力；理解数的相邻关系、数与数之间的大小关系；理解序数的概念。在数的组成的基础上学习 10 以内数的加减运算，把数的运算的活动融入应用性问题之中。

练习与实践

1. 幼儿数概念包括哪些内容?
2. 简述幼儿计数能力的发展过程。
3. 举例说明基数与序数的区别。
4. 举例说明什么是数的守恒。
5. 如何进行相邻数的教学？试设计一则小游戏加以说明。
6. 如何向幼儿进行数的组成的教育？以某数的组成为内容，设计一个片断活动。
7. 设计一个幼儿认识 10 以内数的活动方案(任选择一个内容和年龄班)。
8. 设计一个幼儿 10 以内数运算的活动方案。

第六章　幼儿认识量的活动指导

学习目标

- 了解幼儿对量的认知特点以及对幼儿进行量的教学的意义；
- 理解量的相关概念以及教学的基本内容和要求；
- 掌握对幼儿进行量的教学活动的基本方法和步骤；
- 能设计并组织实施适合幼儿发展的量的教育活动方案。

关键问题

- 幼儿认识量有何意义？
- 幼儿对量的认知有哪些特点？
- 幼儿认识量的教学活动主要包含哪些方面？
- 如何对幼儿开展认识量的教学活动？

第一节　有关量的基础知识

一、量的概念

量是客观世界中一定物体或现象所具有的可定性区别或测量的属性。如人数、长度、体积、质量、温度、速度、压力、时间、币值等，都具有可以比较、可以测定的属性，都是量。

如果一个量只包含大小属性，那么这种量叫**数量**(或**标量**)。数量可分为不连续量和连续量。不连续量是用计数方法得到的量，如某班幼儿人数为 25 人；连续量是通过测量得到的量，如长度、质量、时间、温度等。如果一个量既有太小又有方向，那么这种量叫**向量**(或**矢量**)。如速度、压力、重量等。

在幼儿园可以教幼儿初步认识一些最常见的量，如长度(包括长短、粗细、厚薄、高矮、宽窄)、体积(如大小)、重量(如轻重)、时间、币值等，还可以教幼儿进行量的比较和排序，初步认识量的守恒。

二、量的比较

不连续量的比较实质上是比较两个集合基数的大小。可通过对应法来直接比较，也可通过比较两个基数的大小来间接比较。

连续量的比较，可以通过重叠法或并放法进行直接比较，也可利用逻辑关系进行间接比较。如若 $a>b$，$b>c$，则 $a>c$。

三、量的度量

量的度量过程，就是把待测定的量同一个作为标准的同类量进行比较。用来作为度量标准的量叫作**度量单位**。用一个度量单位来计量某一个量，度量的结果是这个量含有度量单位的若干倍，这个倍数值就叫作这个量的**量数**。同一个量，用不同的度量单位来计量，所得的量数不同。例如，一条绳子，如果用米来计量，所得的量数是 5，如果用厘米来计量，所得的量数是 500。目前，我们所用的度量单位，有的是由国家法令规定的，有的是由于科学研究的需要而议定的，也有的是由习俗流传下来的。

由于幼儿年龄小，我们教幼儿认识量不要求使用标准度量单位，主要要求幼儿运用简单的测量工具和测量方法进行自然测量。

第二节　幼儿对量的认知特点

在日常生活中，幼儿经常接触到各种各样的物体，很早就感知到各种物体量的变化，常常要比较和观测物体的大小、长短、高矮、粗细、厚薄、宽窄、轻重等。在幼儿阶段进行认识量的教学，可以发展幼儿的感知觉，帮助幼儿学习和掌握有关量的基础知识和测量方法，使幼儿比较正确地认识和区分周围的物体，并促进其智力的发展，也是幼儿学习计数、认数、形成数概念的前提。不同年龄的幼儿对量的感知特点不同。

一、幼儿对一般量的认知特点

在这里，一般量是指物体长度(包括长短、粗细、厚薄、高矮、宽窄)、面积、体积(如大小)、重量(如轻重)、温度等，幼儿对一般量的感知呈现明显的年龄特征。

(一)小班幼儿对量的认知特点

3～4 岁幼儿已能正确判断出远近物体的大小和长短，能听懂大小、长短等词汇，能按词意正确地取出大的、小的、长的、短的物体，但是自己还不能正确地用相应的词汇来表达。此时幼儿还不能严格区别物体的大小、长短、粗细等，他们往往不加区别地把长的、粗的、厚的、高的、宽的物体说成是大的，把短的、细的、薄的、矮的、窄的物体说成是小的。这说明此阶段幼儿对物体的大小、长短、粗细、厚薄等属性的认知是笼统、模糊的。

3～4 岁幼儿一般不具备量的相对概念，往往把物体的大小、长短等属性和主观愿望联系在一起。例如，幼儿说："我家的电视最大"或"我的皮球最大"等，说明幼儿往往把物体的大小、长短等特征看成是绝对的，而不看成是相对的。

(二)中班幼儿对量的认知特点

4～5 岁幼儿开始能区别大小、长短、厚薄差异不太明显的物体，能用重叠、并放的方法比较物体的大小、长短、厚薄等。例如，把两张纸重叠在一起比大小；把两支铅笔并放在一起比长短；把两本书并放在一起比厚薄等。

此时，幼儿对量的感知虽然有了提高，但是他们还没有长度、面积、体积等守恒的观念，对物体大小、长度等的比较，常常受位置和形状变化的影响。例如，他们对错开排列的等长的两根木棍，常常做出错误的判断。

(三)大班幼儿对量的认知特点

5～6 岁幼儿已经积累了量的经验，掌握了感知量的方法，同时具有一定感知量的能力。此阶段的幼儿不仅能够准确地、熟练地感知物体的量，而且能够用语言准确描述物体的大小、长短、粗细、厚薄、宽窄等特征，同时能不受物体的位置和形状改变的影响，正确地判断物体的大小、长短、厚薄、宽窄，逐步形成量的守恒概念。

在正确教育下，这个时期的幼儿已经具有量的相对观念，他们能认识到物体的大小、长短等特征是相对的，而不是绝对的。同时还有了初步的度量观念，知道物体的长度、重量是可以测量的，并掌握了简单的自然测量方法，能够根据物体之间的关系进行排序。

二、幼儿对时间的认知特点

(一)有关时间的基础知识

1. 时间的概念

时间和空间一样，也是物质的存在形式。所谓时间，就是物质运动过程的持续性和顺序性。任何客观存在的物质，都要经过一个持续发展的过程。如从种子发芽到长叶、开花、结果，人们从出生到死亡，这些物质运动的持续性和顺序性，都是物质的时间属性。时间也是客观存在的一种量，是连续量，是数学的研究对象。

2. 时间的特点

(1)时间具有流动性

我们常听人说"时间如流水""光阴似箭"等，这些都表明时间具有流动性。时间好像一条长河，川流不息，一秒一分地流过去，是不以人的意志为转移的。它是与过去、现在和将来相互密切相连的，也是与运动相联系的。

(2)时间具有不可逆性

人们常说“时间一去不复返”“时间不会倒流”等，是说时间始终是按一个顺序发展的，它是不会倒转的。过去、现在和将来，它们的顺序不会颠倒。

(3)时间具有抽象性

时间没有直观形象，它既看不见，摸不着，也听不到。人们总是通过某种媒介来认识时间，例如借助某种活动的过程来感知时间或借助钟表、日历等测量时间的工具认识时间。

(4)时间具有周期性

时间表现出来的某些现象是呈现周期性的。如早上—中午—晚上、昼夜的交替、春夏秋冬。

(二)幼儿认知时间的特点

由于时间没有直观形象，所以幼儿感知时间比较困难，主要表现出以下特点：

1. 幼儿对时间的感知是与他们所熟悉或感兴趣的事情联系在一起的

例如，幼儿认识一天的组成，理解早晨、晚上、白天、黑夜等时间概念，是与他们每天的生活情节紧密联系在一起的，如早晨是天亮起床的时候，是上幼儿园的时候；白天是小朋友在幼儿园学习、游戏的时候，是爸爸妈妈上班的时候；晚上是离开幼儿园回家跟爸爸妈妈一起看电视的时候；黑夜是熄灯睡觉的时候等。

2. 幼儿认识时间具有明显的年龄特点

年幼的幼儿不理解时间单位的大小，不知道一分钟有多长、一天有多长。经常把以前的事同现在的事混淆在一起。甚至有些幼儿对钟表有什么用途都不知道。在正确的教育下，再加上经验的积累，幼儿感知时间的能力将不断提高。

小班幼儿能掌握一些最初的时间概念，能认识一天的组成部分，知道一天是由白天、黑夜组成的，同时初步认识它们的长度与交替。幼儿一天时间概念的形成是认识其他时间的基础。

中班幼儿已经能较好地理解一天的组成部分，并能在交谈中、日常生活中较好地运用早晨、白天、晚上、黑夜等表示时间的词汇。在此基础上，能正确区别今天、昨天、明天。知道昨天是刚刚过去的一天，明天还没到来，而今天就是现在。

大班幼儿开始认识星期几、一年四季、钟表等。知道一星期是七天，一年有四季以及它们具体的名称，同时了解它们更替的周期，初步建立时间的观念。但理解几小时、几分钟、几年还感到困难。

三、幼儿对货币的认知特点

(一)货币的概念

从商品中分离出来固定地充当一般等价物的商品，叫作**货币**。货币是商品交换发展到一定阶段的产物。任何一种具有交换媒介、价值尺度、延期支付标准和完全流动的财富储藏手段等功能的商品，都可被看作是货币。通常，一个国家只使用一种货币，并由中央银行发行和控制。

我国通用的货币是人民币，目前流通的人民币有纸币和硬币两种类型。纸币的面值主要有100元、50元、20元、10元、5元、1元以及5角、1角；硬币的面值主要有1元、5角和1角。

货币上的信息一般有：国徽，人物，景物，不同文字、数表示的面值，有的有防伪标识等。

货币的单位换算：1元=10角，1角=10分。

（二）幼儿对货币认知的特点

幼儿阶段是认识货币的关键期，货币在幼儿的日常生活中是很常见的，对幼儿来说，货币的意义主要是功能性的。他们首先知道货币的支付作用，即知道货币可以用来购买各种各样的商品。随着年龄增长，幼儿对货币认知不断提高。对货币的辨认、比较、计算以及兑换的能力随着年龄的增长而增长。幼儿对货币的认识程度不仅可以检验幼儿数概念的发展，更能考查幼儿对货币涉及的数理关系是否真正掌握。

根据相关研究，中班可能是幼儿经济学概念理解能力、货币认知能力和初步货币应用能力发展的重要时期。研究表明：

“儿童对经济关系的最初认识是借助于钱的使用来实现的；在4～5岁时，儿童开始理解钱是什么？但这个年龄段的儿童仅有半数或多或少地了解钱的价值；对儿童经济心理发展起主要影响作用的是儿童使用钱的个人经验而不是年龄、智力或家庭所处的社会条件。”①

幼儿对货币认知的发展趋势是②：

小班幼儿能识别货币，但对面值缺乏准确的认识。即不知道面值的大小，他们往往认为用他的1元硬币换你两个或三个1角的硬币是值得的！因为3比1多。但用他1元硬币换你1角硬币时，他不愿意。因为1元的比1角的大些。

到了中班，幼儿对货币辨认能力发展较快，货币面值比较能力逐步提高，能较准确地区分面值大小。而货币兑换能力发展非常迟缓。

到了大班，幼儿货币兑换能力发展迅速，而其他各项货币认知能力发展比较平缓；绝大多数大班幼儿能认识各种不同面值的货币，仅约有半数大班幼儿具有初步的等价交换意识。大班到小学一年级，货币兑换能力继续快速发展，货币面值比较的发展有所加快，其他各项能力发展有所减缓。

---

① 劳南怡，朱培芳.3～5岁幼儿对货币与交换的认知特点与发展.上海教育科研1996年第9期.

② 何平，林泳海，朱海青.早期儿童钱币认知的发展研究.渝州大学学报.社会科学版2002年第3期.

第三节　幼儿认识一般量的活动指导

一、幼儿认识一般量的活动内容与要求

(一)小班

1. 能区别大小、长短、高矮差别明显的两个物体；

2. 能在大小、长短、高矮有明显差别的三个物体中找出和说出最大和最小的、最长和最短的、最高和最矮的；

3. 能对三个大小、长短、高矮差别明显的物体进行排序。

(二)中班

1. 区别和说出一堆物体(不超过7个)的大小、长短、高矮和粗细等；

2. 会用比较的方法对7个以内的物体进行量的差异性描述和比较；

3. 能对7个以内的物体按量的差异进行排序，初步认识量的相对性。

(三)大班

1. 会用目测和自然测量的方法比较物体的长短、高矮、粗细、厚薄、宽窄、轻重、远近等，并能正确使用量词描述物体量的特征；

2. 能对10个以内的物体按量的差异特征进行排序，理解量的相对性；

3. 初步形成量的守恒观念和测量观念。

二、幼儿认识量的活动指导

幼儿主要是依靠直接感知来判断物体量的特征的。在教学时，应充分调动幼儿各种感知觉参与，为幼儿提供看、摸、摆弄物体的机会，让幼儿通过实际操作来体验、感知各种物体的量。同时，鼓励幼儿用语言表达对量的感知，教幼儿使用相应的量词。另外，不同年龄阶段幼儿认识量的教学内容与要求不同，因而教学的方法也各有侧重。

(一)对幼儿进行量的比较的教育与活动

1. 教幼儿用目测(观察)法比较判断物体的量，并用相应的量词进行描述

初期教幼儿认识物体的大小、长短的时候，应在形状相同，空间位置、密度等因素恒定的条件下(减少干扰因素)，且量的差别明显的两个物体之间进行，引导幼儿对物体的单一量进行比较。例如小班教学活动：出示两组碗，一组大小一样，一组大小差别明显。先请幼儿观察比较，然后回答老师的问题：“两组碗有什么不同？哪组碗一样大小？哪组碗不一样大小？”(老师指着大小差别明显的那组碗)再问：“哪个碗较大？哪个碗较小？”

在幼儿学会比较两个物体量的基础上，教幼儿学习比较三个物体量。在教幼儿比较物体量时，同样采用形状相同的物体进行比较，要求幼儿用“最大、最小或较大、较小”的词语进行描述。

如果是中、大班的教学活动，用来进行比较的物体数量逐步增多，物体量的比较范围也相应扩大，因此要教会幼儿用正确的量词进行描述。

2. 教幼儿用重叠或并放比较的方法判断物体的量，并用语言进行描述

在小班就可以教幼儿用重叠比较和并放比较的方法对两个或三个物体的量进行比较。这种方法也是运用视觉进行比较的方法，但是能够让幼儿动手操作，获得更直观准确的量的比较。

一般来说，教幼儿比较物体的大小、长短、宽窄可以用重叠比较法，比较物体的大小、长短、高矮、粗细、厚薄可以用并放比较的方法。例如用重叠法比较长短：发给每个小朋友长短差别明显的两张硬纸条，让小朋友把两张纸条重叠在一起比较，指出哪张纸条长，哪张纸条短。又如用并放法比较厚薄：将两本厚薄不同的书并放在桌子上，请幼儿观察比较，判断这两本书的厚薄有什么不同？哪本书较厚？哪本书较薄？

如果是在中、大班进行这方面的教学活动，在组织幼儿观察比较物体量的特征的基础上，应启发幼儿思考用什么方法进行比较，并用语言描述物体量的特征。语言描述时应注意从词语到句子、单句到复合句的运用，应随幼儿年龄增加逐步提高要求，如从“最长、最短”到“什么较长、什么较短”，再到“什么比什么长，什么比什么短”“什么和什么一样长”等。

让幼儿对日常生活中已经感知多次的物体进行量的比较和描述，可以使幼儿观察事物更细致、更精确。例如，教师向幼儿提问：“找一找，教室里什么东西比什么东西厚一些？什么东西比什么东西薄一些？”幼儿可能举出许多物品，如“书厚一些，纸薄一些；自己穿的毛衣厚一些，内衣薄一些。”另外，比较物体长短、高矮时，教师要提醒幼儿用来比较的物体要一端对齐或在同一水平面上，物体的长短或高矮才能判断得准确。

3. 教幼儿运用手掂、提、抱等肌肉感觉比较物体的轻重

教幼儿感知物体的重量，主要通过运动觉感知比较。通过手掂、提、抱，获得不同的肌肉感觉，体会到物体的“轻”“重”之分，理解轻、重的语词含义。此内容一般在大班进行。可以参照以下教学步骤：

(1)出示两只塑料小桶，一只空桶，另一只装满沙子，让幼儿用手去提，感知到空桶是轻的，装满沙子的桶是重的。

(2)出示形状、大小相同，材料不同的物体，请幼儿比较它们的轻重。如让幼儿用手掂一掂两个同样形状、同样大小的皮球和铁球，然后说出皮球较轻，铁球较重；皮球比铁球轻，铁球比皮球重。

(3)出示同样形状、同样材料，但是不同大小的物体(如积木块)，让幼儿通过掂一掂，感知比较积木块的轻重，进一步体验到形状、材料相同的物体，大的重，小的轻。

(4)出示一幅幼儿玩跷跷板的图片，引导幼儿观察、比较、判断跷跷板两端幼儿的轻重。

4. 通过智力游戏巩固对量的认知

智力游戏不仅可以提高幼儿学习的兴趣，还可以针对幼儿的个别差异进行教学，尤其能满足智力发展较快的幼儿的求知欲，充分调动他们运用各种方法进行思考的积极性。例如，老师和幼儿玩“和我的相反”的游戏。老师边念儿歌边做动作“飞机大啊”，小朋友就说“飞机小啊”，老师说“飞机飞得高啊”，小朋友就说“飞机飞得矮（低）啊”……要求幼儿在说出跟老师相反的量词的同时也做出跟老师相反的动作。

（二）对幼儿进行量的排序的活动

组织幼儿进行物体量的比较活动，也可以结合分类、排序等活动来进行。根据物体量的特征差异进行排序是幼儿园排序教学的主要形式，此内容在前面章节有专门论述，在此不重复介绍。

（三）幼儿认识量的相对性的活动

物体的大小、长短、粗细、厚薄、高矮、宽窄、轻重等特征是相对的、有条件的，但幼儿往往把物体量的这些特征看成是绝对的、不变的。教学中可以通过两个以上物体量的比较，使幼儿认识物体量的相对性。例如，先出示红绿两条长短不一的绳子，让幼儿比较发现：红绳子较长，绿绳子较短。然后再出示黄绳子（比红绳子长），让幼儿对三条绳子同时进行比较，发现原来较长的红绳子，跟黄绳子比就成较短的了。引导幼儿认识物体量的长短（大小、粗细、厚薄、高矮、宽窄、轻重）等特征是有条件的，不是绝对的，量具有相对性。

（四）幼儿认识量的守恒的活动

幼儿量的守恒观念发展得比较晚，一般在幼儿园大班引导幼儿进行初步的认识。幼儿量守恒的教学内容主要涉及长度、面积和体积的守恒，教学中主要借助于物体量的变式来进行。

1. 长度守恒

出示两根等长的木棒或两张等长硬纸条，先平行放，让幼儿观察确定它们是一样长的，之后，当着幼儿的面，移动其中的一根木棒或一张纸条，然后问幼儿：“现在两根木棒（两张纸条）还同样长吗？”还可以改变两根木棒（两张纸条）的摆放形式，再问幼儿：“两根木棒（两张纸条）还同样长吗？”

出示两条等长的毛线，将其中的一条毛线改变形状（变成曲线），然后问小朋友：“这两条毛线是否一样长？”如图 6-1 所示。

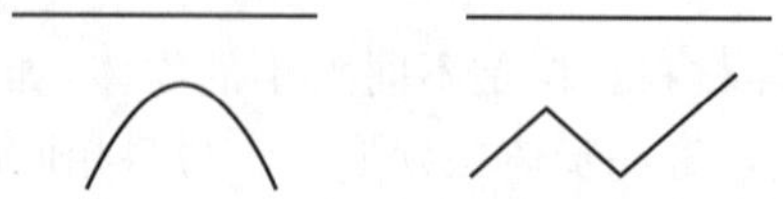

图 6-1

为了使幼儿确信两根木棒(两条毛线、两张纸条)的长度不会因为摆放位置的改变而改变，可以提供小绳子让幼儿量其长度有否变化。

2. 面积守恒

用几何图形做出各种面积变式，让幼儿比较它们相等还是不相等。如图 6-2 所示。

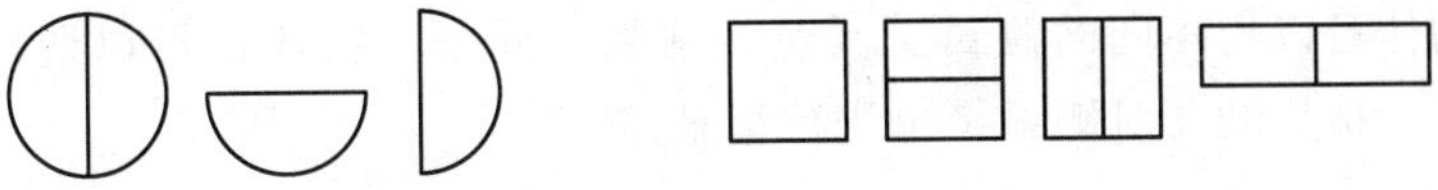

(1)　　(2)

图 6-2

3. 体积守恒

出示两个大小、形状同样的物体，然后把其中一个进行变形，让幼儿思考比较，它们是否同样大？为什么？

又如，出示两个同样大小的杯子，里面盛有同样多的液体，然后将杯子里的液体分别倒入两个杯身粗细不一的容器里(如图 6-3 所示)，引导幼儿观察比较液体改装在不同的容器后是不是同样多？

图 6-3

(五)幼儿学习自然测量的活动

自然测量是指利用自然物作为量具(度量单位)，如用小棒、纸条、手指、瓶子等物作为度量工具进行直接测量的一种测量方法。通过自然测量，可以引导幼儿把数、量、形有机结合起来，加深对事物的数量关系和空间形式的理解，初步学会使用测量工具和测量方法，培养幼儿动手动脑的能力。

1. 运用讲解演示法帮助幼儿理解自然测量的含义，掌握自然测量的要领和方法以及如何表示测量的结果

例如，教师示范用小棒测量教学白板的边长，边操作边说明：从白板的左端开始测量，沿着白板边测量到右端。小棒的一端要对准白板左边的起点，每次移动小棒之前，先要在白板上对着小棒右端的地方画一个记号，同时数出量过的次数。量到终点时，用小棒量了几次，就说明白板的边等于几根小棒长。

2. 介绍测量工具，使幼儿初步认识各种量具的使用功能

例如，用小棍、硬纸条、手指等可以测量物体的长短、高矮、厚薄和宽窄；用线

段、绳子可以测量物体的长短、粗细；用脚步、绳子或小木棒等，可以测量距离远近；用玻璃瓶(杯)、小桶、碗等可以测量物体体积的多少？等等。

3. 指导幼儿进行自然测量的操作练习，探寻自然测量的多种方法

例如，提供多种熟悉的物体让幼儿进行自然测量的操作练习，启发幼儿观察思考，发现不同的物体可以用不同的测量工具进行测量，同一个物体也可以选择不同的测量工具进行测量，指导幼儿对测量结果进行记录。

4. 组织幼儿讨论测量的结果，培养幼儿测量的观念

例如，结合测量记录表的记录，引导幼儿讨论思考，使幼儿认识到测量同一个物体，量具大小不同，量的次数就不同，量具越大，量的次数就越少；量具越小，量的次数就越多。

三、幼儿认识量的活动案例与评析

(一)量的比较的活动案例与评析

表 6-1　比高矮

<table>
<tr><td>活动名称</td><td>比高矮——中班数学活动</td><td>设计意图及评析</td></tr>
<tr><td>活动目标</td><td>1. 感受比高矮活动带来的快乐。
2. 学习比高矮的正确方法，并感知高矮的相对性。
3. 能正确的比较 5 个物体的高矮，并将它们从高到矮或从矮到高进行排序。</td><td>从情感态度、认知、能力三个维度提出本活动的目标。</td></tr>
<tr><td>活动重难点</td><td>1. 重点：学习比高矮的正确方法，并感知高矮的相对性。
2. 难点：正确地比较 5 个物体的高矮，并按要求进行排序。</td><td rowspan="2">中班幼儿虽然对高矮有些生活经验，但如何正确比较物体高矮还不是很清楚，由于他们已有排序、方向性的认知经验，因此，教师设计了这个比高矮的活动，并且提出了以上三条目标。</td></tr>
<tr><td>活动准备</td><td>1. 幼儿经验的准备
对高矮有一定的感知；知道排序有方向性。
2. 活动材料的准备
教具：创设一个情境，在教室里垂吊一件小礼物，幼儿够不着，教师可以拿到；小旗子一面；园点卡片若干。
学具：高矮不同的树、房屋等操作材料(人手一份)。</td></tr>
<tr><td colspan="2">活动过程</td><td>设计意图及评析</td></tr>
<tr><td colspan="2">1. 感知高矮。
(1)提出问题：谁能帮老师取下这个悬挂在教室里的礼物？
(2)取礼物：请 2～3 名幼儿和老师分别尝试取下礼物。
(3)讨论：为什么老师可以取到礼物？
(4)思考：怎么样比高矮呢？</td><td>在取礼物的情境中，让幼儿发现问题，感知高矮现象。</td></tr>
</table>

续表

活动过程	设计意图及评析
2. 学习比高矮。 (1)请一名幼儿独自上前，请幼儿说一说他的高矮情况。 (2)请两名幼儿站在不同高度比高矮，观察其结果。 (3)再请两名幼儿站在同一高度比高矮，观察其结果。 (4)师生共同得出结论：比高矮时必须要有相比较的对象，并且相互比较的人或物要在同一高度上。 3. 感知高矮的相对性。 (1)介绍游戏“找朋友比高矮”的玩法：幼儿边拍手边念儿歌：“找、找、找朋友，找到一个好朋友，立正，比一比，我是高来还是矮。”游戏反复进行 2～3 次。请幼儿记住每次与同伴比较的结果。 (2)组织幼儿玩游戏：找朋友比高矮。 (3)请幼儿与同伴交流自己的游戏结果。 (4)引导幼儿总结出：相互比较的对象不同，得出的高矮结果也不同。一个人，当他和比自己个子高的人比较时，他就矮；反之他就高。 4. 学习比较并按要求进行高矮排序。 (1)请 5 名幼儿参加站队游戏。教师拿旗子，以旗子的方向为准，请幼儿按照从高到矮或从矮到高进行排序。(其他幼儿协助) (2)幼儿分组站队，每队 5 人左右，按要求进行高矮站队。 (3)幼儿操作活动：我来排一排。 请幼儿将高矮不同的树、房屋的图片，按从高到矮或从矮到高的要求进行排序。 延伸活动： 1. 在区域活动中提供类似物体高矮排序的作业，请幼儿自由选择并完成。 2. 请幼儿寻找生活中高矮不同的物品进行排序。 3. 鼓励幼儿回家，与家人一起玩高矮站队的游戏。 活动设计：湖北省武汉市洪山区街道口幼儿园　孙虹	在学习比高矮的环节中，教师请幼儿观察比较不同情况下两名幼儿的高矮结果，从而引导幼儿得出正确的比较方法。 物体的高矮具有相对性，幼儿感知这个特点比较困难。教师根据幼儿的学习内容，有目的地创编了“找朋友比高矮”的游戏，让幼儿在“玩”中学数学，在愉悦的游戏中感知高矮的相对性。在不知不觉中突破了教学中的重难点。 “学习比较并按要求进行高矮排序”环节中，幼儿站队，亲身体验高矮排序，给动手操作奠定了很好的基础。这是一个从感性到理性的过程，帮助幼儿巩固本次活动重难点的掌握。 在延伸活动中可将比较高矮的活动融入到幼儿一日活动中，例如按高矮顺序排队、比较常用物品的高矮、比较家人的高矮等很多可以信手拈来的活动素材。利用活生生的生活素材，引导幼儿在有意无意间感受来自生活的多种数学信息，消除幼儿对数学的陌生感，为幼儿学数学积累丰富的感性经验，奠定了数学学习的基础。
物体的高矮、大小、轻重、厚薄等连续量，都具有不变性和相对性，幼儿感知这些特点，一般来说比较困难。这个活动，主要是引导幼儿学习比高矮的正确方法，并感知高矮的相对性，在观察比较中，感受比高矮活动带来的快乐。活动是按“感知高矮—学习比高矮—感知高矮的相对性—学习比较并按要求进行高矮排序”的活动流程，让幼儿在充分体验中自主学习。这样既可以让幼儿亲身体验数学概念，也可以让老师发现幼儿学习过程中出现的问题，进行有针对性的指导，从而实现教育目标。	

(二)自然测量的活动案例与评析

表 6-2 自然测量

活动名称	自然测量——大班数学活动	设计意图及评析
活动目标	1. 对测量活动感兴趣，测量时认真仔细。 2. 初步了解自然测量的意义，学习简单的自然测量方法，感知测量工具与测量结果之间的关系。 3. 能选择适当的工具对物体进行测量。	本节课设计意图在于让幼儿理解自然测量的意义，学习简单的自然测量的方法，培养幼儿对测量的兴趣。尝试借助工具测量熟悉物体，进一步了解测量在生活中的应用。
活动重难点	1. 重点：学习简单的自然测量的方法。 2. 难点：能选择适当的工具对物体进行测量，感知测量工具与测量结果之间的关系。	
活动准备	1. 幼儿知识准备 幼儿会比较 10 以内数的大小。 2. 活动材料的准备 教具：记录纸、记录笔、线、小棒；有关自然测量的视频资料。 学具：小木棒、线、记录纸、笔等材料人手一份。	

活动过程	设计意图及评析
1. 问题引入，激发兴趣，初步了解自然测量的意义。 (1)提问：你们知道我们坐的板凳有多高吗？用什么方法才能知道呢？ (2)鼓励幼儿积极思考，并与同伴交流自己的想法。 (3)结合实际情况，帮助幼儿初步了解自然测量的意义。 2. 量一量：请幼儿自选一种自然测量的工具，自由探究简单的自然测量的正确方法。 (1)教师介绍要求：请幼儿自选一种自然测量的工具，自由探究测量板凳的高度。 (2)请幼儿与同伴交流自己测量的结果。 (3)思考：为什么我们测量同样的东西，结果却不一样？ (4)师生共同小结：测量时，我们选择的工具要一样，测量时还要认真仔细。从顶头开始测量，每量一次要做好记号，前后两次测量的地方要连接好，测量完后要做好记录，便于保存结果和用于交流。 3. 再次测量：统一用小棒学习正确的自然测量方法。 (1)教师演示正确的自然测量的方法。 (2)请幼儿选择小木棒作为测量工具，测量板凳的高度，并做好记录。 (3)请幼儿与同伴交流测量的结果。 (4)教师和幼儿一起把测量方法编成儿歌：“小小测量师，做事要仔细。顶头要对齐，末尾做标记，首尾请相接，结果记详细。”	教师直接用问题引入，可激发幼儿学习的兴趣，唤醒他们自然测量的已有经验。 量一量的环节，教师通过层层递进的提问，由浅入深、逐步深入，引导幼儿对记录结果进行比较、分析、推理、发现自然测量的正确方法，轻松突破重点。既充分体现教师作为支持者、引导者的作用，又发展了幼儿的主动性和创造性。 再次测量的环节，教师运用统一的测量工具有利于增进孩子之间的合作与分享，同时有利于结果的分析与评价。

续表

活动过程	设计意图及评析
4. 第三次测量：感知测量工具与测量结果间的关系。 (1)请幼儿将测量的工具换成线，记录测量的结果。 (2)引导幼儿比较分析线的长短与测量结果之间的关系。 (3)师生共同小结：当我们用长短不同的测量工具来测量同一物体时，其测量的结果是不一样的。测量工具越短，测量的次数越多；反之，测量工具越长，测量的次数越少。 5. 观看视频资料，帮助幼儿了解不同的自然测量的方法。 如：农民步量、缠线时腕量、裁缝指量、以杯量水、以碗量米等。 6. 请幼儿自由选择测量对象和测量工具进行测量，巩固学习自然测量方法。 7. 拓展思考：你觉得还有哪些东西可以用来做测量工具？	在第三次测量环节中，教师通过幼儿动手测量、观察、分析记录结果，进而感知测量工具与测量结果之间的关系。
延伸活动： 1. 请幼儿自由选择测量工具，在自由活动时间进行测量活动。 2. 在区角中，教师提供各种长度测量的工具，便于幼儿认知和尝试使用。 3. 家长也可在家指导幼儿开展测量活动。如：让幼儿用杯子来量水和米的多少；可以用棍子量家具的长、宽、高等。 活动设计：武汉贝乐园早教中心　罗文	请幼儿观看视频、自由测量、拓展思考及延伸活动，都是为了巩固幼儿对自然测量方法的掌握，拓宽幼儿测量的认知经验。
整个活动根据幼儿的学习规律、以兴趣为切入点，由浅入深、循序渐进，掀起了一个又一个的小高潮。活动环节设计也能从兴趣导入—自由探索—学习测量—经验拓展展开，层层递进。自然测量方法不是教师教出来的，而是幼儿针对问题想办法解决问题，教师在其中只是充当点拨者的角色。幼儿在活动中学得开心、学得主动。从幼儿在活动中的表现可以看出活动目标的确定是明确而适宜的，目标的达成度也是比较高的。活动中，幼儿的思维、动手操作能力、语言表达能力等都得以提升。	

(三)量的守恒的活动案例与评析

表 6-3　量的守恒

活动名称	铺操场——大班数学活动	设计意图及评析
活动目标	1. 乐意参加铺操场的活动，对面积守恒的现象感兴趣。 2. 了解图形的面积不随其形状及摆放形式的变化而变化，初步理解面积守恒的含义。 3. 能与同伴合作学习，运用拼图比较的方法感知面积守恒现象。	根据《纲要》的精神，从情感态度、认知、能力三个维度提出教学目标。 在平时的活动中，教师发现，幼儿在进行几何图形拼图的过程中，当一个图形的摆放形式有所改变，或把
活动重难点	1. 重点：初步理解面积守恒的含义。 2. 难点：能运用拼图比较的方法感知面积守恒现象。	

续表

<table>
<tr><td>活动名称</td><td>铺操场——大班数学活动</td><td>设计意图及评析</td></tr>
<tr><td>活动准备</td><td>1. 幼儿经验的准备
认识过各种几何图形。
2. 活动材料的准备
教具：剪刀；面积一样大正方形纸 2 张；一样大的操场背景图 2 幅(一操场是一个大正方形，另一操场是一个大长方形，它的大小正好可以用整数小正方形或长方形地砖拼成)；丁丁和冬冬的手偶各一个。
学具：剪刀；大小各自相等的正方形、长方形若干(作为地砖)；一样大的操场背景图每小组各一幅；笔和纸张每组一份。</td><td>它分成几份，拼成另外的图形时，他们就认为原来的图形和现在的图形不一样了，幼儿认识面积守恒的现象还存在困难。因此，特设计此活动。</td></tr>
<tr><td colspan="2">活动过程</td><td>设计意图及评析</td></tr>
<tr><td colspan="2">1. 表演，引出活动内容。
(1)手偶表演：丁丁和冬冬是一对好朋友。他们有一个正方形的操场，用了很多年以后，他们想把正方形的操场改建成长方形的操场。可丁丁认为改建后的操场变小了，冬冬却坚持说：虽然操场形状变了，可大小真的没有变。丁丁感到怀疑。
(2)思考：改建前后的两个操场到底是不是一样大的呢？你能用什么办法来证实？(幼儿自由发言)
(3)教师小结：只有用科学、正确的方法来检验才知道我们猜测的结果是否正确。
2. 教师引导幼儿了解图形大小不因图形形状的变化而变化。
(1)教师出示面积一样的大正方形纸 2 张，请幼儿观察比较其大小。
(2)教师将其中的一张正方形用剪刀剪成 2 个三角形。
(3)思考：这 2 个三角形与另一个正方形还是一样大的吗？为什么？
(4)教师进行拼图操作，用重叠法验证猜想。
(5)教师再将 2 个剪后的三角形再各分成 2 份，用同样的方法进行猜想验证。
(6)师生共同得出正确结论：图形大小不因图形形状的变化而变化。
3. 教师引导幼儿了解：图形大小不因图形摆放形式的变化而变化。
(1)教师改变 4 个三角形的摆放形式，请幼儿观察比较其大小。
(2)思考：这 2 组图形还是一样大的吗？为什么？
(3)教师进行拼图操作，验证猜想。
(4)师生共同得出正确结论：图形大小不因图形摆放形式的变化而变化。
4. 教师帮助幼儿理解面积守恒的含义。
图形面积的大小不会因为它们的形状及摆放形式的变化而变化。</td><td>表演是为了引出学习内容。让幼儿思考，挑战幼儿：操场形状变了，大小是否也变了？如何解决这个问题？使幼儿产生认知冲突，产生求知欲。
下面的两个环节，教师抓住幼儿认知冲突发生的时机，采取一步一步由易到难，引导幼儿理解面积守恒的含义，带领幼儿由被动的接受转化为他们主动的学习。
从而使幼儿初步理解并建构起面积守恒的概念：图形面积的大小不因图形形状及摆放形式的变化而变化。
数学活动离不开幼儿自己动手操作环节，幼儿知识经验的积累和巩固也是在操作过程中得以实现的。拼图实践操作很直观地让幼儿感觉到面积大小的变化，从而进一步理解图形面积守恒的含义。</td></tr>
</table>

续表

<table>
<tr><th>活动过程</th><th>设计意图及评析</th></tr>
<tr><td>5. 拼图实践操作，进一步理解面积守恒的含义。
(1)出示地砖：大小各自相等的正方形、长方形和操场背景图。
(2)讨论：怎样用我们学的方法帮丁丁和冬冬解决操场的问题？
(3)教师提要求，请幼儿与同伴合作完成任务。
要求：自由选择地砖，但两个操场地砖要使用相同形状的地砖，与同伴分工，合作完成铺操场地砖的任务，并记录每个操场使用地砖的块数，便于比较。
(4)根据记录的结果得出拼图比较的结论：两个人的操场虽然形状不一样，但大小一样。
6. 经验的提升，加深幼儿对面积守恒含义的印象。
延伸活动：
1. 在区角提供操作材料，请幼儿进一步感知面积的守恒。如：请幼儿将正方形纸沿线剪成小正方形，用所有正方形拼图，感知面积的守恒。
2. 请幼儿将相同大小的图形拼成另外的不同造型，比较其大小，引导幼儿进一步感知图形面积的守恒。
3. 请家长在家也开展相关的观察比较面积大小的游戏活动。
活动设计：武汉市洪山区街道口幼儿园　韩元香</td><td>最后一个经验提升的环节，起到对前面学习的回忆和总结作用。</td></tr>
<tr><td colspan="2">幼儿在比较中体验面积守恒是一项很重要的内容，然而幼儿受年龄和思维抽象性发展所限，往往在面积的比较中容易受其形状及摆放形式、视觉判断等方面的干扰，从而不能很正确的感知到面积守恒。在面积守恒这一数学教育活动的设计与实施过程中，教师仔细分析了该活动的重点和难点，活动目标定位准确，并在活动过程中运用了适当的策略突破重难点，指导语清晰准确，活动过程与目标环环相扣，使活动得以有效的展开。</td></tr>
</table>

第四节　幼儿认识时间的活动指导

教幼儿认识时间，可以使他们感知时间的存在，发展他们的时间知觉，帮助他们树立时间观念，知道什么时候做什么，养成有规律的生活习惯和良好的学习习惯。

一、幼儿认识时间的活动内容与要求

小班：初步认识一天的组成，知道白天、黑夜的含义，并在日常生活中会运用这些词汇。

中班：理解昨天、今天、明天的含义，并能在日常生活中运用这些词汇。

大班：知道一星期有七天，一年有四季以及它们的交替周期；认识钟表，会看整点和半点，会看日历；发展幼儿的时间观念。

二、幼儿认识时间的活动指导

教幼儿认识时间应结合幼儿的实际生活，通过讲述、谈话、游戏、操作练习以及日常生活等直观具体的活动形式进行，才能取得较好的教育效果。

（一）看图讲述法

把幼儿某一时间段的活动内容借助图画的形式展示出来，教师通过讲解图片的内容、情节，教幼儿认识这些时间概念。例如，教幼儿认识白天、黑夜，可以出示两幅反映不同时间幼儿生活的图片，引导幼儿逐幅地观察图片的内容，思考每幅图上画的小朋友在做什么？是什么时候做的这些事情？教师在讲解图画内容时要突出时间用语。

（二）谈话法

根据某一时间概念，教师提出一些具体的问题，通过谈话的形式，帮助幼儿联系自己的生活实际来理解这些时间的含义。例如，认识"早晨"可以提出以下问题："今天早晨你是几点钟起床的？起床后你都做了些什么？是谁送你到幼儿园来的？在来幼儿园的路上你都看见了什么？"谈话结束时，教师还要强调说："刚才说的这些事情都是在早晨发生的，"以突出早晨的时间。

（三）游戏法

游戏是孩子喜爱的活动，特别是在角色游戏中，幼儿通过具体的活动内容、活动形式、角色扮演等不断地感知时间、理解时间概念。例如，在"娃娃家"游戏中，随着游戏情节的开展，教师可以向幼儿提问：娃娃什么时候起床？（早晨）；什么时候做游戏？（白天）；什么时候和爸爸妈妈一起看电视？（晚上）；什么时候睡觉？（黑夜）……通过游戏可以帮助幼儿理解一天的组成，认识一段时间的连贯性，有助于发展幼儿的时间观念。

（四）操作练习法

教师可以结合日常的教学或生活活动，组织幼儿开展类似讲故事、绘画、制作粘贴画册等活动，把有关时间教学的要求融汇在这些活动中。例如，以"我的一天"进行主题画时，教师可先请幼儿想一想，说一说"我的一天"包括哪些时间段？小朋友们做什么？然后，请幼儿把它们画出来。画完后，要求每个幼儿按照时间的先后顺序展示出来并说一说画上有谁？画的什么时候？他们在做什么？这样的活动可以训练幼儿对表示时间词汇的理解和表达能力。

（五）教幼儿认识钟表，学会看整点和半点

幼儿对时间单位的理解相对于某一时间段来说更难，所以教学中往往需要多种方法互相配合来帮助幼儿建立这一时间概念。教幼儿认识钟表，学会看整点和半点，可以参考以下教学方法和步骤。

1. 通过谈话，使幼儿了解钟表与人们生活的关系，知道钟表的作用。

2. 引导幼儿观察钟面的结构特征，知道钟面上有 12 个数及其排列顺序，认识钟面上的时针和分针。

3. 教师演示讲解时针、分针的运转规律，使幼儿初步认识分针从数字 12 开始走一圈，时针就从数字 12 开始走到 1，就是走了 1 小时(分针指着数字 12 时，时针指着数字几就是几点整)；分针从数字 12 开始走到数 6，走了半圈，时针则从数字 12 开始向数字 1 的方向走了一半(半格)，就表示时间走了半小时。

4. 指导幼儿进行拨分针和时针的练习，进一步认识整点和半点。

5. 通过多种活动巩固幼儿对钟表的认识，如游戏、操作或制作钟表等活动。

需要注意的是，不管是整点还是半点的教学，教师在演示时都要注意把时针、分针对准数字 12，从 12 点整开始操作。对 6 点整、12 点整时针、分针的指向要作强调说明。

三、幼儿认识时间的活动案例与评析

表 6-4　认识时钟

活动名称	我会读时钟——大班数学活动	设计意图及评析
活动目标	1. 感受时钟在人们生活中的作用。 2. 认识时钟，学习认识整点，感知时钟的时针与分针的运行规律。 3. 初步懂得认读整点和半点。	对于幼儿来说，时间的概念是抽象的。大班的幼儿面临上小学，认识钟表、遵守时间对他们来说非常重要。时钟是幼儿认识时间最直接的工具，为了更好地做好幼小衔接工作，教师设计了教学活动“我会读时钟”，并以此为契机，引起幼儿对时间的关注，感受时钟在人们生活中的作用。学习认识整点，感知时钟的时针与分针间的运行规律。
活动重难点	1. 重点：学习认识整点，感知时钟的时针与分针的运行规律。 2. 难点：会正确认读整点。	
活动准备	1. 幼儿经验的准备 幼儿在生活中观察过时钟，会认读 1～12 的数字，会做一日生活律动操。 2. 活动材料的准备 教具：创造一个“时钟王国”的学习环境，里面摆着各种实物时钟；时钟模型一个；反映幼儿一日生活内容的图片(起床、上学、午餐、午睡、游戏、放学等)；时钟演变过程图片；磁性黑板 1 块。 学具：可以拨动的小时钟(幼儿人手一份)。	

续表

活动过程	设计意图及评析
1. 创设"时钟王国"的情境，激发幼儿学习的兴趣。 在"时钟王国"，教师引导幼儿欣赏各种各样的时钟，激发他们探究的欲望。 2. 认识时钟。 (1)提出观察的要求：每只钟面上都有什么？钟面上的数字是怎样排列的？比比看，两根指针有什么地方不一样？ (2)请幼儿按要求仔细观察时钟。 (3)分享交流：幼儿与同伴、教师分享、交流自己对时钟观察的结果。 (4)师生共同小结：钟面上有指针、有数字。钟面上有三根指针，它们的长短不同，最短的是时针，比较长的是分针，最长而且不停地走动的是秒针。钟面有12个数字。数字是按照1～12的顺序排列在钟面上的，12在上面、6在下面，9在左边，3在右边。 3. 感知时钟的时针与分针的运行关系。 (1)教师演示，幼儿观察，引导他们感知时钟的时针与分针的运行规律。 教师演示：教师先将时针和分针拨在12点整上，再慢慢拨动指针，请幼儿仔细观察时针与分针的运动快慢。 (2)幼儿操作游戏：我也拨一拨，真切感知时针与分针的运行规律。 (3)师生共同小结：时针走得慢，分针走得快。分针走1圈，时针走1格。 4. 认识整点。 (1)教师用模型钟拨出几个整点，让幼儿观察，找出表示整点时指针的位置特点。 表示整点的特点：表示整点时，分针指着数字"12"，时针指着几就是几点整。 (2)在游戏中练习认读整点：教师拨出时间，幼儿快速说出时间。 5. 结合幼儿一日生活内容的图片，巩固幼儿对时钟整点的认识。 教师根据情境内容，请幼儿按要求拨出相应的整点数。 6. 师生共同讨论时钟在生活中的作用。 延伸活动： 1. 将时钟放在区角中，请幼儿继续开展拨时间的游戏，教师则有目的地辅导认读有困难的幼儿。 2. 区角中添加制作、绘画时钟的材料，让幼儿当小小设计师，制作或绘画时钟，布置成一个"时钟王国"。 3. 请家长继续与幼儿谈论关于时钟的话题，丰富幼儿对时钟的生活经验。 活动设计：武汉市汉南区纱帽山幼儿园　陈莉	创设情境是激发幼儿学习兴趣的最好手段。在幼儿兴趣点上生成的探究活动能够激发起幼儿内在的学习动机，它是幼儿进入主动学习的前提。因此，教师精心创设了教育情境，以激发幼儿求知欲望。 让幼儿带着问题观察钟面、交流讨论，能有效激发幼儿内在的学习动机，使他们能在自己的水平上学习探索。这样，不仅幼儿的主体性得以充分发挥，能力也得到提高，使他们对数学学习更加主动积极。 在认识整点环节中，幼儿通过观察、推理找出整点的特点后，教师再在游戏中帮助幼儿认读整点，从而加深他们对整点的认识。 只有应用于生活的数学活动，才能使幼儿真正体会到数学与我们生活的密切联系。运用幼儿较熟悉的一日活动的内容及时钟在生活中的应用，使幼儿对所学知识有了进一步的巩固，使整个学习活动生活化、游戏化。 活动延伸作为教育活动的一种延续，教师为幼儿创设了适宜的活动环境，为他们更好地巩固习得的经验，提供了可持续发展的契机。

续表

本次活动通过情境创设、问题引路、自主探究、实践操作、交流讨论、结合生活经验开展游戏等过程来认识时钟，感知时针与分针运行的关系，正确认读整点。认识时钟时，教师为幼儿准备了足够多的材料，说明时钟在日常生活中的应用广泛。认识时钟对于即将入学的大班幼儿有很大帮助，从而更能激发幼儿的学习动机，促进幼儿主动去探究关于时钟的秘密。在活动中，教师也注重将知识的呈现与幼儿现实的生活实际相结合，让他们在主动探究的过程中能力得到提高，身心获得发展。

第五节 幼儿认识货币的活动指导

幼儿认识货币的活动一般从大班开始。

一、幼儿认识货币活动的内容与要求

1. 知道人民币有硬币和纸币；
2. 能辨认不同币值的人民币：1 角、2 角、5 角、1 元、5 元、10 元；
3. 能进行 1 元与 1 角(或 5 角)的换算；10 元与 1 元(或 5 元)的换算等；
4. 能参与简单的购物游戏与活动；
5. 爱惜人民币，合理消费。

二、幼儿认识货币的活动指导

幼儿对货币的认识更多取决于其生活经验。所以教学中多给幼儿创设类似生活中的买卖环境，如模拟市场或商城等，让幼儿通过角色扮演体验货币的作用、认识货币的面值，学习比较和对货币进行换算，也可以通过具体的教学活动组织幼儿学习有关货币的知识。由于幼儿对货币面值的判断主要是依靠对货币上的数字的认识，所以，幼儿货币的教学应在 10 以内数的认知基础上进行，可参照以下教学方法。

(一)认识硬币和纸币，了解货币面值的大小

将一些硬币和纸币分别展示给幼儿看，通过用手摸、捏、折叠、抛掷等方式感知硬币与纸币的不同。硬币掉在地上可以发出声响，都是圆的；纸币是用特殊的纸质材料做的，可以折叠，是长方形的。

让幼儿看看各种硬币有什么不同，可以让孩子用比较大小、认识硬币上的面值数字来区别几种硬币，也可通过拓印硬币等延伸活动来巩固对货币的认识；让孩子通过图案、颜色、大小和面值等来比较、辨别、认识纸币。

借助货币的实物教具，依据货币由小到大的单位面值，引导幼儿认识货币的数字，了解面值的大小。

(二)用游戏的方式来掌握货币之间的换算关系

幼儿认识了货币上的数字，就知道货币的大小，这时有必要先教幼儿学认货币上的大小写数字，了解不同币值其他标志性图案。然后学习换算，币值换算有两类：一类是同一单位但不同面值间换算，如 5 元与 1 元的换算；二是不同单位面值间换算，如 1 元与 5 角的换算。通过操作练习加以巩固。

(三)学会使用货币

创设商店买卖的游戏情境，组织幼儿开展诸如"商店""超市""菜市场"等角色游戏，体会货币的支付功能，积累买卖的经验，进一步认识货币的大小及对换关系。

家长可以给幼儿一点小额零钱，并随机观察指导幼儿独自购买一些小的东西，如买雪糕、小零食等，让他把买完东西剩下的钱还给家长，家长可以告诉孩子，给了他多少钱，花了多少钱，最后找回多少钱。

(四)学会卫生地使用货币

在教孩子认识货币、进行货币换算，或是进行交易活动时，还要告诉孩子如何卫生地使用货币。因为货币是在很多人的手里用来用去，上面有很多细菌，所以不要把硬币放在嘴里，拿完钱后要洗手，还要养成理性消费、不乱花钱的好习惯。

(五)认识货币多种使用价值

长辈除了给孩子讲明金钱可以购物消费之外，还要让孩子明白钱可以让自己接受教育，可以更好地休闲娱乐，做一些慈善的事情等。孩子对钱的使用价值有了更多地认识，才能更加清楚钱在生活中的重要作用，才会从小养成良好的理财观念和消费观念。比如：合理用钱、开源节流、理性消费，不攀比、不浪费等。

三、幼儿认识货币的活动案例与评析

表 6-5　认识人民币

活动名称	认识人民币——大班数学活动	设计意图及评析
活动目标	1. 懂得爱惜人民币，体验自主购物的快乐。 2. 初步认识不同面值的人民币(角与元面值的人民币)，学习进行简单的人民币兑换。 3. 会用货币购买相应同等币值的商品。	有关人民币的知识，幼儿并不陌生，在生活中经常接触，有一定的直接经验。但他们对货币认识及货币之间兑换的经验是很浅薄、很欠缺的。因此，在"认识人民币"的教学设计中，教师
活动重难点	1. 重点：初步认识不同面值的人民币，学用货币购买相应同等币值的商品。 2. 难点：学习进行简单的人民币兑换。	

活动名称	认识人民币——大班数学活动	设计意图及评析
活动准备	1. 幼儿经验的准备 有过在超市购物的生活经验，会 10 以内的加减法。 2. 活动材料的准备 教具：教师准备各种面值的人民币(1 角、5 角、1 元、5 元、10 元面值的人民币)；创设一个小超市。 学具：请家长为幼儿准备不同币值的人民币一组(1 角、5 角、1 元、5 元、10 元面值的人民币)；小篓子若干。	以幼儿已有的生活经验为前提，努力调动他们学习的积极性，促使他们积极主动地探究、参与活动，以实现教学目标。

活动过程	设计意图及评析
1. 回忆超市购物的生活经验，引发幼儿学习的兴趣。 (1)提问：你在超市买过东西吗？ (2)请个别幼儿讲述自己在超市买东西的情境。 (3)结合幼儿生活经验，让他们明白人民币的作用。 2. 认识人民币。 (1)教师分别出示角、元两种单位的人民币，请幼儿观察。 (2)引导幼儿比较各种不同面值的人民币的异同。 (3)教师出示纸币和硬币，请幼儿观察比较其异同。 (4)师生共同小结：人民币上有图案和数字，以及我们国家的国徽，它是我们国家的钱，叫人民币。人民币上的数字就是表示钱的多少。人民币的国徽代表了我们国家，我们要爱护人民币。 3. 学习人民币的兑换。 (1)在创设的情境中，教师帮助幼儿学习角之间的兑换。 如：小粘贴 5 角钱一张，可以怎样付款(给钱)？可以给一张 5 角，也可以给 5 张 1 角。因为一张 5 角跟 5 张 1 角一样多。 (2)用同样的方法，帮助幼儿学习元之间的兑换。 (3)在创设的情境中，帮助幼儿学习角与元之间的兑换。 (4)教师随意抽取一张人民币，请幼儿用不同的方法表示其面值大小。 如 1 元的表示方法：1 元；2 张 5 角；10 张 1 角等。 (5)师生共同小结：人民币有不同的面值，同样多的钱，有不同的表示方法，我们可以根据需要进行兑换。 4. 游戏“逛超市”，学习用货币购买相应同等币值的商品，提高进行简单的人民币兑换的能力。 (1)教师介绍游戏玩法及要求：在超市进行购物，用货币买到相应同等币值的商品。 (2)请幼儿自主购物，并核对商品和价钱(教师及时观察与指导)。 (3)请幼儿与同伴分享自己购物的感受(交流人民币兑换的情况)。 5. 拓展幼儿经验：请幼儿说一说，人民币在生活中的其他用途，激发幼儿尊重、爱护人民币的情感。	活动开始从幼儿的生活实际出发，创设情境，可以调动他们的积极性。 引导幼儿认识人民币，一方面是帮助幼儿认识人民币的特点及面值，另一方面是为后面的探究学习奠定基础。 在学习货币的兑换时，教师主要是在情境中帮助幼儿学习几种不同面值货币的兑换，可激活幼儿扩散性思维，形成探索式的学习方式。对人民币也有了更深层面的认识。 教学中尝试以逛超市的学习活动为载体。在这个环节中，教师要把握好时机，不时地参与幼儿的购物活动，让幼儿与同伴分享自己购物的感受(主要交流人民币兑换的情况)，可进一步激活幼儿扩散性思维，形成探索式的师幼互动、同伴互助。可给幼儿带去欢乐，也带去智慧。 真正掌握货币的兑换是一个漫长的过程。因此，延伸活动中，为幼儿提供代币券、硬币开展游戏，让家长在平时生活中多提供幼儿实际参加购物机会，十分必要。

续表

<table>
<tr><th>活动过程</th><th>设计意图及评析</th></tr>
<tr><td>延伸活动：
1. 可以开展观看关于爱惜人民币的视频的活动，进一步激发幼儿尊重、爱护人民币的情感。
2. 在区角活动中，可以利用代币券开展游戏。
3. 在美术区角中，提供硬币进行拓印硬币图案的活动。
4. 请家长带领幼儿到附近的超市，给幼儿一个独自购物的机会，不断积累人民币兑换的经验。
活动设计：武汉市汉南区育才小学　姚瑶</td><td></td></tr>
<tr><td colspan="2">活动时，首先让幼儿观察认识纸币；接着让幼儿学会兑换人民币，鼓励、引导幼儿用不同的方法兑换，发展幼儿的发散思维能力；紧接着通过“购物”情境游戏，帮助幼儿学习用钱币购买相应同等币值的商品，提高他们的实际兑换能力和应用意识，使幼儿在实践中得到了很好的锻炼，同时也体验到“人民币”的作用。最后的拓展环节，更是让幼儿感受到人民币的不同作用。延伸活动建议家长与幼儿一起去买东西，使活动得到了很好的延续。本次活动，充分体现以幼儿为主体的教育理念，让幼儿在观察和体验式游戏中认识货币，了解并尝试人民币兑换的实践活动，从而实现教学目标。</td></tr>
</table>

本章小结

有关量的教学活动是幼儿数学活动中的一个组成部分，本章在对量的概念和度量的知识进行简单介绍的基础上，分析了幼儿对一般量、时间和货币的认知特点，明确了对幼儿进行一般量、时间和货币教育的内容与要求，有针对性地阐述了其教学活动设计与组织。

本章内容重难点是有关一般量、时间和货币的教学活动的设计与组织。要学好本章知识，首先要理解一般量和时间、货币的概念及相关知识，并在此基础上认真研究幼儿对该部分知识的认知特点。其次在活动设计与组织的环节，必须针对不同年龄班幼儿的教学要求，把握教学方法的侧重点，还要对前人的经验进行虚心学习，对以往的成功案例进行深入研究。只有这样，才能达到对该部分知识的准确把握与灵活应用，才能在前人的基础上进行不断创新。另外，对货币的教学是一个新的课题，教学中应注意跟幼儿的日常生活联系起来，提高家长引领幼儿认识货币的主动性和积极性，才能使幼儿更好地认识货币。因此希望同学们通过不断的学习与研究把本章知识掌握好。

练习与实践

1. 不同年龄班幼儿认识一般量、时间和货币的认知特点和教学要求是怎样的?
2. 简要概述教幼儿认识量的守恒和自然测量的教学方法与步骤。
3. 举例说明教幼儿认识时间的教学方法。
4. 设计一个教幼儿认识一般量的活动方案。
5. 设计一个教大班幼儿认识半点的活动方案。
6. 试调查3～6岁幼儿认识货币的情况。

第七章　幼儿认识空间概念的活动指导

学习目标

- 了解空间的相关概念，包括空间形体和空间方位；
- 理解幼儿对空间的认知特点；
- 掌握幼儿空间教学活动的组织方法；
- 能运用所学知识设计幼儿空间教学活动方案。

关键问题

- 幼儿数学活动中有关空间的知识有哪些？
- 幼儿对空间概念的认知特点是什么？
- 如何运用所学知识设计关于认识空间的活动方案？

第一节　空间的基础知识

空间是物质存在的一种形式。表现为长度、宽度、高度。常指数学空间、物理空间与宇宙空间等。幼儿对空间概念的认知包括几何形体和空间方位。

一、平面图形

几何形体是空间的一部分，其中，平面图形是二维空间的一部分，几何体是三维空间的一部分。如果我们仅抽取物体的形状、大小，而略去物体的其他特征，这样的物体就称为几何形体。它是对客观物体形状的抽象和概括，它来源于物体却高于物体。

三角形：平面上，由不在同一直线上的三条线段首尾顺次连结所围成的封闭图形叫作**三角形**。如三角尺、红领巾、屋顶架等。

三角形可以按以下两种方法分类。

按角的大小分类：三角形
- 直角三角形：有一个角是直角
- 斜三角形
  - 锐角三角形：三个角都是锐角
  - 钝角三角形：有一个角是钝角

按边长关系分类：三角形
- 不等边三角形：任何两边都不相等
- 等腰三角形：有两边相等
- 等边三角形：三边都相等

四边形：平面内，由四条线段顺次首尾连接所围成的封闭图形叫作**四边形**。

平行四边形：两组对边分别平行的四边形叫作**平行四边形**。

长方形：有一个角是直角的平行四边形叫作**长方形**，也叫作**矩形**。

正方形：邻边相等的长方形叫作**正方形**。

菱形：邻边相等的平行四边形叫作**菱形**。

梯形：只有一组对边平行的四边形作**梯形**。

圆：平面内，到定点的距离等于常数的点的集合叫作**圆**。这个定点叫作**圆心**，这个常数叫作圆的**半径**。圆心与圆上任意点的连线都是这个圆的半径。有时，圆也表示圆周所围成的图形。

圆周上任意两点的连线叫作圆的一条**弦**，过圆心的弦叫作圆的**直径**。任意一条弦把圆分成的两个图形都叫作**弓形**，直径把圆分成的两个弓形叫作**半圆**。圆被两条半径所截得的图形叫作**扇形**。

椭圆：平面内，到两定点的距离之和等于常数(大于两定点之间距离)的点的集合叫作**椭圆**。两定点叫作椭圆的**焦点**。椭圆既是轴对称图形，又是中心对称图形。椭圆有两条对称轴，对称轴被椭圆截下来线段叫椭圆的轴。这两条轴中，较长的轴叫作椭圆的**长轴**，较短的轴叫作椭圆的**短轴**。椭圆有长短轴之分，是椭圆与圆的本质区别。

二、几何体

由不在同一平面的点、线和面所组成的图形叫作**空间图形**。占据有限空间的物体，如果我们只考虑它们的形状和大小，而不考虑其他因素，那么由这些物体抽象出来的空间图形就叫作**空间几何体**。

常见的简单几何体可分为多面体和旋转体。

多面体可以按面数分为四面体、五面体、六面体等，旋转体有圆柱、球等。

长方体：每个面都是矩形的六面体叫作**长方体**。如书本、箱子、火柴盒等。

正方体：每个面都是正方形的六面体，也叫立方体。如骰子、魔方等。

圆柱：以矩形的一边为旋转轴，其余各边绕轴旋转一周所形成的曲面围成的几何体。

球：以半圆的直径为旋转轴，这个半圆旋转一周形成的曲面所围成的几何体。

三、空间方位

空间是物质存在的一种客观形式，由长度、宽度、高度表现出来。空间是物质存在的广延性和伸张性的表现。

方位：方向和位置。对于幼儿，主要感知以自身或客体为中心的上、下、前、后、里、外、左、右、远、近及东、南、西、北，以及按指定方向做动作。

四、对称与等分

对称：指图形或事物对某个点、直线或平面而言，在大小、形状和排列上具有一一对应关系。关于点对称的图形叫**中心对称图形**，该点叫作**对称中心**；关于直线对称的图形叫作**轴对称图形**，该直线叫作**对称轴**；关于平面对称的几何体也叫作**镜像几何体**，该平面叫**镜像平面**。

等分：把一个整体分成相等的几个部分。如二等分、四等分等。

过对称中心的直线把中心对称图形二等分，如正方形、长方形、菱形、圆等中心对称图形有无数种二等分方法；对称轴把轴对称图形二等分。

等分是将来学习除法和分数的基础。

第二节　幼儿对空间概念的认知特点

一、幼儿对几何形体的认知特点

幼儿对几何形体的感知受空间知觉能力的影响。几何概念的学习既依赖幼儿空间概念的发展又对幼儿空间能力的改善起促进作用。幼儿空间知觉的发展比较缓慢，对几何形体概念的感知和认识也有一个过程，是一个需要先内化再外化的过程。

（一）幼儿认识几何形体具有局限性

1. 幼儿认识几何形体受生活经验的影响

初期，幼儿认识物体的形状受他们自己生活经验的影响很大，往往把几何形体理解为他们所熟悉的物体。例如，见到球体形状的物体，就叫皮球、苹果、玻璃球；见到不同形状的圆形就说是饼干等。随着年龄的增长，幼儿逐渐能区分几何图形和具体的物体，会说圆形像太阳、盘子等；进一步才能把几何图形作为比较、区分物体的标准，按物体的形状进行分类，知道盘子、车轮是圆形的，等等。

2. 幼儿认识几何形体容易受摆放位置的影响

幼儿在认识几何形体时，受图形摆放位置的影响，而不能以图形的基本特征作为界定图形的主要因素。如果图形不按习惯的位置摆放，幼儿常常会认不出来。例如，将正方形偏转 45 度后，有的幼儿就认为它不是正方形了；把顶点向上的三角形翻转，幼儿就不认为是三角形了。

3. 幼儿往往容易混淆平面图形和几何体

幼儿对几何形体和物体的认识是从整体的轮廓开始的。他们容易发现和掌握物体的明显的外部特征，而常常忽略几何形体或物体的主要、局部和细微部分，难以掌握形体的定义。幼儿在认识几何体的时候，容易找到与之相似的实物，因为物体通常以几何体的形式存在。例如，认识球体时很快就找到与球体相似的橘子、足球等，认识长方体时很快找到铅笔盒、橡皮、厚的书等。但是认识平面图形时，幼儿就难以找到与平面图形相似的物体。如他们会认为皮球、车轮是圆形的，认为积木、盒子是正方形的。幼儿到大班后期才能逐步分清。

(二)幼儿认识几何图形的年龄特点

1. 小班

能正确认识圆形、正方形、三角形。但他们不是从形状的特征来认识的，而是将其和自己日常生活中熟悉的物体相对照。所以有的幼儿会把圆形说成太阳，正方形说成是手帕，只注意到形状的某一个别特点。如说三角形是“有尖”的，手的动作也只是去抓握物体而不是抚摸，因而难以分辨一些相似的形状。如正方形和长方形、圆形和椭圆形等。

2. 中班

和小班比，幼儿正确认识平面图形的范围扩展了，能正确认识长方形、半圆形、椭圆形和梯形；能理解平面图形的基本特征，并指出图形中角和边的数量；能对相似的平面图形进行比较，找出它们的相同点和不同点，如正方形和长方形比较，圆形和椭圆形比较；能做到图形守恒，即能做到不受图形大小、颜色和摆放位置的影响，又能正确辨认和命名；能理解平面图形之间的简单关系，表现为能对他们所认识的图形进行分、合、拆、拼的转换。如正方形可分成两个长方形、两个三角形或四个正方形、4个三角形等。对使用平面图形拼搭物体表现出很高的积极性和一定的创造性。可以通过对抽象的几何图形的拼搭表达出一定的生活情境。

3. 大班

能进一步理解图形之间的关系。首先，能理解图形之间较复杂的组合关系。如图形之间关系不仅表现为一个图形可以由几个同样的其他图形组成，还可以由几个不同的图形组合而成。如长方形可以由四个小长方形或三角形拼成，也可由一个正方形和两个三角形组成。其次，可以在一定抽象的水平上概括和理解图形之间的关系。如正方形、长方形、梯形、菱形、平行四边形等都可以概括为四边形，因为这些图形都有四个角和四条边。在空间几何形体方面，能认识一些基本的立体图形，做到正确的命名并知道它们的基本特征。包括球体、圆柱体、正方体、长方体等。

(三)幼儿认知几何形体的发展特点

1. 认识各种几何形体的顺序

(1)先平面后立体。

(2)认识平面图形的顺序：圆形—正方形—三角形—长方形—半圆形—椭圆形—梯形等。

(3)认识立体图形的顺序：球体—正方体—圆柱体—长方体—圆锥体等。

以上的发展顺序主要是与幼儿生活经验有关，幼儿日常生活中经常接触到的形体认识得较早，同时与形体本身的复杂程度也有关系。

2. 形体的感知和词的联系

(1)配对

幼儿可以找出与给定的范例图形相同的图形，这完全可以依据直观感知进行。即使不知道该图形的名称，仍可通过对图形的直接感知和模仿来进行正确配对。这是一种感性经验积累和认识几何图形的前奏。

(2)指认

按成人口述图形的名称，找出(指出)相应的图形。这时形状直觉要和词汇建立联系，要依据说出的词而不是直观图形。

(3)命名

说出给定图形的名称。它是在图形感知与相应词汇之间联系的基础上，用积极的词汇来标识图形，是初步认识图形过程的完成。

3. 形体与实物形状的联系

(1)几何形体与实物等同

这一阶段是将几何形体理解为玩具或物体，并按照他们所熟悉的物体名称命名几何形体。如圆形叫作“太阳”“皮球”；正方形叫作手绢；圆柱体叫作茶杯、管子等。这种将几何形体和物体相混淆的现象，实际上反映了幼儿尚未完全认识有关形体，还没有达到正确指认和命名有关形体的水平。

(2)几何形体与实物比较

这一阶段，他们已不再把图形与物体等同起来，而只是比较它们。如圆形像盘子，三角形像小旗。这种比较性的称呼是在幼儿正确认识和掌握了几何形体名称的基础上发展起来的，而且是从形体出发对照实物形状作出比较的结果。

(3)几何形体作为区分物体形状的标准

这个阶段幼儿是从客观物体出发，以几何形体为标准，确定物体的形状。幼儿能将几何形体作为样板(标准)，按照它来区分或选择物体。如说大盘子、小碟子是圆形的；皮球、弹珠是球体等。这是在几何形体与实物之间建立起既有区别又有密切联系的灵活关系，从而能将有关形体的知识运用到实际生活中去。

二、幼儿对空间方位的认知特点

(一)幼儿空间方位的认知特点

在方位知觉方面，由于方位本身具有相对性，幼儿从具体的方位知觉上升到方位概念要经过较长时间的指导。

研究结果表明，3～4岁的幼儿能够区分并说出自己身体部位的上下方位和以自我为中心的物体的上下方位，而且也能够区分和说出以客体为中心的上下方位，并能做出相应的向上、向下的动作。如，向上举起双臂，向下蹲两次等。这一阶段的幼儿也逐渐开始学习辨别前后方位，但是他们所能理解的空间方位的区域十分有限，仅限于直接感知的范围内。如自己身体部位的前后方位，紧挨自己或靠近自己身体的物体的前后方位，离自己不太远且正对着自己身体的物体的前后方位等。对于不是正对自己身体的物体，他们就不能正确地辨别了。如对于在自己左前方的物体，幼儿不认为它在自己的前方，也表达不出它究竟在什么方位；在离自己较远的前方的物体，幼儿也不能正确地说出它的方位。

4 岁幼儿开始能辨别稍远距离的前后方位，5 岁幼儿开始能以自身为中心辨别左右方位，6 岁幼儿能完全正确地辨别上、下、前、后 4 个方位，以自身为中心来判断左、右。

(二)幼儿对距离的认知特点

距离知觉是对物体距离远近的知觉。幼儿对他们熟悉的物体或场地可以区分出远近。对于比较遥远的空间距离则不能正确认识。

幼儿对于透视原理还不能很好掌握，不熟悉“近物大，远物小”“近物清晰，远物模糊”等感知距离的视觉信号。所以，幼儿画出的物体也是远近大小不分，他们还不善于把现实物体的距离、位置、大小等空间特性在图画中正确表现出来，也往往不能正确判断图画中人物的远近位置。例如，把画中表示在远处的树看成小树，表示在近处的树看成大树。

三、幼儿对对称、等分的认知特点

幼儿认识的对称图形主要是轴对称图形，这一认知活动一般在大班进行。

幼儿对对称图形的认识是从有明显对称轴的图形开始。如通过对蝴蝶、蜻蜓等有明显对称轴的图案进行观察，指出哪些部位是一样的；通过对折，观察是否重叠等活动，理解对称图形。有了对称的概念，再去开展寻找对称轴的活动。如，看看正方形是不是对称图形？它的对称轴在哪里？

幼儿对对称图形的认识是从有一条对称轴的图形到有多条对称轴的图形。看一个图形是不是对称的，就是看能不能找到一条对称轴。如果确定一个图形是对称图形，我们可以再引导幼儿观察、探索看能不能发现其他对称轴。

幼儿对物体对称性的发现与认识，来自于他们空间知觉能力的发展。在日常活动中，幼儿还可体验身边具有对称性的事物。如，照镜子时发现自己身体的对称性，整理手套、袜子时感知配对与对称。

对对称图形的发现和认识是图形等分的基础，幼儿认识等分是大班的活动内容。

幼儿是在操作活动中积累等分经验的。如幼儿在日常生活中有等分实物的一些经验，但是幼儿很难准确地把物体等分。一旦分完，幼儿头脑中不再保留整体的表象，因此，幼儿难以将等分后的部分与原先的整体进行比较，而建立整体与部分的包含关系。

幼儿对等分的理解和判断，往往受到等分后物体的形状和摆放的位置变化的干扰。幼儿头脑中较难形成面积、体积守恒的观念。幼儿在日常生活中具有初步原始的等分实物的经验，如分水果，分蛋糕等，再比如大多幼儿都知道怎样把一张长方形的纸对折剪开。

幼儿对等分的概念只能停留在二等分上，并且在二等分上，幼儿也很难准确把物体等分。因此，在等分活动中，主要通过对明显对称图形的二等分，来理解等分的概念。

幼儿可通过对二等分后的图形，再次二等分，来理解四等分。如果直接让幼儿四等分，大多幼儿不能做到。

幼儿学习等分，能为将来学习除法和分数提供感性经验。

第三节　幼儿认识空间的活动指导

一、幼儿认识空间的活动内容和要求

(一)小班

1. 根据实物或图形标记对圆形、正方形、三角形进行匹配或归类；
2. 通过比较发现圆形、正方形、三角形的基本特征，能正确命名；
3. 能排除颜色和大小的干扰，对圆形、正方形、三角形进行分类；
4. 能区分并说出以自身为中心的上、下、前、后方位，能按指定方位做动作；
5. 辨别和说出以自己为中心的物体方位和以客体为中心的上、下方位，如××在桌子下等；
6. 初步体验物体的对称性。

(二)中班

1. 发现椭圆、半圆、长方形、梯形、菱形的基本特征，能正确命名，并能从周围环境中发现多种平面图形；
2. 有图形守恒概念，能不受颜色、大小、摆放位置的影响，正确辨认和命名图形；
3. 能初步理解图形之间的简单关系，如一个正方形可以分为两个长方形和四个小正方形等，并能运用图形按要求或自由拼摆；
4. 能区别比较相似的图形，如长方形和正方形，圆形和椭圆形，在操作比较中体验其中的相互联系；
5. 能区分并说出以客体为中心的上下、前后、里外等方位，能按指令做出上下、前后、内外等方位动作，初步理解方位的相对性；
6. 尝试沿对称轴等分图形，学习按对称图形分类。

(三)大班

1. 能指认球体、正方体、圆柱体、长方体，并能根据几何体的特征进行分类或排列；
2. 能区分平面图形和几何体；
3. 体验和理解平面图形之间较为复杂的关系，这种复杂关系一方面指可以运用图形进行拼摆，另一方面指可以抽象出图形的特征；
4. 会将实物或图形做二等分或四等分，知道整体与部分的大小关系；
5. 能区分并说出自身的左手和右手，能区分以自身为中心和以客体为中心的左右，会根据指令向左或向右运动；
6. 对左上、左下、右上、右下等复合方位有一定理解，初步感知东南西北方位。

二、幼儿认识空间的活动指导

(一)幼儿认识平面图形的活动

幼儿对图形的认识其实质是对图形的知觉。活动中要注意引导幼儿观察，动手操作，在这基础上再认知图形特征。

1. 认识平面图形的活动

(1)发现平面图形

尽量选用生活中形状接近某平面图形的物体，让幼儿从实物出发感知图形。选用适当的教具，如小班幼儿认识圆形，教师先让幼儿观察圆镜子(或圆盘子、圆盒盖等)，提出“这镜子是什么形状的?”等问题，并让幼儿用指尖沿着圆形边缘和面触摸，让幼儿感知到镜子的面是平的，边缘是光滑的，它是圆形的。

(2)认识平面图形的特征

与标准的图形接触，发给每个幼儿一个圆形硬纸片(或塑片)，让他们反复充分地观察和触摸，在获得清晰的体验的基础上，再让幼儿描述自己对图形触摸后的感受，归纳图形特点，并说出名称。

(3)再现平面图形

如拓印、描图形轮廓、观察不同摆放方式的图形等。

(4)通过不同图形的比较识别图形

通过对不同图形的观察比较，让幼儿区别出不同图形的特征，从而认识新的图形，这是在已经认识的图形的基础上进行的。这种方法多用于中班认识新图形的活动。如认知长方形，可以把长方形和已经认识的正方形进行比较。用长方形教具和边长等于长方形宽的正方形教具作重叠比较，这样可以明显地看到长方形有两条相对的比较长的边，这是长方形的主要特征。这时再让幼儿比较长方形和正方形的相同点(都有 4 条边和 4 个一样大的角)和不同点(正方形的 4 条边都一样长，长方形有 2 条长边、2 条短边，长边和长边一样长、短边和短边一样长)，从而认识长方形的基本特征。

认识图形时，应调动不同感官，感知图形的主要特征。如引导幼儿动手摸一摸、做一做、玩一玩。不仅要让幼儿看，还要让幼儿动手摸，再让幼儿摆一摆，使幼儿获得不同的感性经验。还可通过朗朗上口的儿歌帮助幼儿记忆几何图形的特点。

2. 巩固对平面图形认识的活动

(1)图形分类

按不同图形分别归类。在分类活动中，可根据不同时期幼儿的认知水平，组织开展不同难度的活动。如对相同颜色的图形按形状不同分类；继而对同颜色同形状图形按大小分类；然后再增加颜色的干扰因素，即同类图形既有大小的区别又有颜色的不同，最后让幼儿对不同颜色、不同大小的不同图形自定分类标准自由分类，并说出分类理由，在大班还应要求幼儿按两种特征(如既按颜色又按图形或既按图形又按大小等)对图形分类。

(2)寻找图形或与图形相似的物体

首先，根据教师说出的图形名称或特征，找出相应的图形；或提供由几种图形组成的图样，让幼儿从中找出什么图形有几个。

其次，寻找与图形相似的物体。引导幼儿在周围环境中，寻找与几何图形相似的物体或物体的某一部分。这样使幼儿对几何图形的认识从抽象概括的图形又回到具体的物体，扩大幼儿的视野，丰富幼儿对几何图形的认识，发展幼儿的观察力和想象力。如，先让幼儿在教室里面寻找，看看哪些东西像什么形状，然后把幼儿引向更大的空间，如整个幼儿园、家里或其他地方；让幼儿凭记忆，想一想什么东西像什么形状。这种难度有点大，教师不要急于让幼儿回答，可事先交代观察的任务。如“请小朋友们回家找找看，家里有哪些东西像正方形，明天告诉老师和小朋友”等。

(3)在游戏或操作活动中巩固对图形的认识

①利用玩具进行的图形游戏。如镶嵌板、摸箱等。

②涂色活动。按照教师口头要求或范例，将不同图形涂上颜色。

③拼图活动。按范例板拼图或者自由拼图。如七巧板等。

④折叠活动。发给每个幼儿一些简单几何图形纸，让幼儿折叠分割成各种几何图形。

(4)在绘画、手工等活动中巩固对图形的认识

(5)在体育活动中巩固对图形的认识

在体育活动中，图形概念也是经常呈现。如走方队形、圆队形、玩皮球、乒乓球、体操垫、平衡板等。

(二)幼儿认识几何体的活动

1. 在幼儿观察、触摸几何体的基础上认识几何体的特征

大班幼儿也是通过各种分析器的综合感知认识几何体的。所以应让幼儿充分地观察比较、触摸感知几何体，并在这个过程中启发幼儿认识几何体的特征。例如，认识球体，先发给幼儿每人一个球状物，可用大小不同的球类。如皮球、乒乓球、玻璃球等，请他们自由地观察、触摸、摆放和滚动，并思考它是什么样子的？摸上去有什么感觉？再放在桌子上看看它会怎样？它叫什么名字？然后组织幼儿共同讨论，使幼儿认识到，球体无论从哪一个方向看都是圆的，放在平面上能向任何方向滚动。

2. 比较平面图形和几何体以及几何体之间的不同

(1)通过触摸感知几何体和平面图形的区别。例如，教幼儿认识正方体，可以用一块正方体积木和一张与正方体的面等大的正方形纸做比较。让幼儿知道正方形是一个面，它有长和宽；而正方体有6个一样大的面，正方体除了长和宽外还有高，并让幼儿用食指沿着正方形的长和宽以及正方体长、宽、高的三条棱运动，感知正方体与正方形的区别。

(2)还可以将几种形状类似的几何体作比较，如长方体和正方体比较，可以让幼儿在原有几何体知识的基础上获得新的知识。

(3)把同类但不同大小的几何体作比较，巩固对概念的理解。如不同大小的圆柱、长方体、球等。

3. 操作探索几何体的特征

如做纸盒子。让幼儿在拆纸盒、做纸盒的过程中具体形象地感知几何体的特征。

4. 在泥工、手工和建构游戏等活动中巩固对几何体的认识

泥工塑造的是立体的物体。泥工活动中幼儿运用自己对事物的抽象概括，包括立体图形的知识的应用塑造出各种物体，不仅能清晰地反映物体的形状，而且能更深刻地抽象出各种几何体的特征。

在建构游戏中，选择最适宜表现出建筑物局部特征的积木，按它的特征正确放置和拼搭。如幼儿选择圆柱体积木作门柱，把它竖立在两旁，既高又好看；娃娃的床应选用长方体或正方体积木才能平放等。

(三)幼儿认识对称与等分的活动

花、草、树、动物、建筑物、日常用品、装饰品等许多物体都具有对称美，这为幼儿初步了解、感受对称美创造了良好的条件。对称物体的特点是稳重、庄严、整齐。

在观察活动中感知物体的对称。可以通过带幼儿散步，观察各种对称的建筑物，通过蝴蝶、蜻蜓等小动物认识对称的动物。

通过操作活动体验物体的对称。老师提供对称的图形，引导幼儿通过对折等操作，感知对称图形经过对折后完全重合的特点。如蝴蝶、蜻蜓等图案，正方形、等腰三角形等图形。

幼儿等分的教育，主要分为二等分和四等分。幼儿通过操作活动，感知等分后每个部分相等且都小于整体，整体大于任何部分，所有部分合起来等于整体。从而体会长度或面积的守恒。

(四)幼儿认识空间方位的活动

1. 以自身为中心指出物体的空间位置，以及物体与物体之间的相对方位

先从幼儿自己身体开始，通过引导幼儿观察或者游戏活动，使幼儿知道自己身体的上部是头，下部是脚。

2. 以自己身体为中心认识上、下

组织幼儿进行各种观察活动，使幼儿能以自我为中心认识上下。如，组织小孩去公园或者草地，让幼儿认识头上的蓝天白云，认识脚下的小草、石头、马路等。

3. 以客体为中心认识上、下

可通过图片或者布置教室，或者玩“过家家”的游戏，让幼儿知道哪些物体在哪些物体的上面或下面等。

4. 认识上、下方位的相对性

(1)教师选择不同客体或改变主体位置，让幼儿知道上、下方位的相对性；

(2)通过活动让幼儿感知身体有关部位的位置，并学习用方位词描述；

(3)逐步将幼儿的视野从自身扩大到周围的环境，让他们说出身体的前方、后方、旁边(左右概念的替代词)各有什么物体；

(4)让幼儿回答自己在客体的什么位置或某物在另一物什么位置的问题；

(5)引导幼儿理解一些方位相对性的问题。如幼儿先看到前方有一物体，让幼儿转过身来，然后再问他们，现在物体在你的什么地方。

5. 在量与方向概念基础上，用向量表达方位

向量是既有大小，又有方向的量。在幼儿具备量的概念和方向概念后，可引导幼儿体会向量。如要求幼儿“向前走 3 步”“向右走 4 步”等，都是用向量表示方位。另外，像速度、力等也是向量。

三、幼儿认识空间的活动案例与评析

(一)认识平面图形的活动案例与评析

表 7-1 认识平面图形

<table>
<tr><td>活动名称</td><td>认识三角形——小班数学活动</td><td>设计意图及评析</td></tr>
<tr><td>活动目标</td><td>1. 乐于表达自己的观察与发现。
2. 认识三角形的主要特征，即三角形有三条边，三个角。
3. 能找出生活中是三角形或类似三角形的物体。</td><td rowspan="3">根据《纲要》的精神，从情感态度、认知、能力三个维度提出目标。
认识三角形是幼儿认识几何形体的内容之一，是幼儿数学活动的重点内容。学习一些几何形体的简单知识，能帮助幼儿对客观世界中形形色色的物体做出辨别和区分，可以发展他们的空间知觉能力和初步的空间想象力。</td></tr>
<tr><td>活动重难点</td><td>1. 重点：认识三角形的主要特征。
2. 难点：能找出生活是三角形或类似三角形的物体，并乐于表达自己的观察与发现。</td></tr>
<tr><td>活动准备</td><td>1. 幼儿经验的准备
认识过圆形；认识类似三角形的物体。
2. 活动材料的准备
教具：画有若干类似三角形物体和圆形物体的图片一张；三角形图片一张。
学具：一次性筷子、彩色三角形纸张、固体胶的操作材料人手一份。</td></tr>
<tr><td colspan="2">活动过程</td><td>设计意图及评析</td></tr>
<tr><td colspan="2">1. 分一分，请幼儿将图片上的物体按形状进行分类。
(1)教师出示图片，请幼儿观察，看看上面有些什么。
(2)请幼儿分类：将外形相同的物体放在一起。
2. 说一说，引导幼儿发现三角形的主要特征。
(1)教师将三角形的一类物体的图片展示出来，请幼儿观察。
(2)思考：你们仔细看看，这些物体有相同的地方吗？相同的地方是哪里？
(3)师生共同小结：这些物体都有边和尖尖角。</td><td>幼儿认识几何图形的特点是先配对，再指认，最后是命名。教师遵循幼儿的认知特点，设计这个活动的组织流程。</td></tr>
</table>

续表

活动过程	设计意图及评析
3. 数一数，帮助幼儿认识三角形的主要特征。 (1)请幼儿数一数三角形的边。 (2)请幼儿数一数三角形的角。 (3)师生共同小结：有三条边和三个角，这样的形状叫三角形。 4. 找一找，请幼儿为三角形妈妈找小三角形宝宝。 (1)让幼儿找图片中的三角形，加深对三角形特征的认识。 (2)请幼儿在生活中寻找是三角形或类似三角形的物体。 5. 做一做，巩固幼儿对三角形的认识。 请幼儿根据教师介绍的方法和提供的材料，制作一面三角形的彩旗。 延伸活动： 1. 到户外开展有关彩旗的游戏。如夺彩旗、彩旗迎风飘等游戏。 2. 在区角中提供长度相等的小棒若干，引导幼儿用小棒拼三角形。 3. 在区角中开展用三角形拼图的游戏。 4. 请幼儿在生活中寻找是三角形或类似三角形的物体。 活动设计：武汉市洪山区街道口幼儿园　韩元香	在分一分活动中，请幼儿将相同特点的图形放在一起，也就是让幼儿将图形进行配对。 在说一说环节中，教师引导幼儿观察，指出同类物体相同的地方。 在数一数环节中，认识三角形的主要特征，并对它进行命名。 找一找环节是前三个环节的再现，旨在加深幼儿对三角形的认识。 做一做环节和活动延伸，主要是巩固幼儿对三角形的认识，感受数学在生活中的运用。
幼儿认识几何图形的特点是先配对，再指认，最后命名。教师遵循幼儿的认知特点，设计本次活动的组织流程。在“分一分、说一说、数一数、看一看、做一做”等一系列活动中，让幼儿在玩中学、学中乐、乐中做，感知并认识了三角形的主要特征。活动中，幼儿的空间知觉能力和初步的空间想象力有了一定的发展。	

(二)认识几何体的活动案例与评析

表 7-2　七巧板拼图游戏

活动名称	多变的七巧板——大班数学活动	设计意图及评析
活动目标	1. 体验用七巧板拼图带来的成功和快乐。 2. 了解七巧板的结构，学习七巧板的游戏规则，模仿、尝试用七巧板拼图。 3. 能大胆想象用七巧板拼出不同的造型。	七巧板是我国民间的一种智力游戏，由七种形状不同、大小不一的木(或其他材料)板组成。七巧板已在世界广为流传，被称作“东方魔板”。七巧板让幼儿动脑、动手，他们可以拼规定的图案也可以通过想象来拼自己喜欢的图案，尊重了幼儿的个体差异，幼儿都十分喜欢。特别是大班幼儿更喜欢这种操作性强，具有挑战性的益智类玩具。
活动重难点	1. 重点：学习七巧板的游戏规则，模仿、尝试用七巧板拼图。 2. 难点：有根据地想象，用七巧板组合出不同的造型。	
活动准备	1. 幼儿经验的准备 幼儿已经认识组成七巧板的所有几何图形；有拼图经验。 2. 活动材料的准备 教具：同样大小的七巧板两副；各种七巧板的组合造型；七巧板拼图案例若干(用画板或 PPT 呈现)。 学具：人手一副七巧板。	

续表

活动过程	设计意图及评析
1. 认识七巧板。 (1)出示一张七巧板的组合造型图片(下图左)，引发幼儿认识七巧板的兴趣。 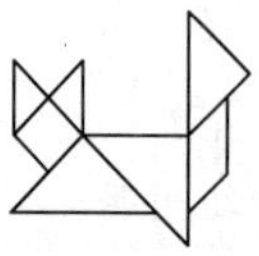 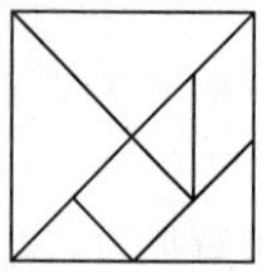 (2)请幼儿观察七巧板每一块的形状、大小。 (3)教师强调这七个小图形团结起来本领大，它们可以有很多变化，如上图右。 (4)师生共同小结七巧板的组成：七巧板是由七块板组成。它们的形状、大小各不相同，还可用其他颜色的。 2. 请幼儿自由尝试，了解七巧板的构成。 (1)教师提出要求：将七巧板的七块板子全部使用上，进行自由组合造型。 (2)鼓励幼儿发挥想象力，用七巧板进行自由组合造型。 (3)请幼儿与同伴分享自己所拼的图案。 3. 教师逐一示范两个不同图案(鸭和兔)的拼图过程，幼儿感知形状变化，总面积大小不变。 (1)教师比较两副同样大小的七巧板，让幼儿知道：他们和“变”之前是一样大。 (2)教师逐一演示七巧板的两个不同拼图(鸭和兔)，供幼儿欣赏并思考七巧板“变”的过程，并了解是怎样拼成的。 (3)幼儿模仿拼出这两个图案，体验拼图的乐趣。 (4)教师演示，将七巧板“还原”成正方形，让幼儿感知面积守恒。 (5)师生共同小结七巧板的组合要求：在用七巧板拼图时，七块板子都要用完。七块板之间可以角边相接，也可以边边相接，但相互不能重叠。这样可以变出各种各样的造型(动物、建筑、生活用品等)。 4. 教师引导幼儿从组合和还原七巧板的过程中，亲自感知面积守恒。 5. 教师出示一些七巧板的拼图图案(有的有七块的分割线，有的只是外形轮廓，便于不同能力的幼儿学习)，请幼儿模仿拼图。 (1)教师出示各种七巧板的拼图造型。 (2)讨论：这像什么？ (3)教师引导幼儿根据范图，进行七巧板模仿拼图。 6. 教师鼓励幼儿大胆想象，用七巧板拼出不同的图案。 (1)教师提出要求：自己用七巧板进行拼图要有新意，尽量不要和他人相同。	教师通过出示七巧板的拼图图案教具，引发幼儿兴趣。接着通过观察，帮助幼儿从七巧板的数量、颜色、大小、形状等几个元素来认识七巧板，可使幼儿直观形象地对七巧板有全面的认识与了解。不仅为下面的七巧板的拼图打下了基础，而且也巩固了幼儿对几种几何图形的认识。 幼儿自由尝试玩七巧板，一方面教师可了解幼儿现有的发展水平，便于后面活动的深入开展；另一方面也可激发幼儿尝试探究的兴趣，通过自己的操作，组合出各种不同的造型，发现七巧板的各种不同的玩法。 幼儿对面积守恒的现象还不理解，拼图是让幼儿感知面积守恒的最直观、最便于幼儿理解的活动。七巧板的实质就是一种拼图游戏。因此，教师在这个活动的第三、第四个环节中，设计“引导幼儿感知面积守恒”的教学内容显得很必要也很适时。 让幼儿在模仿的基础上学习七巧板拼图，更利于他们学习和掌握材料，体验该游戏的游戏规则和设计意图，为自由创造打基础。

续表

<table>
<tr><th>活动过程</th><th>设计意图及评析</th></tr>
<tr><td>(2)鼓励幼儿大胆想象，用七巧板进行自由拼图。
(3)请幼儿与同伴分享自己玩七巧板的独特体验。
延伸活动：
1. 将七巧板的材料放置于活动区中，便于幼儿继续开展拼图游戏。
2. 尝试制作七巧板的手工活动。
3. 请家长在家和幼儿一起玩七巧板拼图的游戏。
活动设计：湖北省武汉市洪山区街道口幼儿园　韩元香</td><td>鼓励幼儿创造性地用七巧板组合出不同的造型，这也是七巧板吸引幼儿的魅力所在。
延伸活动中，继续玩七巧板及学习它的制作方法，可以帮助幼儿进一步认识七巧板，有利于引发幼儿与周围环境的积极互动。</td></tr>
<tr><td colspan="2">七巧板是我国古代劳动人民发明的一种智力游戏。幼儿通过自由拼图，就能初步感受七巧板可以拼成各种各样形象有趣的、丰富多彩的图案。七巧板以及其不同的组拼方式提供给幼儿更多的探索空间，正是这样才更加吸引幼儿想去玩七巧板。本次活动，充分考虑了幼儿的兴趣，适合幼儿的年龄特征，有利于幼儿的身心发展。教师通过引导幼儿观察、比较、动手动脑操作等不同的学习方式，由浅入深地让幼儿掌握七巧板的初步玩法，并让幼儿从中感知面积的守恒。锻炼了幼儿手脑并用的能力、发挥了他们的想象力，启迪了他们的智慧和创造意识。</td></tr>
</table>

表 7-3　认识几何体

<table>
<tr><th>活动名称</th><th>认识球体——大班数学活动</th><th>设计意图及评析</th></tr>
<tr><td>活动目标</td><td>1. 乐意用语言表达自己的观察与发现。
2. 了解球体的基本特征，学习区分球体和圆形。
3. 能从生活中寻找球体或类似球体的物体。</td><td rowspan="3">根据《纲要》的精神，目标是从情感态度、认知、能力三个维度提出的。
幼儿认识了多种平面图形，但对立体图形还没有了解。日常生活中，幼儿已接触很多球体玩具，如皮球、羊角球、乒乓球等，对它们十分感兴趣。但他们往往把平面图形和立体图形相混淆。因此，设计本次活动，让幼儿通过探究、实验和操作，感知球体的特征，获取有关球体的经验。</td></tr>
<tr><td>活动重难点</td><td>1. 重点：了解球体的基本特征。
2. 难点：区分球体和圆形，能从生活中寻找球体或类似球体的物体。</td></tr>
<tr><td>活动准备</td><td>1. 幼儿经验的准备
认识圆形。
2. 活动材料的准备
教具：乒乓球一个；圆形硬纸板一张；画有球体和非球体的图片。
学具：乒乓球、皮球、海洋球等各种球状物体若干；圆形硬纸板若干张；彩色面团、牙签若干。</td></tr>
<tr><th colspan="2">活动过程</th><th>设计意图及评析</th></tr>
<tr><td colspan="2">1. 玩一玩，感知圆形与球体的区别。
(1)请幼儿自由选择圆形硬纸板一张和一个球状的物体，进行滚动比较。
(2)提问：在滚动游戏中，你发现了什么？
(3)师生共同小结：圆形硬纸板只能往一个方向滚动，而球可以往不同的方向滚动。</td><td>幼儿在玩滚动游戏的过程中，发现圆形与球体的区别，从而直观的感知圆形和球体在滚动方向上的不同。</td></tr>
</table>

续表

<table>
<tr><th>活动过程</th><th>设计意图及评析</th></tr>
<tr><td>2. 比一比，了解圆形与球体的区别。
(1)教师分别出示“圆形”和“乒乓球”，请幼儿说出各自的名字。
(2)请幼儿摸一摸“圆形”与“乒乓球”，并说出自己的感觉。
(3)教师将“圆形”和“乒乓球”分别放在桌上，引导幼儿观察其外形特征。
(4)提问：它们有什么地方是一样的？有什么地方是不一样的？
(5)师生共同小结：圆形从一个方向看是圆的，而乒乓球从任何方向看都是圆的。圆形放在桌子上平平的，乒乓球放在桌子上有一点高度。
3. 经验提升：从各个方向看都是圆的，能朝任何方向滚动，这样的形体是球体。
4. 找一找，加深幼儿对球体的认识。
(1)提问：在生活中，你还见过哪些东西是球体或象球体？
(2)请幼儿从生活中寻找球体或类似球体的物体。
(3)教师出示图片，请幼儿说出哪些物体是球体，哪些物体不是球体。
5. 做一做，巩固幼儿对球体的认识。
(1)出示彩色面团和牙签，介绍操作要求，请幼儿做一只葫芦。
(2)教师巡视指导幼儿操作。
(3)作品赏析。

延伸活动：
1. 继续在生活中寻找是球体或类似球体的物体。
2. 开展“赶小猪”的游戏，加深幼儿对球体的认识。
活动设计：武汉市洪山区街道口幼儿园　魏红</td><td>在比一比环节中，教师引导幼儿从不同方向观察，鼓励他们说出球体和圆形的不同之处：圆形从一个方向看是圆的，而乒乓球从任何方向看都是圆的。圆形放在桌子上平平的，乒乓球放在桌子上有一点高度。
经验的提升是关键，任何一个活动，都应该在恰当的时机对幼儿进行经验的提升，帮助幼儿提升经验，形成概念。
通过找一找活动，引导幼儿说一说日常生活中是球体或类似球体的物体。一方面可以加深幼儿对球体的认识，另一方面实现了教育在生活中的延伸。
活动中，要充分调动幼儿的多种感官来学习。让幼儿动手搓球、用牙签连接成葫芦，插上小把。主要是让幼儿在动手、动脑过程中，巩固对球体的认识。
延伸活动中的“赶小猪”游戏，通过自身的参与，进一步巩固了对球体能向任何方向滚动的特征的认识。</td></tr>
<tr><td colspan="2">教师给幼儿创设了一种轻松的学习环境，准备了很多的活动材料，放手让幼儿自己想办法。能运用多种感官、动手动脑探究问题，让他们通过玩、摸、看、滚来区别圆与球体的不同，帮助幼儿了解球体的特征。让幼儿在玩耍中探索，在比较中领悟，积极主动地参与活动。既发展了幼儿的思维能力，又拓展了幼儿的操作能力和审美表现等。</td></tr>
</table>

(三)认识对称与等分的活动案例与评析

表 7-4　感知对称

活动名称	两边一样吗——大班数学活动	设计意图及评析
活动目标	1. 感受生活中对称世界的美妙，有数学审美的情趣。 2. 认识轴对称图形的特点，尝试找对称图形的对称轴。 3. 能观察并寻找生活中对称的物体。	根据《纲要》的精神，目标是从情感态度、认知、能力三个维度提出的。 对称是一种生活中常见的数学现象。引导幼儿认识对称图形的特点，感受生活中对称世界的美妙，提高他们的数学审美情趣，显得很必要。这也是学习对称的教育价值之一。
活动重难点	1. 重点：认识轴对称图形的特点，感受生活中对称图形的美妙。 2. 难点：能观察并寻找出生活中对称的物体。	
活动准备	1. 幼儿经验的准备 认识一些几何图形；认识活动中出现的动物等。 2. 活动材料的准备 教具：对称的蝴蝶图片 1 张，沿对称轴剪开，再用透明胶贴好，便于折叠；其他对称图案、图片几张；画有若干对称和不对称的物体的图片一张；PPT 短片。 学具：每人一张长方形或正方形或圆形白纸；画出物体一半的图片若干张。	

活动过程	设计意图及评析
1. 看一看：感知对称图形的特征。 (1)教师出示 1 张对称的蝴蝶图片，请幼儿观察。 (2)思考：通过观察图片，你发现了什么？哪些地方是一样的？ (3)师生共同小结：蝴蝶左右两边的图案是一模一样的。 2. 议一议：了解对称图形的特点。 (1)教师出示其他对称图案、图片，请幼儿观察其特点。 (2)教师演示对折这些对称图片，请幼儿观察其特点。 (3)思考：这些图案、图片有一个共同的特点，是什么呢？请你们说一说？ (4)师生共同小结：这些图片左右两边的图案都是一模一样的，对折后左右两边还能完全重合，我们叫它对称图形。 3. 折一折：认识对称图形的对称轴。 (1)请幼儿将所持有的图形纸张进行整齐重叠对折后再打开。 (2)思考：你发现了什么？ (3)请幼儿指一指、摸一摸这条折痕，说说它有什么作用？	教师通过蝴蝶这个标准的对称图案，让每个幼儿更直观地了解对称图形的特征：蝴蝶左右两边的图案是一模一样的。 在议一议环节中，教师引导幼儿观察对折操作，帮助幼儿理解对称，认识对称图形的特点：图案左右两边是一模一样的，对折后左右两边能完全重合。 在折一折和找一找环节中，教师让幼儿动手操作，自己发现、寻找对称轴，比教师介绍什么是对称轴更有

续表

活动过程	设计意图及评析
(4)教师介绍对称轴的概念：把对称图形分成了一样的两部分的直线，我们叫它对称轴。 4. 找一找：寻找对称图形的对称轴。 (1)教师出示画有若干对称和不对称的物体的图片，请幼儿观察。 (2)提问：你可以用什么方法知道哪些物体是对称的，哪些物体不是对称的？ (3)引导幼儿找出各对称图形的对称轴，并将结果进行分类摆放。 5. 想一想：你还了解生活中哪些物体是对称的？ (1)请幼儿结合自己的生活经验，寻找并发现对称的物体。 (2)播放 PPT 短片，感受生活中对称世界的美妙，激发数学审美的情趣。 6. 画一画：加深幼儿对对称图形的认识。 (1)出示画出物体一半的图片。 (2)介绍操作要求：请幼儿画出物体的另一半。 (3)教师巡视指导幼儿完成作业。 (4)请幼儿与同伴分享交流作业情况。 延伸活动： 1. 在区角活动中，提供相关的对称图形的作业操作材料。如涂色、画出另一半、对折剪纸等。 2. 请幼儿在生活中继续寻找对称的物体。 3. 请家长引导幼儿感受、发现生活中对称世界的美妙。 活动设计：武汉市洪山区街道口幼儿园　游红霞	益。一方面可以认识对称轴，另一方面可以加深幼儿对对称图形的印象。 数学来源于生活，服务于生活。在生活寻找、发现、感受生活中对称的美妙，可以激发幼儿的数学审美情趣，体现了活动的价值所在。 画一画和延伸活动，目的是加深幼儿对对称图形的认识，感受生活中的对称美。
教师引导幼儿在“看一看、议一议、折一折、找一找、想一想、画一画”等系列活动中感知、理解对称图形的特点，感受生活中对称世界的美妙。教师让幼儿用自己的思维方式去探索、去发现、去再创造，在活动中，进一步认识对称图形的特点，发现生活中的对称现象，感受对称图形的内在美，使数学活动与幼儿的生活经验有机结合。幼儿在活动中的情感体验是愉悦的，提高了他们数学审美的情趣。	

表 7-5　认识二等分

活动名称	学习对称图形的二等分——大班数学活动	设计意图及评析
活动目标	1. 积极思考并大胆尝试二等分对称图形的不同方法。 2. 学习将对称图形进行二等分的不同方法，理解部分与部分、整体与部分的关系。 3. 能用完整的语言与他人交流、分享自己二等分对称图形的方法。	根据《纲要》的精神，目标是从情感态度、认知、能力三个维度提出的。 等分是生活中的一个数学活动，探索性强。幼儿喜欢自己分点心、分玩具、分学习用品，也常因分得不公平而找老师帮忙。
活动重难点	1. 重点：学习将对称图形进行二等分的不同方法。 2. 难点：对二等分的理解。	

续表

<table>
<tr><td>活动名称</td><td>学习对称图形的二等分——大班数学活动</td><td>设计意图及评析</td></tr>
<tr><td>活动准备</td><td>1. 幼儿经验的准备
幼儿会用重叠法比较物体或图片的大小；会对边折、对角折的技能；会熟练使用剪刀。
2. 活动材料的准备
教具：圆形蛋糕卡片纸、长方形纸各两张；大小相同的圆形图片两张；剪刀。
学具：剪刀、毛线、吸管、若干；圆形蛋糕卡片纸、长方形纸各两张(幼儿人手一份)。</td><td>大班幼儿已经会用重叠法比较物体或图片的大小，会对边折、对角折的技能。因此，引导幼儿学习二等分，有助于幼儿对生活中二等分现象的了解，特设计了此活动。</td></tr>
<tr><td colspan="2">活动过程</td><td>设计意图及评析</td></tr>
<tr><td colspan="2">1. 问题导入，激发兴趣。
教师出示一块圆形蛋糕图片，请幼儿思考：现在只有一块蛋糕，两人都想吃，怎么办？
2. 请幼儿自己动手尝试，按自己的方法进行二等分。
(1)讨论：为了公平，你想用什么办法将圆形蛋糕分成一样大的两块呢？
(2)请幼儿自己动手尝试，按自己的方法进行二等分。
3. 教师引导幼儿学习将对称图形进行二等分的正确方法。
(1)教师提问：你分的两块蛋糕真一样大吗？你是怎么知道的？
(2)请一位幼儿动手比一比自己所分的两块蛋糕的大小。
(3)教师讲解演示自己二等分蛋糕的方法，并比较二等分后蛋糕的大小。
(4)师生共同小结二等分的含义：把蛋糕分成一样大的两份，这种方法叫二等分。
4. 教师帮助幼儿理解二等分后，部分与部分、整体与部分的关系。
(1)思考：分出来的一份蛋糕和原来的相比哪块大？哪块小？分出来的每一份是原来的多少？
(2)教师演示验证幼儿的猜想：教师出示两个一样的圆形，将其中一个二等分，然后将等分后的半圆和另一个圆形相比。
(3)师生共同得出结论：二等分后，其中的任意一部分是整体的一半；部分小于整体，整体大于部分。
5. 请幼儿思考并动手尝试将长方形纸进行二等分。
(1)请幼儿思考：你会将长方形纸进行二等分吗？
(2)请幼儿动手尝试将长方形纸进行二等分。
(3)请幼儿与同伴分享自己二等分长方形纸的方法。(幼儿动手操作，展示自己方法。)
(4)教师小结：我们可以用对边折、对角折的方法将长方形纸进行二等分，把它分成了两份一样大的图形。
6. 挑战自己：除了用对边折、对角折的方法之外，你还能用其他方法将长方形纸进行二等分吗？
(1)请幼儿思考并讨论二等分的方法。</td><td>开始以分蛋糕导入，意在激发幼儿尝试二等分的兴趣。
教师请幼儿动手尝试探索二等分的方法，通过自己的操作活动来满足内心的求知欲望。在幼儿操作探索过程中，教师不必急于指导，而是让他们有充分的探究时间，促使幼儿认知冲突的出现，便于下一个环节的开展。
在第三个环节中，幼儿有了自己动手进行二等分的经验，这个时候正好是教师“教”的好时机。
在新旧经验的交织中，幼儿可以实现认知的平衡，学习二等分的正确方法，同时也理解二等分的含义，从而获得发展。
通过幼儿猜想、教师验证，师生共同得出二等分后部分与部分、整体与部分的关系。</td></tr>
</table>

续表

<table>
<tr><th>活动过程</th><th>设计意图及评析</th></tr>
<tr><td>(2)请幼儿分组合作动手验证自己的方法。
(3)教师追问：除了用对边折、对角折的方法将长方形纸进行二等分外，还有其他方法进行二等分吗？
7. 游戏："寻找另一半"。
方法：教师把不同几何图形二等分，一份在参加游戏的幼儿手中，另一份贴在磁性黑板上。游戏时，幼儿走边念儿歌："找找找呀找，快快找到自己的另一半。"念到最后一个字时，幼儿分别到黑板上取下一个和自己手中一份同样的图形，并把两份图形拼成一个整体，看谁拼得又对又快。
延伸活动：
1. 请幼儿在生活中学习将实物材料进行二等分。
2. 请幼儿思考：对称图形除了可以进行过二等分外，还可以进行几等分？
3. 把各种图形的纸放在区角活动中让幼儿观察操作。
4. 请幼儿在生活中寻找运用等分的地方，感受等分在生活中的运用。
活动设计：武汉市洪山区街道口幼儿园　韩元香</td><td>在第五个环节，教师采用巩固提高的方法，让幼儿将长方形纸进行二等分，加深幼儿对等分的认识。
在"挑战自己"环节中，意在引导幼儿学习二等分最难的一种方法——找中心点折进行二等分。
最后以游戏活动将整个活动推向高潮。</td></tr>
<tr><td colspan="2">本次数学活动的目标是引导幼儿学习并与人分享、交流将对称图形进行二等分的不同方法，理解部分与部分、整体与部分的关系。教师以分蛋糕的问题导入激发了幼儿尝试二等分的兴趣。紧接着，教师请幼儿自己动手尝试二等分、教师帮助幼儿理解二等分、学习二等分的方法、探究二等分的不同分法，最后在寻找另一半的活动中，巩固对二等分的理解。在操作活动中，教师很好地充当了幼儿活动的支持者、合作者、引导者。让幼儿在活动中通过自己操作、观察、比较、探索、交流，掌握二等分的方法，对二等分的概念进一步的认识和理解。在学习和探索中，教师引导幼儿由浅入深，学习从不同角度、不同方向思考问题，通过用观察、比较、类推、迁移等方法解决简单的数学问题，培养他们对数学活动的兴趣。整个活动设计中探索、讨论、验证、提升经验贯穿全过程，可充分发挥幼儿的主体作用。</td></tr>
</table>

(四)认识空间方位的活动案例与评析

表 7-6　认识左右

活动名称	认识左右——大班数学活动	设计意图及评析
活动目标	1. 乐于探索物体间的空间位置关系。 2. 学习以客体为中心区分左右，了解"左右"的相对性。 3. 有一定的空间方位感，能比较准确地说出物体所在的左右方位。	根据《纲要》的精神，目标是从情感态度、认知、能力三个维度提出的。

续表

<table>
<tr><td>活动名称</td><td>认识左右——大班数学活动</td><td>设计意图及评析</td></tr>
<tr><td>活动重难点</td><td>1. 重点：学习以客体为中心区分左右。
2. 难点：能比较准确地说出物体所在的左右方位，了解“左右”的相对性。</td><td rowspan="2">空间方位的辨别，是指人对客观物体在空间中所处位置关系的判断。能正确区别空间位置关系是幼儿思维发展的一个重要组成部分。幼儿对以自身为中心区分左右的概念还是比较清晰的，而对于以客体为中心区分左右常常犯错。5 岁以后是左右概念的发展期，因此，教师特设计此活动。</td></tr>
<tr><td>活动准备</td><td>1. 幼儿经验的准备
幼儿会以自身为中心区分左右。
2. 活动材料的准备
教具：小彩旗一面。
学具：及时贴小红花、小玩具若干；布娃娃每组一个。</td></tr>
<tr><td colspan="2">活动过程</td><td>设计意图及评析</td></tr>
<tr><td colspan="2">1. 利用儿歌，引出学习内容。
(1)教师提出要求：边念儿歌边作相应的动作。
(2)教师带领幼儿边念儿歌边作相应的动作。
儿歌：“前前前，后后后；上上上，下下下；左左左，右右右；咕噜咕噜咕噜咕噜，嘿嘿嘿!”
2. 找左右好朋友：请幼儿在自己的身体上，找出一左一右的好朋友。(复习以自身为中心区分左右)
(1)请幼儿用左手指挠挠右手心，再用右手指挠挠左手心。
(2)提问：我们身上，还有哪些地方和左右手一样，也是一对好朋友?
(3)请幼儿自由发言，说出自己身上一左一右的好朋友。
(4)师生共同小结：我们身上，有很多地方有左右之分。如左肩、右肩；左眼、右眼；左脚、右脚；左耳朵、右耳朵……
3. 学习以客体为中心区分左右。
(1)教师背对幼儿，带领幼儿分别举起右手，并在各自的右手臂上贴上及时贴小红花做标记。并观察老师的右手和你的右手是不是在同一边?
(2)教师转身，与幼儿面对面，请幼儿仔细观察，看看教师的右手和自己的右手所在方位：是不是在同一边?
(3)教师反复转身并高举右手，请幼儿观察老师的左右的变化。
(4)师生共同小结：当我们面朝同一方向时，彼此左、右方位相同；当我们面对面时，彼此左、右方位是相反的。
4. 在操作体验活动中，帮助幼儿加深了解“左右”的位置关系。
(1)摆一摆：每组摆放一个布娃娃，请幼儿按教师要求摆放玩具。如摆在娃娃的左边或右边等。
(2)找一找：请幼儿两两结对，按教师要求指出朋友相应的部位。如指出朋友的左耳朵或摸右手等。</td><td>复习儿歌，是为了引出学习内容。而找左右好朋友主要是帮助幼儿复习以自身为中心区分左右。
在学习以客体为中心区分左右的过程中，教师通过自身的示范，让幼儿用眼观察、用口表达、用心思考的教学方式，促使教学活动有效进行下去。达到提高幼儿观察能力、表达能力、抽象思维能力的目的，发展幼儿的空间方位知觉和判断力。
在操作体验和说说教室里物体间位置关系的环节中，使幼儿在玩中学、乐中悟，帮助幼儿加深了解“左右”的位置关系，感受生活中处处有数学，激发他们的参与意识。</td></tr>
</table>

续表

<table>
<tr><th>活动过程</th><th>设计意图及评析</th></tr>
<tr><td>5. 请幼儿说一说，教室里物体间的位置关系。
6. 通过游戏“转身再看”，体验左右关系的相对性。
(1)教师介绍游戏玩法及要求：请全体幼儿面朝一个方向站立，教师把小彩旗插在幼儿一侧(左边或右边)，引导幼儿说出小旗是在左边或右边。教师发出指令“向后转”，听到指令后，幼儿集体转身，教师再引导幼儿观察，小旗与自己的左右位置关系。
(2)教师带领幼儿游戏，及时帮助指导幼儿区分左右。
(3)师生共同小结：当我们向后转身后，物体与我们的左右关系也发生了变化，左右位置关系交换了。
延伸活动：
1. 在户外活动中，组织幼儿开展“跳房子”游戏，练习向左、向右跳。
2. 请家长利用家里摆设引导幼儿区分左右。
活动设计：武汉市洪山区街道口幼儿园　韩元香</td><td>由于幼儿对方向感的认识度不够，在方位的确认和理解上没有掌握，要让幼儿了解以客体为中心正确区分左右，主要还得让幼儿认识不同的站姿决定不同的方位这个道理，而左右手的区分不会因为不同的站姿而改变。基于此点，教师设计游戏“转身再看”，帮助幼儿了解左右的相对性，提高了他们区分左右的能力。</td></tr>
<tr><td colspan="2">根据幼儿的年龄特点、现状与需要，本次活动在以自身为中心“区分左右”的基础上，学习以客体为中心区分左右，了解“左右”的相对性。活动的重点是学习以客体为中心区分左右，活动的难点是能比较准确地说出物体所在的左右方位，了解“左右”的相对性。本活动教师创设了宽松的游戏环境，充分发挥了幼儿自身的作用。通过找左右朋友、转身再看等形式开展活动，充分体验、感知“以客体为中心区分左右”的空间位置关系，通过操作、交流、教师梳理等教学方式，帮助幼儿比较准确地说出物体所在的左右方位，并理解其相对性。本次活动重点突出，难点得到突破，幼儿参与的积极性很高，师幼互动、生生互动良好，达到了预设的目标。</td></tr>
</table>

本章小结

空间形体和空间方位是幼儿园数学教育的基本内容。本章首先介绍了空间形体(包括简单的平面图形和几何体)、空间方位、对称与等分等基本知识，根据幼儿年龄特点，明确了幼儿空间概念教育的内容和要求；分析了幼儿对空间概念的认知特点，详细阐述了对幼儿进行空间概念教学的组织方法；最后，通过具体案例介绍了空间概念教育活动的设计方法。

学习本章内容时，一定要对空间的相关知识理解透彻。如常见平面几何图形、空间几何体、空间方位(上下、前后、里外、左右、东南西北等)、对称图形与图形的等分。重点把握幼儿对空间概念的认知特点，熟悉不同年龄段幼儿对空间概念的认知水平，这是组织相应教学活动的基础。要正确理解幼儿空间概念教育的基本方法，仔细研读活动案例，充分考查案例中各环节的设计意图，为日后设计打好基础。

练习与实践

1. 幼儿空间概念的教育包括哪些内容？
2. 幼儿认知空间方位的顺序是什么？
3. 幼儿对几何图形的认知特点有哪些？
4. 设计一个认知几何图形的活动案例。
5. 设计一个认知空间方位的活动案例。
6. 设计一个感知对称的活动案例。

第八章　幼儿认识统计的活动指导

学习目标

- 了解统计的相关概念，以及统计活动对幼儿发展的意义；
- 理解幼儿对统计的认知特点，幼儿分类统计的基本步骤；
- 掌握幼儿统计活动的基本内容及常见的统计活动形式；
- 能设计适合幼儿发展的统计活动方案并组织实施。

关键问题

- 幼儿学习统计有何意义？
- 幼儿统计活动主要包含哪些内容？
- 幼儿学习统计的认知特点主要有哪些？
- 如何开展幼儿统计教学活动？

第一节　幼儿统计基础知识

统计学是研究怎样去有效地收集、整理和分析带有随机性的数据，以对所考查的问题作出推断和预测，为采取一定的决策和行动提供依据和建议。

统计与我们日常生活和社会实践密切相关。尤其是信息时代的今天，让幼儿感知一定统计知识是时代进步和社会发展的需要；幼儿学习统计，有利于培养他们对数据观察的兴趣、促进他们逐步形成尊重事实的态度和用“数据”说话的习惯，有利于他们有条理地思考问题的品质的形成，有利于他们解决自己身边、生活中发生的问题等。如：“吃饭时摆放多少碗、筷？”“估计家里一个星期内共丢弃多少个塑料袋？我们班上，谁家丢得最多(少)?”统计为我们的决策提供可靠的依据。如“统计某超市的商品销售情况，对超市的进货提出合理的建议。”

统计的思想方法一直在帮助和指导幼儿的学习、游戏和生活。

一、幼儿统计中的相关概念

幼儿教师在开展幼儿统计活动时，常常要涉及到一些统计知识。虽然，对于幼儿来说，我们不需上升到概念层面，但作为教师，应站在一定理论高度，认识和理解某些现象，并能组织相应活动，让幼儿感知统计方面的具体现象或规律。

1. 必然事件：在一定条件下，一定发生的事件，叫**必然事件**。如在通常情况下，“抛出一石块，石块下落”是必然现象，“石块下落”这一现象是“下落”之前就能预料的。

不可能事件：在一定条件下，一定不发生的事件，叫**不可能事件**。如“没有电，电灯亮”是一定不会发生的。

必然事件和不可能事件统称**必然现象**。

2. 随机事件：一定条件下，可能发生，也可能不发生的事件，叫作**随机事件**。随机事件具有不可预测性。如“抛一硬币，出现正面”，这是一个不能确定是否发生的事件，因为还有可能出现“反面”。

像这种在一定条件下有多种可能结果，但又不能预先知道是哪种结果的现象称为**随机现象**。

如分类统计班上男、女孩人数时，一边点名，一边归类，但下一个被点的孩子是男孩还是女孩，不能事先知道，是随机的。

生活中的随机事件非常普遍，它是偶然发生的。正是因为随机事件的偶然性，才为我们的生活增添了许多惊喜，收获到意想不到的快乐。因为这种偶然性能带给我们惊喜和快乐，所以许多游戏的设计引入了“随机”的概念。

3. 总体：在统计里，我们把所要考查的对象(的某特征)的全体称为**总体**，其中的每一个考查对象叫作这个总体的一个**个体**。例如要了解某班幼儿的性别情况时，这个班的全体幼儿(的性别)构成总体，其中的每个幼儿(的性别)都是个体。总体也可看作被研究的所有对象构成的一个集合，幼儿考查的总体一般是有限总体(即由有限个个体构成的总体)。

4. 数据：在幼儿统计中的数据指幼儿针对统计问题收集到的对象，这种对象可表现为事实或数字形式。

5. 众数：一组数据中出现次数最多的数值，叫**众数**。简单来说，就是一组数据中占比例最多的那个数。有时在一组数中有几个众数，也有时没有众数。

在幼儿数学中，数是一个非常抽象的概念，具体操作时，常用实物、物体或图片等的数量表示数。因此，在幼儿统计中，我们仍以物为主要研究对象。这样，“众数”相当于数量最多的那一类事物。如，统计某幼儿书包中物品时，发现有“文具”4 件，“卡通书”2 本，“玩具”1 件，显然，最多的一类物品是“文具”，那么，“文具”就相当于“众数”。

二、幼儿统计活动的基本内容

幼儿统计活动主要包括随机现象的感知和数据的分类统计。根据幼儿年龄特点及统计活动的主要任务，可组织开展以下部分或全部统计活动。

(一)感知随机现象

通过具体游戏活动，帮助幼儿感知事物发生的结果的多样性和偶然性，体会结果的不可预测性。

(二)数据的收集

根据所要研究的问题，将要考查的所有对象汇集在一起(这是幼儿考查的总体)，即根据统计要求收集数据。让幼儿感知被统计对象组成的集合，不能遗漏任何对象。如考查“篮子里的苹果多还是梨子多”时，篮子里的所有苹果和梨子都要拿出来，构成我们考查的总体。又如“小明捡到几片树叶”？需要把小明捡到的全部树叶拿来研究。在实际操作时，对于低龄幼儿，我们一般把这些对象全部提供给幼儿，不需幼儿去收集，而大班幼儿可以尝试收集数据。有时还要知道所收集数据的数量(总体容量)。

(三)数据的整理

首先是数据分类。将收集的数据按统计要求分类，了解每类的名称或给每类命名。各类的名称可以是实物、图片、语言、图形符号等。如判断“哪种颜色的图形多”时，需将图形按颜色分类，并知道各类名称；若要知道“哪种形状的图形多”，则需按图形的形状进行分类，并知道各类名称。

然后是分类统计总数。为了准确描述数据的分布情况，我们需要知道各类的数量。对于幼儿来说，这种数量可以是摆放有序的实物、图片、卡片，也可用表格或数字等。

(四)数据的分析

将数据进行比较、排序，以便获取更有价值的信息。如谁多谁少？找出最多或最少。又如“哪种水果卖得最多”“哪位小朋友拍球数最多”等。

(五)数据的解释与利用

1. 理解数据及数据间的关系。要求幼儿明白各数据表示的意义及数据间的大小关系。对于中、大班幼儿要适当学习解释数据。

2. 根据实际问题需要和数据处理结果，提出决策建议。如在区角活动“水果店”中，根据水果销售情况，决定水果店下次进货时，应购进什么水果？根据各小朋友拍球水平，决定派谁参加拍球比赛。

由于我们提供给幼儿的统计对象，往往是一些具体实物，而并非数值。也就是说，幼儿统计研究的数据常常是“实物”。

从统计过程看，在幼儿统计活动中，分类、比较多少、按数量排序等操作方法，在其他相应章节有详细介绍，本章不再赘述。在这里，主要让幼儿体会从分析数据过程中，得到对事物状态的判断的方法。在以往幼儿统计中，通常要求幼儿能做出“谁最多”或“谁最少”的判断即可。

如大班统计活动“在我们班上，哪种水果更受欢迎”可按如下步骤设计：

(1)老师准备足够数量的各种水果的图片；

(2)请每位幼儿从中拿一张自己喜欢吃的水果的图片；

(3)先请喜欢吃水果 A 或水果 B 的小朋友站出来；(收集数据)

(4)请喜欢吃水果 A 的站一排，喜欢吃水果 B 的另站一排；(数据整理—归类整理)

(5)分别统计两排人数；(数据整理—分类统计)

(6)比较两排人数多少；(分析数据—数据比较)

(7)得出结论：在我们班，水果 A 比水果 B 更受欢迎；(数据分析—统计判断)

(8)卖水果 A 比水果 B 更好；(数据利用—统计决策)

(9)换两种水果再比较一次，作巩固练习；

(10)(追问)哪种水果最受欢迎。(分析全体数据，得出决策)

幼儿统计活动的内容也不是一成不变的。根据幼儿的实际经验、认知能力和思维水平，可进行适当调整。如在上述活动中，对于小班，可以不统计两排人数，直接用对应法比较多少。而对于中班，还可引导幼儿统计各类图片数量，也可按图片标记分类统计。对于大班，则可用图表对图片进行统计，最后通过判断人数的多少来得出哪种水果更受欢迎。

第二节　幼儿对统计的认知特点

听起来，统计离我们好像很远，提到统计，有人就会想到复杂的统计公式，其实统计就在我们身边，经常会遇到或用到，只是我们可能没意识到。毕竟统计是研究现象背后的数学规律，而现象与规律间总有较大的距离，因此认识统计，还需要有一个发展过程。幼儿对统计的认知有如下特点。

一、幼儿对随机现象的认知特点

幼儿对随机现象的认识，受制于他们的生活经验和思维能力。在认识随机现象的过程中，幼儿主要会表现出如下一些特点。

(一)幼儿对随机现象的认识是从有意确定到有意不确定的

我们知道，对于 1 岁前的婴儿第一次玩“躲猫猫”游戏时，他们往往是期望对方从消失的地方出现，并有意识地盯着(持续时间很短)原来的地方，而没有去其他地方寻找。这是因为他们认为事物是不会变的，必定像自己刚开始认识的那样，在原来的地方出现。就算它消失了，也会在原地重新出现。在孩子的思维中，事物的存在是一种必然的方式，是确定的，不会变成其他结果。但当我们(用声音等)提示他们，帮他们在其他地方发现对方时，他们一定会为自己的发现而惊喜。这之后，他们会逐渐感觉到，事物在这里消失后，可能会在其他地方出现。这时他们对事物出现的位置产生了“变”的感觉。随着类似游戏的进行和感知能力的提高，他们开始意识到，这种变化范围越来越大，现象的呈现越来越不确定。但仍然会把可能性大的随机事件认定是必然事件。有意“不确定”意识逐渐萌发需要一个过程。

由于幼儿对有显著特征的事物反映较敏感，在做随机试验时，应尽量选用大一点或颜色亮一点物体，以求醒目，让幼儿更容易观察到。

(二)幼儿对随机现象中所有可能结果的数量的认识是由模糊到明确，由少到多的

低龄幼儿在感知随机现象的过程中，即使感到事物的发生会有多种可能结果，但也不能确定到底有哪些结果。如对于小班幼儿，我们先把两面分别印有米老鼠和唐老鸭图案的卡片展示给幼儿看，然后，抛掷卡片，让幼儿猜“落地时看到的会是哪一面”时，他们往往猜自己喜欢的图案。当问会不会是另一个图案时，他先是否定。当觉得自己猜错后，下次再猜时，他往往先犹豫后就猜上次的结果；有的幼儿还会猜到猫等其他图案。反复练习后，会在这两种图案中选猜。也就是说，幼儿最初对随机结果的认识是模糊的。一般情况下，小班幼儿能感知有 2 种可能结果的随机现象，中班幼儿可感知有 3，4 种可能结果的随机现象，大班幼儿可感知有 5，6 种可能结果的随机现象。

(三)幼儿对随机现象的不可预测性的认知，是在反复操作中不断体验发展起来的

幼儿对不可预测性的认知，是在反复预测的失败感中积累起来的经验。因而在对现象作出判断的时候，他们所处的环境与所经历的生活起着相当大的作用。例如，家长为了阻止孩子玩水，就说“玩水会把衣服打湿的”。孩子为了能玩水，会争辩“不会的”，玩水的结果是“衣服湿了”。幼儿对可能性的感知，主要源于他们的生活经验。如对生活在南方的幼儿来说，对于“明天是否会下雪”这个问题，其回答与生活在北方的幼儿可能是不同的。这都是在生活中反复感受的结果。

幼儿还不能对事件发生的可能性情况作出一些预测。

(四)幼儿对随机现象的认知水平有明显的年龄特征

内　容	小　班	中　班	大　班
感知结果的随机性	模糊地感到有不同的结果	知道有多种结果	知道有哪些结果
可感知随机结果的数量	2 种	3 或 4 种	5 或 6 种
预测现象的能力	一般不会预测	可预测明显的大概率事件	关注多种可能的结果

二、幼儿对统计活动的认知特点

幼儿对统计的认知是在感知集合、理解数概念、学习分类和排序技能等过程中逐渐取得的。从构建集合、分类、比较、排序等活动中，我们认识到幼儿统计思维的发展具有明显的操作性。

(一)幼儿对统计数据的认识是从笼统到具体的过程

对于年龄较小的幼儿，在比较两组物体量的多少时，往往凭物体所占空间的直观感觉。如 4 个苹果和 5 颗红枣分别堆放着，问苹果和红枣哪个数量多时，他们看到苹果所占空间大，就说苹果多。后来会学习用对应的方法比较多少，或用计数的方法判断多少。

(二)幼儿对数据的分析与利用能力的发展是一个渐进的过程

对幼儿来说，数字往往只是表示物体量的一个符号，并不用来描述自己观察到的

现象。因此，数字之间往往是不相关的。例如，他可能关注到，有一个小朋友一天里吃了 1 个苹果，吃了 4 块巧克力。在他眼里，这些只不过就是一些静止的和不关联的数字，他也只是获得了一些事实。通常幼儿可以得出“该小朋友吃的糖比苹果数量多”，但还不能自主地从这两个似乎不关联的数字中，推断出“这个小朋友可能偏爱巧克力”这样的结论来。更难从这两个数字中受到启示，然后通过某些调查获取数据的方式，去选择类似“如果开商店，是卖水果好，还是卖巧克力好”这样的行为了。而这些统计数据正是我们做出决策的依据。

(三)幼儿对统计的认知水平有明显的年龄特征

小班：小班幼儿对集合的界限感知是较模糊的，因此，对分类的界限把握不准确。有时在将物体归类时，显得有些犹豫不定，甚至会遗漏某些物体。在对事物特征有了充分的了解后，这种模糊感会逐渐消失。小班幼儿对量的感知是由笼统到初步精确的。他们往往是从“大”与“小”开始的，因此对“最大”和“最小”比较敏感；能辨别数量相差显著的两组物体的多少。一般能对 5 以内物体进行较精确的统计，并说出总数。而表征数据的方式主要是实物或图片。还不能通过数据分析作出统计判断。

经过学习，幼儿能将混合在一起的两种物体进行分类，并分别统计总数(数量不超过 4)，然后进行量的比较，说出谁多谁少(一般数量相差 1)。能在老师指导下，对 3 种混合在一起的物体按一个标准分类，并分别统计总数，用逐一比较的方法，找出最多或最少的类。

中班：中班幼儿对集合界限的感知较清晰，能较准确地区分哪些是研究对象，哪些不是。分类能力较小班幼儿有所提高，能按统计要求对物体进行分类，能对部分类别命名，会统计各类总数(数量不超过 7)。对 6 组以内的物体按数量排序，指出最多(少)的类。能在老师引导下学习使用分类标记。但通常不能利用数据来作出的简单推断。

大班：和中班比，大班幼儿的统计思维能力有跨跃式发展。在学习了初步数概念及简单运算的基础上，不断积累观察、收集、分类、计数、比较、判断等经验，为统计思维的形成与发展奠定基础。大班幼儿逐步学会用图表来分析和解决问题。能将物体按某一特征分类，然后用表格来表征，并对各类命名，指出哪类最多(少)，或哪几类一样多。如用图表统计一周内每天在家吃饭的人数(按星期几分类)；统计一天中到各区角活动的人数(按区角分类)等。大班幼儿能设计和使用分类标记，能依据数据分析作简单的推断。

第三节　幼儿统计活动指导

幼儿统计活动，是幼儿园数学教育中的一项综合性活动，它既体现了分类、计数、排序等数学技能的综合运用，又呈现了数学思维从静态到动态、由局部到整体、由特殊到一般的逻辑层次。幼儿统计活动，一方面是感知随机现象，明白事物发展的不确定性、无法预测性。教师引导幼儿从动态的角度观察事物现象，体会事物变化的随机性；并从全方位感知各种可能出现的结果，初步了解随机现象的不可预测性。另一方面是学习对事物进行分类、统计，通过对数据的分析，判断事物性质，得出事物的一般特征。

幼儿统计活动必须以幼儿生活经验为基础，以游戏为主要形式，通过幼儿亲自动手操作，感知统计中的现象和规律。

一、幼儿统计活动的内容与要求

小班：感知某些现象的不可预测性，体会某些现象可能有多种结果；感知有两种可能结果的随机现象；会将混在一起的两、三类物体分开；能通过目测，区分有明显差异的两组物体的多少；通过操作比较等方式呈现3类物体数量，指出谁多(少)，谁最多(少)。

中班：感知有3、4种可能结果的随机现象，感知每种随机结果的不可预测性，知道结果必定是这三、四种中的一种，在游戏中体会“一定”与“可能”的意思，感受数学的乐趣。能按某标准将物体分类(最多不超过6类)；能通过比较，找出差异明显的6组(以内)物体中哪组最多(少)；理解统计数据间的大小关系，并能用图形符号表征数据。

大班：感知可能结果数不超过六种的随机现象，初步了解每种随机结果的不可预测性，知道不会出现这六种以外的结果，学习用“一定”与“可能”描述现象，在游戏中享受数学的乐趣。能按统计要求将物体分类(不超过10类)，分别统计各类数量(每类数量不超过10)并按数量排序；能在老师引导下学习用统计图表表征数据；能通过分析数据或图表，得出数量间的关系；能根据统计数据作出简单的判断和决策。

二、幼儿统计活动指导

常见的随机现象是非常多的，因此组织幼儿感知随机现象的教育活动是很丰富的。在进行活动的设计与组织时，一定要结合幼儿的年龄特点、发展水平和生活经验，以幼儿为活动主体，创设生动的情境，调动幼儿参加活动的积极性和主动性，在反复进行的活动中，享受游戏的快乐，让每个幼儿在活动中充分感知随机现象的各种可能结果，体会每种结果的不可预测性，或所有结果的必然性。

(一)幼儿感知随机现象的活动

感知随机现象的活动，可以设计成专门的教学活动，也可在其他游戏活动中进行渗透。教师可参考以下思路组织和设计感知随机现象的活动。

1. 游戏中的随机现象

在游戏活动中，引导幼儿感知随机现象。在教师演示，幼儿观察的活动中，引导幼儿感知随机现象的可能结果的多样性。如在“公鸡头，母鸡头”游戏中，教师和幼儿面对面坐，教师手里有一小玩具(小到能全部握在手中不露出来)，先让幼儿看一看玩具在哪只手上，然后双手在自己背后交换一下，最后，双手握拳到身前，一边做相应动作，一边念道：“公鸡头，母鸡头，咕噜咕噜在哪头？在这头，在那头，请你猜猜在哪头？”让幼儿猜一猜，玩具在哪只手里？对于幼儿来说，玩具在哪只手中的可能性是一样的，无论怎么猜，结果都有偶然性的。游戏中，让幼儿知道，结果有两种可能。老师要通过语调变化及动作的夸张调动幼儿积极性。

通过幼儿亲自操作，来感知随机现象的结果具有多样性。如在“指鼻子”游戏中，教师将一张动物头像的鼻子用笔圈上，挂在墙的适当高度，幼儿面对头像2米(可根据幼儿年龄调整距离)远处站立，然后蒙上眼，朝头像走去，并用手指点头像的鼻子所在圈，看谁指得准。此游戏组织难度不大，既有挑战性，又有趣味性。虽然目标是指鼻子，但实际结果，不一定都能指准鼻子，也会指到别的器官。让幼儿感知实际所指的结果具有多样性。从游戏本身而言，能不能指准，具有一定偶然性。想指准，是挑战自我；相反，没指准，也会给大家带来快乐！

在猜一猜活动中，感知随机现象的结果的偶然性。幼儿在猜的过程中，知道自己有时能猜中，有时没猜中。从而体会到，能不能猜中，是有一定“运气”的成分。某一次能不能猜中，与自己是否努力去猜没有关系。如在音乐游戏活动“抢椅子”中，组织幼儿进行猜测：“请小朋友们在心里猜一猜，下一个抢不到位子的是谁？下一次，老师请猜对了的小朋友玩这个游戏。”在这个游戏中，每一轮的结果不等。

2. 操作体验中的随机现象

在反复操作、体验的过程中，引导幼儿感知随机现象的各种可能结果。如抛掷硬币，会有哪些可能的结果；抛掷骰子，会有哪些可能的结果？活动时，教师可通过记录各种结果的形式，把幼儿感知的各种不同结果呈现出来，并一边试验，一边提问：“还有别的结果吗?”最后得出共有哪些结果。

3. 生活中的随机现象

生活中的许多环节，都蕴含着随机现象，要及时引导幼儿感知随机现象。如明天谁先到幼儿园？数学活动时老师会点谁发言？当我们走到人行横道时绿灯会亮吗？在车站等车时，下一辆车是我们所要等的车吗？今天放学时，最先被接走的会是谁？等等。

4. 竞赛中的随机现象

在游戏中设计情境，体现随机现象，增加游戏趣味性。如“飞行棋”“夺红旗”等。两人从同一点出发，通过“石头剪刀布”确定谁先行。每人都通过抛骰子所获点数确定各自行走的步数，如得“3”，就向前走3格，如果第3格有障碍物或语言提示，则还要按提示行走，最后看谁先得到红旗。

游戏“谁先到达目的地”中，胜负规则是：两站在一层楼梯的正中间，先确定各自的目标：一人以上到最上一级为目的地，另一人以下到最下一级为目的地，谁先到达目的地，谁就获胜。具体玩法是：通过“石头剪刀布”决定进退，在“石头剪刀布”中获胜的可向自己的目标前进一级，负的原地不动。

在游戏中，设计适当口诀或顺口溜，也能增强游戏的趣味性。

感知随机现象的传统游戏还有猜手指、套圈、打保龄球、打靶、丢手绢、击鼓传花、划黑白、摸瞎等。

5. 注意事项

(1)感知随机现象的游戏必须联系幼儿的生活实际和感知水平;
(2)随机现象中所包含的基本事件不宜太多;
(3)游戏的趣味性是吸引幼儿的重要机制。

(二)幼儿统计活动

统计活动的设计，是建立在幼儿已经具备相应知识和能力的基础之上的。如比较两个事物异同的能力、分类能力、计数能力、排序能力等。

1. 专门的统计活动

专门的统计活动，是教师根据数学培养目标和相关内容，精心设计并组织的统计活动。专门统计活动的设计离不开幼儿实际生活经验和认知水平，统计活动必须以幼儿操作为主，活动内容和要求应符合幼儿的最近发展区原理。

(1)将物体归类时，注重引导幼儿感知所取物体的随机性。如分类操作时，可以把所有物体用口袋装好，然后逐一摸出并归类，每摸出一个都让幼儿猜一猜它是哪一类。

(2)在进行分类统计时，逐步引导幼儿学习使用标志。小班可用实物或图片标志;中班可用图片或图形标志;大班可用图形或符号标志，还可由幼儿设计标志。鼓励大班幼儿用表格表征数据。

(3)注意创设不同生活情境，感知统计的不同程度的内容。如有时只需归类，有时需要计数，有时得比较多少，有时还要知道最多的。对幼儿来说，最难的是作出实事判断或决策。

(4)引导幼儿尝试根据统计结果进行判断和预测。

(5)在交流过程中，分享他人经验。

(6)通过延伸活动来巩固经验，发展思维。

2. 其他环节中的统计活动

数学无处不有，教师要善于抓住契机，即时引导、合理组织。其他环节中的统计活动，是教师根据各领域间的联系，有意渗透的统计活动，目的在于培养幼儿对统计的兴趣，引导幼儿学会从表面数据分析事物状态或发展趋势，以便作出相应判断。

(1)日常生活中的统计活动

教师或家长可以根据生活情境，即时开展幼儿统计活动，大班幼儿有时会自行统计。如宝宝一周喝了几瓶牛奶、爸爸和妈妈谁接送我的次数多、我家附近猫多还是狗多等。通过数据比较，还可得出有价值推断:如果我家附近常出现的狗多，那说明有较多的人爱养狗，做与宠物狗有关的经营一定不错!

(2)游戏中的统计活动

如健康游戏中，比谁拍球拍得多、派谁去参加拍球比赛更好;在搓汤圆的泥工游戏中，在规定的时间内，看谁搓的汤圆最多，等等。

(3)区角中的统计活动

在区角可以设计登记表，统计某区角每天参加活动的人数；统计每天参加人数最多的区角；统计最受欢迎的区角；图书角里最受欢迎的书，等等。其中统计表的来源：小、中班由老师设计，大班可由幼儿设计。

(4)其他领域活动中的统计活动

如科学活动“沉浮”中，哪些物体会下沉？如大班音乐活动中，哪些是摇篮曲？哪些是进行曲？哪些是欢快舞曲？等等。

3. 注意事项

(1)注重统计活动的操作性和生活性；

(2)要引导幼儿感知所有不同类别，了解其名称；

(3)要启发幼儿学习利用数据。

三、幼儿统计活动的案例与评析

(一)幼儿感知随机现象的活动案例与评析

表 8-1

活动名称	石头、剪刀、布——中班数学活动	设计意图及评析
活动目标	1. 体验随机游戏的乐趣，对随机现象感兴趣。 2. 感知随机现象，了解随机现象的难以预测性。 3. 会用“一定”“不可能”“可能”的词语来描述事件发生的随机性。	“石头、剪刀、布”是个随机游戏。在游戏中，教师引导幼儿感受随机现象是难以预测的，这个随机游戏把很抽象的概率知识用游戏的形式让幼儿感知，便于他们理解。学用“一定”“可能”的词语来描述事件发生的可能性，进一步加深对随机现象的认识。
活动重难点	1. 重点：感知彼此胜负的随机性，了解随机现象的难以预测性。 2. 难点：用“一定”“可能”的词语来描述事件发生的可能性。	
活动准备	1. 幼儿经验的准备 有一定的规则意识。 2. 活动材料的准备 教具：视频。	
活动过程		设计意图及评析
1. 感知随机现象。 播放“石头、剪刀、布”游戏视频，引入活动内容。 2. 了解随机现象：教师介绍游戏玩法及规则。 (1)教师介绍游戏中的手势种类及各个手势的名称。 游戏中有三种手势，各个手势的名称及动作如下： 石头：手捏成拳头，像石头一样。		播放视频，一方面让幼儿感知随机现象，另一方面激发幼儿游戏的兴趣。 教师介绍游戏玩法、规则、所有随机手势种类及手势间的胜负关系，便于幼儿更好地游戏。

续表

<table>
<tr><th>活动过程</th><th>设计意图及评析</th></tr>
<tr><td>剪刀：食指和中指伸直打开，其余三指弯曲于手掌。
布：手指全部张开。
(2)看谁出的快又准：
教师随机地说“石头”“剪刀”“布”，让幼儿亮出手势。
(3)请幼儿猜一猜手势间的胜负关系即玩法。
(4)教师讲解示范手势间的胜负关系即玩法。
石头胜剪刀；剪刀胜布；布胜石头。
分析：有没有哪个手势“一定”(任何时候都)赢？(可能赢)
(5)规则：每个人可以自由出手势，但双方出手势要同时，为此有口令指挥：“石头、剪刀、布”，喊口令时可由一人喊，也可两人一起喊。当喊到最后一个字“布”时，一起出手势。
3. 体验随机现象：师生一起玩游戏，帮助幼儿感知结果的随机性、不可预测性。
(1)教师和全体幼儿玩游戏，请幼儿自己辨别胜负，在游戏中引导幼儿感知结果的随机性。同时，教师要示范并指导不断变换手势。
(2)师生共同小结：玩这个游戏时，不是谁想赢就一定能赢的，也不可能每次都是同一个人赢，你有可能赢也有可能输，还有可能平。胜负结果我们都无法预测到。
4. 加深对随机现象的认识：教师组织幼儿两两结对玩游戏，引导幼儿进一步体验随机现象的随机性、难以预测性。
5. 游戏：我的“陀螺”转一转。
(1)玩法：幼儿自己当陀螺。每两人一组，通过“石头、剪刀、布”定胜负。胜者身体朝一个方向旋转90度，负者原地不动。游戏如此重复，谁的身体先完成旋转一周算胜利者。
(2)组织幼儿自由结对进行游戏。
延伸活动：
1. 游戏：猜黑白，加深对随机现象的认识。
2. 在日常生活中观察发现其他的随机现象。
活动设计：湖北省武汉市洪山区街道口幼儿园　韩元香</td><td>加入口令，可让双方步调一致，还能活跃游戏气氛。
在师生一起玩游戏过程中，教师重在帮助幼儿感知每次能出的手势有3种，每种手势的胜负结果也有3种。都是随机的，不可预测。
教师组织幼儿玩游戏及后面富有竞争意识“我的‘陀螺’转一转”的游戏，都可以调动幼儿参与活动的积极性，从而进一步在游戏中让幼儿明白胜负具有随机性，是不可预测的。</td></tr>
<tr><td colspan="2">这个随机游戏活动，非常受幼儿喜欢。这个游戏的教学目的主要是使幼儿初步体验现实世界中存在着的随机现象。本游戏从感知随机现象—了解随机现象—体验随机现象—到加深对随机现象的认识。这样层层深入地帮助幼儿认识随机现象，使他们结合情境在猜想、实验、验证等过程中学习用数学的眼光去观察世界，用数学的语言去描述生活中的事件，用数学知识解决一些简单的实际问题，提高了幼儿的语言表达能力、数学分析能力和解决问题的能力。在游戏中，幼儿能够结合具体的问题情境理解用“一定”“可能”来描述随机现象发生的可能性。由此可以看出：他们已理解了随机现象，了解随机现象的难以预测性。从幼儿游戏欣喜的笑声中，他们体验到了随机游戏的乐趣。</td></tr>
</table>

(二)幼儿分类统计活动案例与评析

表 8-2

活动名称	我当小店主——大班数学活动	设计意图及评析
活动目标	1. 对统计活动感兴趣，体验统计给我们生活带来的便利。 2. 学习简单的统计方法，并通过图表感知商品数量的多少。 3. 会用标记和简单的图表记录探索的结果。	根据《纲要》的精神，目标是从情感态度、认知、能力三个维度提出的。 生活是幼儿获取数学知识的源泉。幼儿已有一定的买卖物品的生活经验，并且他们已掌握 10 以内的点数，会说出总数，也会进行 10 以内数量的比较。因此，教师设计了这个活动。旨在将枯燥的数学知识变为幼儿生活问题的解决方式，让幼儿在尝试、交流、探索中快乐地学习，并从中体验到数学活动带来的乐趣。
活动重难点	1. 重点：学习简单的统计方法，并通过图表感知商品数量的多少。 2. 难点：会用绘画和简单的图表记录探索的结果。	
活动准备	1. 幼儿经验的准备 幼儿已掌握 10 以内的点数，会说出总数；会进行 10 以内数量的比较。 2. 活动材料的准备 教具：创设一个“小商店”。商店里提供以下三类商品，每类商品数量不超过 10：糖果类(8 件)、水果类(6 种)、饮料类(7 种)，分别自由摆放在三个小货架上；角色游戏中增添玩具类、点心类食物商品；磁性黑板 1 块，大统计表 1 张；统计在生活中的运用的视频或图片资料。 学具：水彩笔、白纸 1 张(幼儿人手一份)。	
活动过程		设计意图及评析
1. 参观小商店：请幼儿参观并用自己的方法在白纸上记下商店里各种商品的数量，尝试按自己的方法统计。 (1)提出要求：人人都是小店主，学习清点货架上的商品，看谁数的、记的又对又快。 (2)请幼儿参观，并用自己的方法记下商店里各种商品的数量，尝试统计。 2. 分享交流：请“小店主”与同伴分享、交流自己对小商店商品的统计结果。 (1)交流：你记录出商店里各类商品的准确数量了吗？你是用什么方法记录下来的？ (2)教师展示有代表性的幼儿作品(有图画记录、图画加数字记录等)，并适当评价幼儿记录方式的优缺点。 3. 学做“小店主”：学习简单的统计方法，学用标志和简单的图表记录探索和发现的过程。 (1)讨论：你觉得怎样才能将各类商品的数量点数清，并又整齐、清楚的记录在白纸上，让人一看就很清楚呢？		了解幼儿的当前经验及想法，是支持幼儿探究学习的基础。 这个环节中让幼儿尝试用自己的方式记录商品的数量，可以充分了解幼儿的已有经验，正确判断幼儿的水平和需要，即幼儿现有的“功能水平”。 教师应创设条件和引导，对幼儿做出及时有效的应答，不断推进，逐步帮助他们达到“最适宜水平”。这要求教师了解掌握幼儿的“最近发展区”。

续表

<table>
<tr><th>活动过程</th><th>设计意图及评析</th></tr>
<tr><td>(2)教师介绍简单的统计方法，引导幼儿学习。(教师借助自己的大统计表进行讲解。)
分类→设计统计表格→设计标志(根据自己的理解设计)→点数各类商品总数→记录各类商品数量(用自己的方式记录)。
(3)教师改变商店三类商品的数量，请幼儿分组整理商品，与同伴合作设计简单的统计表并统计记录货架上各类商品的数量。
(4)每组派一名幼儿与同伴分享记录的结果。
(5)教师小结幼儿分类及统计的情况。
4. 我是“小店主”：学习运用简单的统计方法，通过图表感知物体数量的多少。
(1)游戏“我是‘小店主’”：商店中新增添洗涤类、食物类的商品，请幼儿分别扮演“顾客”和“小店主”的角色进行游戏。
(2)教师引导幼儿通过图表感知已卖出商品数量的多少。
(3)引导幼儿分析与讨论：哪些商品卖得多？哪类商品受欢迎？请小朋友帮小店主提出进货建议。
(4)教师引导幼儿感知统计数据的应用，了解统计给我们带来的便利。
5. 欣赏视频或图片资料，了解统计在生活中的运用，进一步感受统计给我们生活带来的便利。
延伸活动：
1. 鼓励幼儿在区角中统计每天同伴进区活动的情况，并引导他们进行分析比较，找出解决的办法。
2. 请幼儿在家统计自己玩具的种类及数量或家人的一些情况，并进行比较。
3. 引导幼儿在日常生活中去寻找、发现统计给我们生活带来的便利。
4. 请家长帮助幼儿丰富有关统计的其他知识。
活动设计：湖北省武汉市洪山区街道口幼儿园　韩元香</td><td>在学做“小店主”的过程中，教师通过对核心问题的明确，即“怎样让别人不用数数也能一下就看明白”，让幼儿的探究欲望再次燃起，把握活动的方向，聚拢幼儿的探究视点，引导他们合作探究，发挥同伴互助的作用，让幼儿也可成为传授者，即“幼儿教幼儿”。这个环节是本次活动的重点。

延伸活动为幼儿更好地巩固已掌握的知识提供了可持续发展的契机。数学来源于生活实践，也应用于生活实践，幼儿的思维是感性的、具体的，只有应用于生活的数学教育活动，才能使他们真正体会到数学与我们的实际生活及自然的密切联系。</td></tr>
<tr><td colspan="2">这个活动，让幼儿以亲身体验活动的形式学习数学，非常受欢迎。活动中幼儿的积极性高，他们通过动手操作、主动学习、同伴互助，进一步感知、学习简单的统计方法，并在十分生活化的情境中反复体验了统计的乐趣和意义，使他们在自然的状态下轻松获得简单的数学经验。真正使数学活动生活化、游戏化，幼儿也从中体验到数学的有趣和重要。在这个活动中，教师不仅关注师生间的有效互动，也为幼儿创造了很多合作互动和思考的机会，无形中提高了生生互动的有效性。</td></tr>
</table>

本章小结

本章阐述了幼儿学习统计的意义。幼儿学习统计是时代进步和社会发展的需要；幼儿学习统计，有利于他们分类、比较、判断等能力的提高，有利于培养他们对数据观察的兴趣和用“数据”说话的能力，有利于他们有条理地思考问题的品质的形成，有利于他们初步学会根据观测数据、分析数据来判断事物性质，有利于他们解决自己身边、生活中发生的问题或事情等。简要介绍了统计的基本知识，如随机现象、统计的其他有关概念，统计操作的基本步骤等。对幼儿统计活动中的两个基本内容：感知随机现象、分类统计进行了详细描述。

本章从幼儿认知心理出发，分析了幼儿在统计活动中的认知特点及发展水平。指明了幼儿统计教学活动的基本内容和要求，并结合实例讲述了如何设计和组织幼儿统计教学活动。最后给出了两个幼儿统计活动设计方案的范例，供同学们初学设计时参考。

练习与实践

1. 什么是必然事件、随机事件？请举例说明。
2. 幼儿感知随机现象有哪些特点？
3. 幼儿学习统计的认知特点有哪些？
4. 设计一个感知随机现象的活动方案(年龄段自选)。
5. 设计一个分类统计的活动方案(年龄段自选)。

第九章　幼儿数学活动的评价

学习目标

- 了解幼儿数学活动评价的相关概念；
- 理解幼儿数学活动评价的基本内容和步骤；
- 掌握幼儿数学活动评价的基本方法；
- 能运用评价的相关知识对数学活动进行简单的评价。

关键问题

- 什么是幼儿数学活动评价？
- 幼儿数学活动评价有哪些基本步骤？
- 幼儿数学活动评价主要有哪些基本方法？
- 如何开展幼儿数学活动评价？

第一节　幼儿数学活动评价的概述

幼儿数学活动是一种有目的、有计划、有组织的活动。这个活动是否围绕数学教育目标，是否达到活动预期的目的，是否符合社会对幼儿发展的要求，是否遵循了正确的幼儿观和教育观，是否符合幼儿自身发展特点等，这一切的问题都反映了数学活动的价值，需要通过评价的实施来解决。可以说，数学活动评价就是数学活动体系的一个组成部分。

一、幼儿数学活动评价的概念和意义

（一）幼儿数学活动评价的概念

幼儿数学活动的评价是以幼儿数学发展目标为依据，对幼儿数学活动的设计、实施及其结果进行价值判断的活动，是幼儿数学活动的一个重要环节。

（二）幼儿数学活动评价的意义

数学活动评价对幼儿园数学教育活动具有鉴别、诊断和改进的作用，具有鉴定、

导向、激励和诊断等功能。这种评价活动能为教育决策部门提供科学可靠的依据，也能促进幼儿及教师的素质提高，促进数学教学活动质量的提高。

二、幼儿数学活动评价的原则

(一)一致性原则

一致性原则指数学活动的评价目标和数学活动的目标应保持一致；同一范围内，对相同的评价对象的评价标准应保持一致。

(二)目的性原则

目的性是指在进行评价时要有明确的目的。任何一次评价都有一定的具体目的，由此决定采用什么样的评价标准和评价的具体方法。如果评价的目的在于提高幼儿的数概念能力，那么在评价时，无论是评价标准的选择，还是评价过程的掌握，都应突出幼儿数概念这一目的。

(三)全面性原则

全面性指在评价指标收集的过程中，所收集的信息要全面，以保证评价工作的科学性与准确性。如对幼儿时间概念的教学活动效果的评价，可以听取专家、同行的意见，收集幼儿对时间概念的发展水平、对时间的理解与运用能力等方面的资料，对所收集的各种信息进行分析和归纳，最后，再做出恰当的评价，这种全面性保证了评价的有效性。

(四)结合性原则

评价工作涉及的范围、对象、内容较多，且呈现出较大的不稳定性与复杂性，为保证评价的科学性与有效性，在具体评价的过程中常常遵循以下三个原则。

1. 客观性和主观性相结合原则

客观性是指在评价中，评价者要采取客观的实事求是的态度，科学地确定和使用评价标准。由于评价是一个透过现象看本质的过程，这一过程需要评价者经过一系列的分析、综合、概括、抽象来完成，这就是主观性。在遵循客观性的同时，发挥评价者的主观能动性，可以使得评价活动更具有说服力。

2. 定性和定量评价相结合原则

定性评价是对活动过程和结果从质的方面进行分析评价；定量评价是对活动过程和结果从量的方面进行分析，用数量化的结果对所评价的现象做出合理的解释。在评价中要充分将定性与定量评价相结合，从而使得评价更准确。

3. 评价与指导相结合原则

评价是按照一定的标准对被评价对象已完成的行为做出判断，评价的结果可以使被评价对象受到启发和教育。指导是评价的继续和发展，将评价的结果上升到一定的理论高度加以认识，并根据被评价对象所具有的主客观条件，帮助被评价对象了解与明确自身在今后一个时期内发展的方向，扬长避短，使评价成果发挥出更大的效益。

三、幼儿数学活动评价的类型

根据幼儿数学活动的进展，幼儿数学活动的评价一般分为诊断性评价、形成性评价和终结性评价三种类型。

(一)诊断性评价

诊断性评价是在开展数学教育之前，对教育对象进行的预测性评价。其目的在于充分了解教育对象的发展基础，发现存在的问题，以便在制定教育计划和实施教育时增强其针对性，是一种比较正式的评价。

诊断性评价可以在学期开始时进行，通过诊断性评价，了解幼儿已有的发展水平，为制定学期的活动目标提供依据；也可以在开展某一个数学活动之前，对幼儿进行诊断性评价，了解幼儿对相关活动的知识、能力和态度上的准备，以便根据幼儿的发展水平制定出有针对性的数学教学目标和内容。

(二)形成性评价

形成性评价是在教学过程中持续进行的评价。其目的在于及时了解数学活动开展状况的反馈和成效。以便及时调整教育策略，优化教学过程。形成性评价一般都是非正式的评价。

在一个持续时间较长的数学活动过程中，需要及时了解幼儿的发展情况，以便根据这些反馈信息计划和组织下一阶段的活动，这种形成性评价成为下一阶段活动的基础，对后一阶段的教学起着重要的作用。

在持续时间较短的数学活动中，教师时时都在了解幼儿的发展水平，随时反省活动的进程和难度是否顺应幼儿最近发展区。这种发生在活动中的评价，帮助教师不断依照幼儿的表现，调整教学策略、变化教学内容。因此，形成性评价对活动的生成起着重要的作用。

(三)终结性评价

终结性评价是在完成某个阶段的数学活动之后进行的评价。其目的在于了解这一阶段的教育效果，对达成教育目标的程度做出总结和鉴定。终结性评价一般都是正式的评价。

终结性评价是一种事后的评价，是针对幼儿的学习结果而进行的评价。它一般只关注结果，基本不涉及对过程的评价。如为了了解一学期来幼儿在认知空间方面的发展，可以在学期末进行一次终结性评价，还可以将终结性评价的结果和初期的评价结果相对照，以了解幼儿在认知空间方面是否有进步和发展。

四、幼儿数学活动评价的形式

根据评价过程和效果的需要，幼儿数学活动评价一般分为自我评价和他人评价两种形式。

(一)自我评价

1. 教师的自我评价

教师的自我评价是指教师对自己的教育思想、教育态度、教育行为以及教育效果等进行评价。评价的方式一般是通过设计自评卡或反思笔记，对自己的教育理念、教育行为、教育态度等进行分析，并贯穿于整个数学教学过程之中。

2. 幼儿的自我评价

幼儿的自我评价是指让幼儿对自身和同伴的学习进行反思和评价。这种评价可以促进幼儿的学习自主性，促进同伴之间的相互学习和交流，也是幼儿通过自我评价来掌握学习内容的一种途径。

例如，在"认识梯形"的活动中，某教师让每个幼儿尝试把一个长方形变成一个梯形。幼儿完成后，又让幼儿把自己变成的梯形都展示在白板上，引导幼儿比较自己和别人做的有什么不同。这实质上就是一种自我评价，幼儿的自我评价能促进幼儿的反思性学习，同时也能激励幼儿的学习动机。幼儿的自我评价已成为当前幼儿数学活动评价中最有生命力的方法。

(二)他人评价

他人评价指管理者、其他教师、专家、家长对数学活动、参与数学活动中的幼儿、主持数学教学活动的教师进行的评价，也就是一般意义上的数学活动评价。

通过他人评价可以对所评价对象与内容有一个更清楚和准确的认识，能使评价工作更深入、更系统，对数学活动成果具有鉴定的意义，对促进评价对象的各种能力的增强起到指导作用。

一般来说，同行专家评价是数学教学活动评价的主要形式。

第二节　幼儿数学活动评价的实施

一、幼儿数学活动评价的对象与内容

幼儿数学活动的评价对象与内容主要包括三个方面。

(一)对幼儿发展的评价

对幼儿发展的评价是幼儿数学活动评价的重要组成部分，一般包含两个方面：一是对幼儿数学概念及能力发展的评价；二是对幼儿在数学活动过程中所表现出来的智力、情感、态度及个性、社会性等基本素质的评价。对幼儿发展进行评价，必须关注幼儿多方面的发展，既要考虑幼儿个性差异，如气质、性格、情感、兴趣和家庭社会背景等，又要考虑幼儿发展的整个过程，用发展的眼光来评价，关注幼儿的发展潜能，使评价更有助于幼儿的发展。

(二)对幼儿教师的评价

对幼儿教师的评价包括对教师基本的数学素质的评价和对教师数学活动组织能力的评价。

对幼儿教师的评价，是为了更好地促进教师专业发展和教学水平的提高。对幼儿教师的评价，既是依据评价标准对教师数学素质和数学教学实践进行诊断的过程，也是教师不断改进实践行为的过程。

(三)对幼儿数学活动的评价

幼儿数学活动评价主要是评价教学活动是否既符合大多数幼儿的发展水平和需要，又顾及幼儿的个体差异，使每个幼儿都获得进步和成功的经验。一般是从环境、目标、内容、方法、过程这五个方面分别进行评价，从中归纳和形成对数学活动效果的最后的综合评价。

1. 对数学活动环境的评价

幼儿数学活动环境是数学活动组织的基础和保证。主要从幼儿参与活动的需要出发，具体包括心理环境和物质环境。

2. 对活动目标的评价

活动目标是否顺应幼儿最近发展区，是否与学期目标、幼儿的年龄特点以及儿童发展的总目标一致。每一个目标的积累成为一个螺旋上升的目标体系。一般从以下四个方面进行评价：

(1) 活动目标是否具有连续性与逻辑性；

(2) 活动目标是否突出幼儿数学思维能力的培养；

(3) 活动目标是否注重了幼儿发展水平和个体差异；

(4) 活动目标是否表述得全面(三维目标)和具体(易于检测)。

3. 对活动内容的评价

对活动内容的评价主要包括数学活动内容的选择是否切实可行，是否适合幼儿园所在地的文化背景以及幼儿的发展需要，一般从以下三个方面进行评价。

(1) 活动内容是否与活动目标相一致；

(2) 活动内容是否具体且操作性强；

(3) 活动内容是否与幼儿的生活联系。

4. 对活动方法的评价

(1) 活动方法是否直观、形象、生动；
(2) 活动方法是否注重启发幼儿思维；
(3) 活动方法是否重视动手操作。

5. 对活动过程的评价

对活动过程的评价主要看活动过程能否引导幼儿生动活泼、积极主动的活动，促进幼儿自主探索与思考；是否关注、尊重来自幼儿的信息，并能做出相应的反馈；是否培养了幼儿的思维能力等，具体可从以下几方面进行。

(1) 活动过程是否体现幼儿的主体意识

活动过程中，是否把幼儿放在首位，启发幼儿思考，让幼儿主动探索、发现，在与环境充分的接触中获取经验和成功体验。

(2) 活动过程是否适宜

根据不同内容给幼儿恰当的时间和空间，让幼儿与环境和材料进行互动，在感性经验积累的基础上获得数学的发展，组织形式应体现丰富和多样。

(3) 活动过程是否注重了教师与幼儿的互动

(4) 活动过程是否关注全体幼儿参与的积极性

6. 对活动效果的评价

活动效果主要指从幼儿的行为表现中反映出来的教育效果。包括幼儿参与活动的主动性、积极性、创造性表现；参与活动的态度及情绪，活动预期目标达成的情况等。

表 9-1　幼儿数学活动综合评价记录表①

活动名称	×××	班级：××
活动时间	×××	教师：×××
评价内容	原始情况	分析与评价
活动基础		满分 10 分
活动目标		满分 10 分
活动内容		满分 10 分
活动材料		满分 10 分
活动环境		满分 10 分
活动方法		满分 10 分
活动过程 (教师行为)		满分 20 分
活动效果 (幼儿反映)		满分 20 分

① 金浩，黄谨．学前儿童数学教育．上海：华东师范大学出版社，1999，103.

二、幼儿数学活动评价的一般步骤

（一）确定评价目的

由于评价的内容多种多样，在评价之前，必须确定评价的目的，即明确为什么要评价？评价的对象和内容是什么？

（二）做好评价前的准备

1. 成立评价的组织机构

根据评价目的选择适当的评价组织者和实施者。如幼儿园数学教育质量，由权威的评价机构或者上级教育行政或业务主管部门组织实施。如果是教师在为了诊断和改进数学教学而进行的非正式的评价，可以由教师本人实施。

2. 设计评价方案

评价方案指根据评价目的，对整个数学活动评价的所有具体工作进行的总体计划。如根据数学教育目标设计评价指标体系；确定收集资料的方法和步骤；准备必要的仪器或幼儿操作材料；印制充足的评价记录表和文件，等等。

（三）收集评价数据（实施评价方案）

评价数据是所有评价资料的统称。在收集评价资料的过程中，评价者需要勤观察、勤记录，全面准确地收集资料，完整地保存资料。如果评价资料需要以文字记载的方式加以收集，应特别注意记录的客观性，避免一切带有主观色彩的词汇。如“该幼儿不喜欢数学”“该幼儿很聪明”等。这样会对幼儿产生不利的影响，也会影响自己记录评价资料时的客观程度。

（四）整理与分析收集的数据

资料收集工作结束后，评价者必须对评价记录的原始资料加以整理和分析，为下一步形成评价结论、撰写评价报告打基础。

第一，要把所有记录的原始材料详细地加以检查，删去一切作用不大或错误的材料；如果有遗漏的要设法及时补作记录，对有错误的要及时改正，直到所需材料基本齐全准确为止。第二，收集到的原始资料的形态多种多样，评价者应将所有资料汇聚起来，按文字资料、等级资料或数值资料等进行分类。第三，针对不同类型的资料进行整理与分析。

（五）做出评价结论

评价者对归纳、整理的材料进行全面、认真的分析，形成对评价对象的综合性评判意见，做出评价的结论。数学活动的评价结果，要通过评价报告的形式提供给有关的对象，或者反馈给教师，供其改进教学，或者报告上级，使其了解情况。

第三节　幼儿数学活动评价资料的收集方法

幼儿数学活动评价中常用的资料收集方法有观察法、调查法、作业分析法、测查法、个案追踪法等。本节主要介绍观察法、调查法、作业分析法。

一、观察法

观察法是指评价者凭借自身的感官或借助仪器，有目的、有计划地对处于自然情境下的事物或行为进行系统感知、考查和探究，从而获得事实材料的一种资料收集方法。这种方法既适用于对幼儿发展水平的评价，也可以用于对数学活动的评价，是幼儿数学活动评价的常用法。

(一)抽样观察

抽样观察法是指抽取一部分对象进行观察而获得数据的方法。通常观察者根据一定的标准，抽取一定范围的幼儿，对其行为进行观察、记录和研究，从而获得对幼儿行为的进一步认识和理解。抽样观察分为时间抽样法和事件抽样法。

表 9-2　抽样观察案例①

观察内容：将卡片按特征分类，再从红、绿、圆、方四种标记中选择两张插在分类盒中 观察对象：小班幼儿		
观察时间	观察现象	评价
11 月 7 日	小明第一次分的是绿圆片和绿方片，插的是红、绿颜色标记。第二次分的是红片和绿片，插的也是红绿标记(正确)。第三次分的是绿圆片和绿方片，插的还是红绿标记。 教师注意到该幼儿的错误，并且加以纠正，但小明并不接受。当他玩第四次(按红绿分)时，观察者故意将红绿标记放在远离他的地方。起初小明想去拿红、绿标记，但是够不着，便拿了靠近他的圆、方标记。	小明总是从最靠近的地方取标记，而不考虑标记的意义。 尽管小明对标记的知觉是正确的，但并不理解标记的意义。
11 月 13 日	小明仍不能正确地选择标记，但他每次总是拿同一个层次的标记，如圆和方、红和绿，如果给他红标记和方标记，他则认为这样不对。	小明仍不完全理解标记的意义。对标记的认识停留在一维上。

① 张慧，张俊．幼儿园数学教育活动指导．北京：人民教育出版社，2009，284～285，有改编．

续表

观察时间	观察现象	评价
11月28日	小明终于能够正确地完成这个任务了。他把卡片按颜色分在两个格子里，然后拿了一张红标记插在红片的格子里。 观察者说："把它插到这里(放绿片的格子)行不行?"小明说："不行，它的颜色不对。"然后便插回到红片的格子上，又拿了一张绿标记插在绿片的格子上。观察者又拿出圆和方的标记，问他行不行。小明指着圆标记说："这是圆标记，它表示圆的东西。"	经过将近一个月的时间，小明这时已经理解标记的意义。

在该案例中评价者对某小班的某幼儿小明进行了近一个月的观察记录，从中了解了该幼儿对"标记"意义的理解的发展轨迹，进而寻找出该年龄段幼儿对"标记"意义的认知特征与教学规律。

(二)描述性观察

描述性观察法又称叙事性观察法，是对日常生活中自然发生的数学行为或事件用描述性和记叙性的语言记录幼儿的动作、对话、活动和行为，对幼儿自然发生的数学行为进行观察，做客观全面的记录，然后对观察资料加以分类，进行分析研究。

描述性观察法具有灵活方便和生动形象的特点，适合观察者(特别是教师或家长)在幼儿日常生活环境中使用。

描述性观察法有日记描述法、轶事记录法、连续记录法和实例描述法四种。

描述性观察案例①

某小班幼儿在进行"按数量匹配实物"的活动。教师要求幼儿根据卡片上兔子的数量送相应数量的实物(花片)。我们观察到，尽管幼儿大多能够完成这项操作任务，但是不同幼儿的操作方式是不一样的。

幼儿甲先是看了一眼卡片，知道卡片上兔子的数目是3个，然后从一堆花片中取出3个来，放到分类盒中和这张卡片对应的格子里。

幼儿乙则是点数出卡片上兔子的数目是3个，然后就开始取花片放在相应的格子里。不过他并不是一下子数出3个花片来，而是一个一个地将花片放到格子里，当他放了3个以后便停止了动作。

幼儿丙也是先点数出卡片上兔子的数目是3个，然后就开始取花片放在相应的格子里。他像幼儿乙一样，将花片一个一个地放在格子里。不过他每次取出一个花片总要先将它和卡片上的某个兔子碰一下，再放到格子里。甚至我们可以看到，3个花片在格子里排列的方式也和卡片上兔子的排列方式一样。

① 张慧，张俊．幼儿园数学教育活动指导．北京：人民教育出版社，2009，283～284.

该案中，幼儿不同的操作方式，反映了他们数概念发展的不同水平。幼儿甲在感知数量 3 的时候，已经完全摆脱了点数的动作，他已能真正理解按数量对应两个集合，而不是将两个集合中的元素进行一一对应，显然这是比较高的水平。幼儿乙，虽然也能做到按物点数和按数取物，但是他对数的抽象水平显然不及甲。幼儿丙的动作反映出他的集合对应能力还比较弱，还完全不能摆脱具体的动作，同时他将 3 个花片摆放成和兔子卡片一致的方式，也暗示了他还缺乏数量守恒的能力。

(三)观察法实施中要注意的问题

实施观察是教育观察研究的核心。这一阶段，评价者应做到：

(1)按计划实施观察；

(2)选择适宜的观察位置；

(3)善于捕捉各种现象及其反应；

(4)观察与思考相结合；

(5)做好观察记录。

二、调查法

在幼儿数学活动评价中，调查法一般可分为两种类型：问卷调查法(简称问卷法)和访谈调查法(简称访谈法)。

(一)问卷法

1. 问卷法的含义

问卷是评价者根据研究的需要将要评价的内容分解为若干个项目，再拟成具体问题，编成标准化问卷来收集评价资料的一种文件。其内容和形式往往根据评价的目的和内容不同而各不相同。问卷法是评价者运用问卷来收集评价资料的一种方法。

2. 问卷的编制

(1)问卷的类型

封闭性问卷：由封闭性问题构成的问卷叫作封闭性问卷，也叫结构型问卷。封闭性问题是指提供了可选择的答案、限制了回答方向和数量的问题。

开放性问卷：由开放性问题构成的问卷叫开放性问卷，也叫作无结构型问卷。开放性问题是指不提供可选择的答案，由被评价者自由回答的问题。

综合性问卷：既有封闭性问题，又有开放性问题的问卷叫综合性问卷。

(2)问卷的结构

一份完整的问卷一般由以下几部分构成。

标题：是评价项目的高度概括的反映，它既要与研究内容一致，又要注意对被试者的影响。

前言：对评价目的、内容的扼要说明，以便引起被试者回答问题的热情，消除顾虑。

指导语：用来指导被试者如何填写问卷，以帮助被试者理解问卷填写的方法与要求。指导语要求简洁明了，用词恰当，便于理解。

问题：也称为题目(包括测试所需的操作材料的准备)。这是问卷的主体部分，问题应该明确、简练、易懂。若被评价者是幼儿，必须根据需要为幼儿准备适当的操作材料，以便对幼儿数学能力进行评价。需要拟定一些补充问题，以便遇到幼儿不理解的问题时，或评价者需要进一步获取信息时使用。要配有相关的记录表格，便于评价者作记号或简单描述，且方便统计。

结束语：是问卷的最后部分。一是提出几个开放性问题，让被试者深入、自由地回答有关问题，加深对问题的认识；或者让被试者对本研究提出建设性意见。二是对被试者参与合作表示感谢。结束语可根据问卷的需要而设置。

(3)拟定评分标准

根据测试题目的不同类型，还需拟定恰当的评分标准。有的题目只有对和错这两种结果，如加减运算题，最后可计算正确率。有的题目可以进行等级评定。

(4)问卷编制的基本要求

注意内容的逻辑性。问卷问题的设计是以评价的目的为基础的，要对设计好的问题进行分析、鉴别，保证问题内容与评价的目的在实质上是相关的，问题与问题之间在内容上防止出现交叉和重叠现象，以保证问题在内容上的逻辑性和完备性。

注意数量的适度性。一份问卷回答时间一般在30分钟以内，题目以50道以内为宜。对幼儿而言，一般回答的时间以5～15分钟，题目以20道左右为宜。

注意排列的合理性。如问题的时间顺序、内容上的顺序(先易后难、先大后小、先主后次等)、问题类型上的顺序(先封闭性问题后开放性问题)等。

3. 问卷的分发及回收率

问卷发放可采用当面分发、通过邮寄(或电子邮件)分发或有组织地分发。

问卷的回收率指评价者收回的由被评价者填好答案的问卷数量占发放问卷数量的比例，其公式为：

$$\text{问卷回收率}=\frac{\text{收回填答好的问卷数量}}{\text{发放问卷的数量}}\times 100\%$$

一般来说，如果回收率仅为30％，所得资料只能用作参考；回收率为50％，所得资料可以作为采纳建议的依据；回收率为70％以上，所得资料可作为研究结论。因此，问卷的回收率一般不可低于70％。如果有效问卷确实低于70％，可再发一份问卷，进行补救。

4. 问卷的评价结论

对回收的问卷进行整理、分类、统计、分析并做出客观、真实、有指导价值的评价结论。

问卷法案例 ①

大班幼儿数量守恒能力的测查题

测查对象：幼儿园小、中、大班幼儿各30名。

测查材料：相同的圆形纽扣20颗。

测查题目及指导语：

a. 教师当着幼儿的面将两排各10颗纽扣一一对应排好，并提问："请你看看，这里有两排纽扣，它们是不是一样多?"(如果幼儿不能确认相等，可提示其注意到两排纽扣是一一对应的。)

"好的，现在看我做。"当着幼儿的面将下面的一排纽扣散开，使其看上去比上面一排更长。"现在它们还是一样多吗？为什么?"

如果幼儿不能正确回答，教师可提问："怎样才能让它们变成一样多呢?"如果幼儿不能将其恢复成一一对应的排列形式，教师可以将其重新恢复为一一对应的形式，并确认现在又是一样多了。

b. 教师再一次当着幼儿的面将下面的一排纽扣散开，摆放成和上一次不同的形式如长长的圆弧形。并提问："现在它们还是一样多吗？为什么?"

测查原始记录表如下：

项目 姓名	a		b		备注
	判断	理由	判断	理由	

注：在"判断"栏中用Y(一样多)或N(不一样多)表示幼儿的回答，"备注"栏目记录幼儿在测查过程中的其他语言或行为表现。

评分标准

(1)幼儿若在a，b两种情况下均能做出"一样多"的判断，才能判定其具备了数量守恒能力，否则不能算通过。

(2)根据幼儿对"一样多"陈述的理由，将幼儿的回答分为4级水平。一级水平：不能陈述理由。二级水平：根据点数或计数的结果判断。三级水平：通过"补偿"的方法判断，如"下面的纽扣排得长，但是排得不挤"。四级水平：通过逻辑的方法判断，如"纽扣没有增加也没有拿走""你还可以把它放回去"等。

(二)访谈法

访谈法是通过口头一问一答方式来收集数据的方法，通常评价者根据评价的目的

① 张俊．给幼儿园教师的101条建议．数学教育．南京：南京师范大学出版社，2007.

设计好要调查的问题，由评价者向被评价者提出问题，让其口头回答，通过记录、整理和分析被评价者提供的口头资料，探讨和认识数学教学活动现象和问题的一种收集资料的方法。

这种方法具有灵活深入性、获得直接可靠的信息和资料、不受书面语言文字的限制等优越性，但也有应用范围较小、资料分析处理的难度大、调查的结果偏差较大的局限性。

1. 访谈法的类型

有正式访谈(访谈者和受访者双方事先约定好时间和地点，正式就一定范围的问题进行交谈。访谈过程严格地按照预先拟定的计划进行，谈话的具体内容、顺序、持续时间、记录方式均有预先的统一规定)和非正式访谈(访谈者在与受访者一起参加活动的时候进行的交谈，形式比较自由和随便，没有严格的预先规定)；个别访谈(为获取个别对象的资料而逐个进行的单独访谈)和集体访谈(由一名或数名访谈者同时和两名以上数量的受访者进行的访谈)等类型。

2. 访谈前的准备

进行访谈必须设计好访谈提纲，准备好必备的材料。

(1)设计访谈提纲。访谈提纲一般由指导语、问题、结束语三部分组成。

(2)设计访谈问题。问题是访谈提纲的主要部分，主要包括问题类型的选择、问题的表述和问题的编排顺序三个方面。

①问题类型的选择。访谈的问题主要有两种类型：封闭性问题和开放性问题。封闭性问题在问题中包含了答案，要求被访者对问题中提供的答案进行选择回答。如“你认为你的学习环境是很好，一般，还是不好?”等。开放性问题在问题中不包含答案，由被访者根据自己的理解进行自由回答。如“请谈谈你对幼儿数学活动指导这门课程的学习体会”等。

②问题的表述。对访谈的问题进行表述时，语言上要准确简洁，使问题显得明确、突出；应使用访谈对象能听懂的词语；语气上要客观中立，不带任何暗示和诱导；对较复杂的问题，可附上必要的解释。

③问题的编排顺序。问题的编排顺序是访谈中的提问顺序，一般的原则是：先由一般的、开放性的问题逐步到具体的、封闭性的问题；由较大的问题逐步到较小的问题，前后顺序应保持一定的逻辑性；将可能使访谈对象感到为难的问题放在最后，避免被访者产生心理压力，以保证访谈的顺利进行。

(3)拟定访谈内容，准备测试材料。

①拟定访谈内容。如要测试幼儿10以内加减运算能力的发展状况，其测试内容就应包括幼儿加减运算概念发展；理解加减运算的有关含义；学习用数的组成进行10以内加减运算及列式；学习自编口头应用题等。

②拟定具体的题目和指导语。如测试幼儿几何图形认知能力的发展，教师可以拟定如下问题和指导语：“请你看看桌上有什么?”“请你说说桌上放的是什么图形？你是怎么知道的?”如幼儿不能回答上面的问题，教师可用补充问题以提示幼儿：“请你看看

桌上放的是三角形还是正方形?”评价者的问题和指导语应明确、简练、易懂，补充问题实质上是给幼儿适当的提示。

③准备好访谈时所需要的材料。对于材料，应做到简单，便于幼儿操作。使评价者在幼儿操作的过程中，可以看到幼儿解决问题时所使用的方法与策略。如请幼儿回答桌上是什么图形时，有的幼儿只要看一看就能告诉你；有的幼儿却要反复进行比较才能说出是什么图形。幼儿的这些表现都是他们不同的发展水平的反映，教师能从中清楚地了解与掌握幼儿对图形概念的发展状况，从而做出正确的评价。

3. 正式访谈

在正式访谈中，评价者应尽可能主动、友好、健谈，努力营造一个融洽和谐的氛围，使访谈能自然地按原定计划进行。正式访谈时要注意如下几个环节：问(提问和追问)、听(倾听)、答(回应)、记录(笔录和录音记录)、结束和收尾等的处理技巧。

4. 访谈记录的分析与整理

评价者应尽快把访谈记录中速记、简写或替代的符号和录音，转写成文字和数据资料，进行定性和定量分析，从而得出所需的评价结论。

访谈案例——5岁幼儿正方形概念守恒水平①

笔者：这是什么形状?(手持正方形小卡片)

幼儿：正方形。

笔者：好，那这是什么形状?(将小卡片当幼儿面旋转45度)

幼儿：菱形。

笔者：菱形?可是你刚刚跟我说这是正方形，现在又告诉我这是菱形，那它到底是什么形状?(手摇晃小卡片，最后又回到原状)

幼儿：正方形。

笔者：好，这是什么形状?(将小卡片旋转45度)

幼儿：不知道。

笔者：不知道?(手指着旋转了45度的小卡片)

幼儿：这样就是菱形。

笔者：这样就是菱形喔！好，那么怎么样叫正方形?

幼儿：这样子就叫作正方形。(将小卡片转回原态)

笔者：喔！那么这样子呢?(将小卡片转回45度)

幼儿：菱形。

笔者：这张卡片，你刚刚告诉我是正方形，现在你又告诉我是菱形，到底这张卡片是正方形还是菱形?(手摇小卡片)

幼儿：正方形。

笔者：可是你刚刚又跟我讲是菱形?

---

① 周淑惠．幼儿数学新论——教材教法．台湾：台湾心理出版社．1995，6～151.

幼儿：这样本来就是菱形啊！（将卡片旋转45度）

笔者：这样本来就是菱形啊！好，谢谢！

从这个访谈记录中，我们可以看出该幼儿并不认为正方形在旋转了45度以后仍是正方形，说明他还不具备图形守恒的能力。

三、作业分析法

作业分析法，是通过分析作业来获取数据的方法。指评价者通过分析幼儿的作业来间接了解与评价幼儿的学习情况。同时，幼儿的作业还是对教师教学效果的反馈，由于作业分析能够及时反映教学中存在的问题，教师可以根据幼儿作业加以诊断、分析数学活动中存在的问题，及时对教学中的问题进行诊断、改进，促进数学活动的有效开展，充分发挥评价的改进功能。作业分析法与数学活动的联系非常紧密，是相互依存的，它适用于教师对教学活动的评价。

由于作业分析法使评价者花费比较少的时间了解更多的信息，而且是在教学活动结束之后进行，这样评价者就有充分的时间研究和分析幼儿的作业，并在了解全班幼儿普遍水平的基础上进行横向的比较，帮助教师迅速、简便地获得幼儿的学习情况，了解每个幼儿的实际水平，做到因材施教。既掌握全面情况又发现个别问题，从而克服了在数学教学过程中由于时间、精力等诸多因素造成的观察不够细致和全面的缺点。

作业分析法也有不足之处，它只能反映幼儿的学习结果，而无法看到他们的操作过程。同时，幼儿的表现还会受到作业内容及形式的影响，而不是幼儿稳定的发展水平。例如，幼儿对于不同的作业形式，如熟悉的作业和不熟悉的作业、具体形象的作业和比较抽象的作业，很可能表现出不同的水平，从而掩盖了其真实的发展水平。这就要求教师能够透过不同形式的作业，更加客观地分析幼儿真实的发展水平。

表9-3　作业分析案例——大班“5的组成”作业卡

看图填分合式，将5个图按形状分类统计。	5 △□□□□ △△□□□ △△△□□ △△△△□	5 ╱╲ （　）（　） （　）（　） （　）（　） （　）（　）	评价标准 全对：60分
涂色，要求各排涂色的个数不同。	○○○○○ ○○○○○ ○○○○○ ○○○○○	（　）个●　（　）个○ （　）个●　（　）个○ （　）个●　（　）个○ （　）个●　（　）个○	全对：15分
每排5张背面朝上的扑克牌，共4排，要求每排翻过一些扑克牌，使各排被翻的扑克牌数不同。	□□□□□ □□□□□ □□□□□ □□□□□		全对：15分

续表

将5个○画在右边的两个格子里，共画四排，每排都不同。	○○○○○ ○○○○○ ○○○○○ ○○○○○			全对：10分

幼儿的作业可能体现以下类型：作业呈现“有序”特点，即按数序排列，如1和4，2和3，3和2，4和1；作业呈现“互换”特点，即按互换的顺序排列，如1和4，4和1等；作业呈现“无序”特点，指没有按以上的两种顺序排列但能完全列举全部4种分法；作业呈现“不全”特点，即指正确列举出部分组成但没有完全列举。这实际上正是幼儿对“5的分合”这一学习内容所表现出的能力层次，从不能完全列出5的4种分法，到能够完全列举，乃至能够按照一定顺序排列出5的4种分法，水平渐次提高。

通过对上表的分析，你是否能看出这几种不同的作业形式，在难度上有什么差别呢？显然，第一种作业有具体的形象存在，幼儿只需正确计数并记录就能完成；第二、三种作业需要幼儿能对5个圆圈或5张扑克牌进行分合，但也需要有具体形象的支持；而第四种作业要求幼儿自己画出5个圆圈并分别画在两个格子里，他们就不容易完成了，因此难度也最大。

本章小结

本章阐述了幼儿数学活动评价的概念、意义、原则、类型与形式，在幼儿数学活动评价的实施中，讲述了幼儿数学活动评价的对象与内容：即对幼儿发展状况的评价，对幼儿教师的评价，对幼儿数学活动的评价。具体地介绍了幼儿数学活动评价的主要步骤，确定评价目的，做好评价前的准备，实施评价方案，处理评价结果中的具体实施技巧与方式，使学习者对幼儿数学活动评价有一个完整与清晰的认识。

本章从幼儿数学活动实际出发，结合幼儿数学活动的评价案例，着重对幼儿数学活动评价中常用的三种收集资料的方法，观察法、调查法(问卷法、访谈法)与作业分析法的概念、设计原则、运用技巧与对评价中可能出现问题的处理方法等进行了详细描述，使学习者结合实际案例初步理解、学习、掌握这些常用评价方法的基本特征与使用技巧。具有较强的实用性与指导性。

练习与实践

1. 什么是幼儿数学活动评价？
2. 幼儿数学活动评价应遵循哪些原则？
3. 幼儿数学活动评价包括哪些对象与内容？
4. 幼儿数学活动评价有哪些基本步骤？
5. 幼儿数学活动评价主要有哪些基本方法？
6. 试对某一数学教育活动进行简要评价。

参考文献

[1]金浩．学前儿童数学教育概论[M]．上海：华东师范大学出版社，2000.
[2]张慧和，张俊．幼儿园数学教育[M]．北京：人民教育出版社，2009.
[3]霍力岩．学前教育评价[M]．北京：北京师范大学出版社，2000.
[4]林嘉绥，李丹玲．学前儿童数学教育[M]．北京：北京师范大学出版社，1994.
[5]戴文青．学习环境的规划与运用[M]．南京：南京师范大学出版社，2005.
[6]黄瑾．幼儿园数学教育与活动设计[M]．北京：高等教育出版社，2010.
[7]周希冰．学前教育科学研究[M]．北京：高等教育出版社，2006.
[8]李淑贤．幼儿园数学教育理论与实践[M]．长春：东北师范大学出版社，1994.
[9]列乌申娜著，曹筱宁等译．学前儿童初步数概念的形成[M]．北京：人民教育出版社，1982.
[10]梁慧琳．幼儿园数学教育活动设计[M]．北京：中国社会出版社，2010.
[11]王坚红．学前教育评价[M]．北京：人民教育出版社，1994.

后 记

这套全国统编学前教师教育教材包括三年制高专、五年制高专、三年制中专、幼儿园教师培训4个系列，是由中国学前教育研究会教师发展专委会高职高专、中职中专分委会组织编写的。从2010年开始，历时3年。作者队伍来源于全国近60所学前师范本科和高中专院校；主审专家来源于26所本科院校和科研院所。全套教材编写设立编写指导委员会，分系列设立编委会。

为确保教材的科学性、先进性和时代性，全体编写人员认真学习了教育部颁布《教师教育课程标准(试行)》、《幼儿园教师专业标准(试行)》等文件精神，充分吸纳了学前教育和其他相关学科的最新成果，严格按照“研制人才培养方案→确定册本→研制大纲→确定体例和样章→讨论初稿→统稿→审稿”的程序进行，进行了深入而艰苦的探索。比如，坚持从研究和把握人才培养方案入手，对各系列的册本方案、各册本的大纲进行系统设计。严格按照人才培养目标要求，对文化、艺术、教育三类课程时量进行了科学安排：三年制高专系列约为2.6∶3∶4.4；五年制高专系列约为4.5∶2.5∶3；三年制中专系列约为2.4∶2.4∶5.2。根据学前教育科学发展的新成果，分化和加强教育类课程，如幼儿心理学中分化出了幼儿学习与发展、幼儿发展观察与评价，幼儿教育学中分化出了幼儿游戏、幼儿园课程、幼儿园教育环境创设等。

此套教材中的三年制中专系列共有36种43册，包括由语文出版社出版的《语文基础》(四册)、《幼儿教师口语基础》、《应用文写作》，北京师范大学出版社出版的《幼儿文学赏析与创编》、《书法》、《英语基础》(两册)、《幼儿园教师礼仪》、《社会科学》、《自然科学》、《幼儿心理学基础》、《幼儿卫生保健》、《幼儿发展观察》、《幼儿教育学基础》、《幼儿游戏指导》、《幼儿园课程与教学》、《幼儿健康活动指导》、《幼儿语言活动指导》、《幼儿社会活动指导》、《幼儿科学活动指导》、《幼儿数学活动指导》、《幼儿音乐活动指导》、《幼儿美术活动指导》、《幼师生职业指导》、《幼儿园班级管理》，高等教育出版社出版的《幼儿美术创作与赏析》、《美术》，上海音乐学院出版社出版的《音乐基础理论》、《视唱练耳》(两册)、《音乐欣赏》、《儿童歌曲钢琴即兴伴奏》、《幼儿歌曲弹唱》、《幼儿歌曲创编与赏析》、《幼儿舞蹈创编与赏析》、《钢琴》(三册)、《声乐》、《舞蹈》。

本册《幼儿数学活动指导》，共一册，由湖北幼儿师范高等专科学校关业刚、湖南省邵阳师范学校王栋材担任主编，华中师范大学教育学院学前教育系张莉担任主审。第一章由湖北幼儿师范高等专科学校罗浩负责编写；第二章由湖南幼儿师范高等专科学校李晓渊负责编写；第三章由贵阳幼儿师范高等专科学校付艳和湛江市幼儿师范学校余宝霞共同编写；第四章由郴州师范学校刘东峰负责编写；第五章由付艳、余宝霞和武汉市洪山区街道口幼儿园韩元香共同编写；第六章由广东省江门幼儿师范学校吕育龄负责编写；第七章由湖南省祁阳师范学校刘学民负责编写；第八章由湖北幼儿师范高等专科学校关业刚负责编写；第九章由湖北省实验幼儿园杜素珍负责编写。

本套教材如有印制质量问题和供书错漏，请与相关出版社联系解决。为进一步加强对这套教材的建设，我们热忱欢迎广大师生和专家向我们反馈相关意见(意见收集邮箱为：gzzfwh@163.com，联系电话：0731-84036163)，接下来我们将定期组织修订，以使其不断完善。

中国学前教育研究会教师发展专业委员会
高职高专、中职中专分委会